暨南文库·新闻传播学
JINAN Series in Journalism & Communication

编 委 会

暨南文库·新闻传播学 **1**

JINAN Series in Journalism & Communication

老范看传媒（一）

传媒事件回顾篇

触摸传媒脉搏

2008—2018年传媒事件透视

范以锦 著

暨南大学出版社

JINAN UNIVERSITY PRESS

中国·广州

图书在版编目（CIP）数据

触摸传媒脉搏：2008—2018 年传媒事件透视/范以锦著. —广州：暨南大学出版社，2020.4

（暨南文库. 新闻传播学）

ISBN 978 - 7 - 5668 - 2855 - 2

Ⅰ. ①触…　Ⅱ. ①范…　Ⅲ. ①传播媒介—大事记—中国—2008—2018　Ⅳ. ①G219. 2

中国版本图书馆 CIP 数据核字（2020）第 034904 号

触摸传媒脉搏：2008—2018 年传媒事件透视
CHUMO CHUANMEI MAIBO：2008—2018 NIAN CHUANMEI SHIJIAN TOUSHI
著　者：范以锦

出 版 人：张晋升
项目统筹：黄圣英
责任编辑：冯　琳　姜琴月
责任校对：黄　颖　陈皓琳
责任印制：汤慧君　周一丹

出版发行：暨南大学出版社（510630）
电　　话：总编室（8620）85221601
　　　　　营销部（8620）85225284　85228291　85228292（邮购）
传　　真：（8620）85221583（办公室）　85223774（营销部）
网　　址：http：//www. jnupress. com
排　　版：广州尚文数码科技有限公司
印　　刷：广州市快美印务有限公司
开　　本：787mm×1092mm　1/16
印　　张：15. 75
字　　数：262 千
版　　次：2020 年 4 月第 1 版
印　　次：2020 年 4 月第 1 次
定　　价：60. 00 元

总　序

……

如果从口语传播追溯起，新闻传播的历史至少与人类的历史一样久远。古人"尝恨天下无书以广新闻"，这大约是中国新闻传播活动走向制度化的一次比较早的觉醒。

消息、传闻、故事、新闻、报道，乃至愈来愈切近的信息、传播、大数据，它们或者与人们的生活特别相关、比较相关、不那么相关、一点也不相干，或者被视为一道道桥上的风景、一缕缕窗边的闲情抑或一粒粒天际的尘埃，转眼消失在风里。微观地看，除了极少数的场景外，新闻多一点还是少一点，未必会造成实质性的差别；本质地看，人类作为社会性的动物，莫不以社会交往，包括新闻传播的存在和丰富化为前提。

这也恰好是新闻传播生存样态的一种写照——人人心中有，大多笔下无。它的作用机制和内在规律究竟为何，它的边界究竟如何界定，每每人见人殊。要而言之，新闻传播学界其实永远不乏至为坚定、至为执着的务求寻根问底的一群人。

因此人们经常欣喜于新闻传播学啼声的清脆、交流的隽永，以及辩驳诘难的偶尔露峥嵘。重要的也许不是发现本身，而是有越来越多的研究者参与其中，或披荆斩棘，或整理修葺。走的人多了，便有了豁然开朗。倘若去粗取精，总会雁过留声；倘若去伪存真，总会人过留名。

走的人多了，我们就要成为真正的学术共同体，不囿于门户之见，又不息于学术的竞争。走的人多了，我们也要不避于小心地求证、深邃地思考，学而不思则罔。走的人多了，我们还要努力站在前人、今人的肩膀上，站得更高一些，看得更远一些。

这里的"我们"，所指的首先是暨南大学的新闻传播学人。自 1946 年起，创系先贤、中国第一位新闻学博士、毕业于德国慕尼黑大学的冯列山先生，以及上海《新闻报》总经理詹文浒先生等以启山林，至今弦歌不辍。求学问道的同好相互砥砺，相互激发，始有本文库的问世。

"我们"，也是沧海之一粟。小我终究要融入大我，我们的心血结晶不仅要接受全国同一学科学术共同体的检验，还要接受来自新闻、视听、广告、舆情、公共传播、跨文化传播等领域的更多读者的批评。重要的不完全是结果，更多的是过程。在这一过程中我们特别关注以下剖面：

第一，特定经验与全球视野的结合。文库的选题有时是从一斑窥起，主要目标仍然是研究中国全豹，当然，我们也偶或关注印度豹、非洲豹和美洲豹。在全球化时代，我们的研究总体会自觉不自觉地增添一些国际元素。

第二，理论思辨与贴近现实的结合。犹太谚语云"人类一思考，上帝就发笑"，或许指的是人力有时而穷，另外一种解释是万一我们脱离现实太远，也有可能会堕入五里雾中。理论联系实际，不仅是哲学的或革命的词句，也是科学的进路。

第三，新闻传播与科学技术的结合。作为一个极具公共性的学术领域，新闻传播的工具属于拿来主义的为多。而今，更是越来越频繁地跨界，直指5G、云计算、人工智能等自然科学的地盘。虽然并非试图攻城拔寨，但是新兴媒体始终是交叉学科的前沿地带之一。

归根结底，伟大的时代是投鞭击鼓的出卷人，我们是新闻传播学某一个年级某一个班级的以勤补拙的答卷人，广大的同行们、读者们是挑剔犀利的阅卷人。我们期望更多的人加入我们，我们期望为知识的积累和进步贡献绵薄的力量，我们期望不辜负于这一前所未有的气势磅礴的新时代！

编委会

2019 年 12 月

"老范看传媒"三部曲总序

…… ……

"老范看传媒"三部曲出版，嘱我作序。

作为南方报业范社长的老部下，暨南大学新闻与传播学院范院长的新门生，传媒人转型路上的追随者，我对于传媒前行与转型的复杂路况、曲折路径和运行轨迹，十年颠簸与奔波中有切身切肤之感受。一路上见过不少名师，"老范看传媒"最大的优势和独特的魅力在于，老范一直就在传媒转型的路上、车上。如今老范集五十年从业从教之修为、十余年实时实地研究之实力，推出传媒事件回顾透析、现实传媒现象思考、未来传媒趋势探讨三部系列论著，在前线、在前沿、在前端，有实况、有实战、有实验，有范例、有范本、有范式，对于仍在转型路上的传媒业和传媒人来说，在感同身受中应有所启迪。

"老范看传媒"三部曲，一分为三、三位一体，能够同时做到这三点并不容易。在业界时老范就在南方前沿，转入学界仍是离实践一线最近的研究者、观察者、参与者，是学生眼中的良师益友，而且依然是业界经常关注的传媒人物。集学界、业界两栖于一身的老范，其丰富的阅历和资历体现在他前期出版的《南方报业战略》和《新闻"微"茶座》两书中，而现在出版的这三本著作是在这基础上的延伸。三本著作各自独立又合为一个整体，三路并进中各有特色、各展所长，三维观照中互为呼应、互相贯通。具体来说，对十年来的传媒事件的前线观察，在第一部著作中按照年度精心划分，有传媒事件的回顾和点睛之笔的关键词，有实地观察和实时的透视，一册在手，历历在目。对传媒现象的前沿思考，在第二部著作中得到了系统性的呈现，传媒多年来的责任与坚守、改革与创新、传承与奋进，情理之间，娓娓道来。对传媒未来发展的前瞻分析，在第三部著作中进行了集中阐释，特别是在行业生态、内容形态变迁史的有力支撑下，坚守之道与突围之路，在泛内容理念的统合下，环环相扣，呼之欲出。

新的传媒地图和坐标系，需要新的导航系统。已有的经验肯定不够用甚至用不上了，陈旧的模式肯定不能用甚至成了包袱，固有的思维框架面临着自我挑战甚至必须颠覆。需要实时实地跟踪研究，而不是历时过时的马后炮；需要共时同步协同研究，而不是做隔空蹈空的旁观者。两张皮、两分开、两不靠，尤其在传媒这个行业，是业界与学界都应克服的弊端，甚至是这个行业最致命的缺陷。新闻与传播学、新闻传播学、新闻学与传播学，不管怎么叫、怎么看，都是文科中的工科、显学中的后学、大学中的小学，既不存在没有业界的学界，也不存在没有哲学社会科学甚至信息技术科学等上游学科体系支撑的传媒业以及相应的学科。如何不脱离实践应用、不游离于现实现场，学与用、道与术如何一体化，"老范看传媒"这一研究成果，作为学界自觉的实践和行动，就是在努力让"新闻与传播"这个新文科更好地串起来、动起来。

新的导航系统必定是三维的，而且需要不断升级。范式的流变、范本的跟踪、范例的迭代，传媒人感受到的转型之痛，不再是同行同业的直接竞争，更多的是跨界跨域的冲击与挑战，以及边界越来越模糊的消解与融合。学科体系、学术体系、话语体系的重建重构，显得愈发紧迫而困难重重，靠"洋八股"不行，靠"土八路"也不行。新闻与传播作为新文科而更像新工科的一个重要原因，是信息技术带来的巨大变化：有线、无线，在线、离线，都是联结方式，都是生活状态，都是生命形态，都是生存姿态。越来越一体而非对立的，除了学习与游戏、职业与业余、生产与消费、正餐与零食、通用与定制、共享与独有，还有当下与未来、现实与虚拟、真相与想象、动态与静态、形式与内容、文本与理念。越来越分不清、分不开的，除了线上与线下、上班与下班、中心与边缘、科技与科幻、时间与空间、有限与无限，还有外交与内政、外宣与内宣、外行与内行、学识与常识、人脑与电脑、受众与玩家。三足并立、三线并行、三维并重的"老范看传媒"，给观察者和参与者提供了一个复眼式多维复合视角，从而更多更好地看见传媒转型中的流动与不动、趋同与不同、平凡与不凡。

老范提出的泛内容变现概念，是一种具有想象空间和可见未来的涉及媒体运营的概念，不妨称之为范式表达。泛内容变现的概念和原理，显然不是指内容的泛化虚化，更不是导致新闻虚无化、边缘化的联想，而是在更大的背景下强调新闻这一易生易碎的大众化产品和服务，需要在更长远的联系上确认为有益的公共产品和公共服务，因而是从新的层面上强调了新闻的本体和本位。泛而有范，有界定的范围，有梳理的范式。说句题外话，老范十余年研究中撰写的论文超过 200 篇，相当一部分是带着学生做的对策研究，纯粹的学术概念研究不多。当然，这与老范的经历有关，每位研究者都有自己的优势和喜好。坦率地讲，老范不是书斋里的学究、学霸，"老范看传媒"更多地可看成是与传媒业界同呼吸、共命运，能够成为对策式的参考和辅助。果如此，就是"老范看传媒"三部曲的最佳位置、最好回报。

曹轲

2019 年 5 月 26 日凌晨于广州

（作者系暨南大学新闻与传播学院客座教授，新闻学博士，南方报业传媒集团副总编辑）

前　言

……

2008 年至 2018 年的十年，是中国传媒业融合转型的重要时期。在这期间，人们既看到了传统媒体的衰退，也感受到了新技术推动下各类新兴媒体和传播平台的勃兴。传统媒体面对困境，一方面通过自身变革创新寻找突围之路，另一方面积极介入新媒体的融合转型。在传统媒体、新兴媒体及各类传播平台的共同努力下，中国传媒业进入了新的历史时期。于是，"万物皆媒时代""众媒时代""智媒时代"等一个个具有时代特征的提法接踵而至。媒体实践中涌现的"中央厨房""互联网＋""机器人写稿""移动化""社交化""视频化""智能化"等新概念、新名词层出不穷，并进入了研究者的视野。

作为传媒研究者不仅要关注传媒业自身的业态、媒介形态的变化，也要关注与此相关的政治社会生态环境的变化。于是，就有了"老范看传媒"丛书："传媒事件回顾篇"《触摸传媒脉搏：2008—2018 年传媒事件透视》，"传媒前沿现实篇"《传媒现象思考》和"传媒未来发展篇"《泛内容变现：未来传媒商业模式探研》。

2006 年底，我从南方报业传媒集团领导岗位退下来进入暨南大学新闻与传播学院，任职之后，就以研究者的身份关注传媒业的发展。我不仅关注传媒业自身的业态、媒介形态的变化，也关注与此相关的政治社会生态环境的变化。于是，就有了《触摸传媒脉搏：2008—2018 年传媒事件透视》这本书的构思。本书将 2008 年至 2018 年期间每年发生的较为重要的传媒事件罗列出来并逐个进行点评，选择有一定代表性的个案进行剖析。在社会转型时期，各类事件不仅繁多，而且错综复杂，本人无法全面兼顾，只能选择自己比较了解和感受较深的事件进行点评、剖析。

本书讲述的不只是传媒业自身的事件，还包括新闻传播活动对社会造成较大影响的事件。在人人都可以利用平台传播自己声音的时代，出现了许多值得点赞的人和事，同时也不乏因传播信息和处置舆论事件不当，给他人或自己带来困扰的案例。在传媒行业，无论是成功的经验还是失败的教训，无论是顺境还是逆境，都值得回顾总结。事件虽然已过去，但依然留下许多耐人寻味的深沉思考，期待能引发大家的关注和进一步的探讨。

本书的"传媒事件透视"部分，一部分文章的材料和观点引自我指导的研究生与我合作的论文，这些研究生是：陶志强、陈晨、邬茜、霍慧、段惠婧、朱海威、严艳、王悦、殷航、张令、李帅、王艳、林秋铭、彭一力。此外，我指导的研究生聂浩、何国胜、陈璐、唐淑、彭琪月、杨晓倩等参与了本书的一部分文稿校对工作。在这里一并致谢。

2019 年 8 月

2008 年

…… ……

年度重大传媒事件

一、汶川地震报道成为"开放性报道"的标志性事件

事件回放：

2018 年 5 月 12 日，四川省汶川县发生 8 级地震，死伤及财产损失惨重。地震发生后，国内全面放开让记者采访，从中央媒体到地方媒体、从传统媒体到新媒体都派出强有力的队伍集结地震现场，100 多家境外媒体的 300 多名记者也进入灾区，不断发出灾情及抗灾救灾的信息。中央电视台 24 小时不间断播放相关消息，各网站的网络新闻不断滚动翻新。全方位的报道，使广大受众尽可能完整地看到了灾情和抗震救灾的全貌，为凝聚全国乃至全世界的目光，激发人们参与救援行动，夺取抗灾救灾的胜利起到了极其重要的作用。国际舆论对中国抗灾行动和传媒的表现予以高度评价。

点评：

汶川地震震惊中国，震惊世界；而政府的救灾行动和媒体的开放性报道又震撼了中国，震撼了世界。我们过去对突发事件的公开报道时紧时松，而这次地震报道的开放度是前所未有的。2008 年 5 月 1 日，《中华人民共和国政府信息公开条例》（下文简称《政府信息公开条例》）正式实施，这次抗灾信息的全方位公开是一次成功的演示，汶川地震报道成为中国"开放性报道"的标志性事件。

二、北京奥运会显示大传媒新格局的重大影响力

事件回放：

北京奥运会期间，国际奥委会首次将互联网、手机等新媒体作为独立转播机构，并对新媒体的转播权进行了授权拍卖，这标志着新媒体与传统媒体一起被列入奥运会的转播体系。央视网利用这一机会，联手新浪等 8 家商业网站实

施联合转播，并与合作伙伴人民网、新华网等174家网站进行公益性联合推广，创建奥运史上规模最大的新媒体传播联盟，成为新媒体发展中一个重要里程碑。

点评：

北京奥运会使中国媒体变得更加丰富多彩，丰富多彩的传媒使世界更加了解中国。中共中央总书记胡锦涛在考察人民日报社时说："以党报党刊、电台电视台为主，整合都市类媒体、网络媒体等多种宣传资源，努力构建定位明确、特色鲜明、功能互补、覆盖广泛的舆论引导新格局。"① 北京奥运会报道的多形式和快速、强势的传播，展示了大传媒新格局的强大影响力。这种影响力，成为推动中国社会进步、振兴中华民族的强大力量。

三、网络"公民外交"反击西方某些媒体对"3·14"事件的歪曲报道

事件回放：

2008年3月14日，西藏拉萨发生了打砸抢烧的严重暴力事件，引起全球媒体的广泛关注，西方某些媒体进行了歪曲性的报道。3月17日英国广播公司（BBC）在网站上刊登题为"藏人描述持续骚乱"的报道，配的图片是西藏当地公安武警协助医护人员将骚乱中受伤的人员送上救护车的场景。CNN（美国有线电视新闻网）甚至把暴徒袭击军用车辆的图片剪裁成军车威胁路人的画面。这种恶意歪曲事实的行径，引起了中外受众对西方某些媒体的所谓客观性的强烈质疑。国内的网民和在国外的华人通过博客、视频等，搜集各种证据驳斥不实报道。"做人不能太CNN"成为当时的网络流行语。歪曲性的报道被澄清之后，国际舆论朝有利于中国的方向发展，CNN不得不发表声明向中国人民正式道歉。

点评：

在这场捍卫新闻真实性和中华民族声誉的舆论战中，各类媒体以各种方式揭露了西方某些媒体移花接木、混淆视听等背离新闻真实性原则的丑行。由于新兴媒体技术的特殊手段和特殊作用，网络媒体的表现更是令人刮目相看。网

---

① 《胡锦涛在人民日报社考察工作时的讲话（全文）》，人民网，http://media. people. com. cn/GB/22114/159487/159719/9567336. html，2008年6月27日。

络媒体的抗议是非官方的，这种来自网民自发的民间力量，使我们从中看到了网络"公民外交"的巨大作用。

四、三鹿与地方政府对媒体的不当"管控"管出"负面影响"的放大

事件回放：

2008 年 9 月 8 日，有媒体不点名指出某品牌牛奶导致婴儿结石，各地相继曝出饮用同一品牌牛奶的"结石婴儿"病例。随后上海《东方早报》记者率先点名曝光三鹿牛奶。11 日，新华社发表消息指出三鹿的奶粉问题。接着三鹿集团股份有限公司承认自检发现 8 月 6 日前出厂的部分批次三鹿婴幼儿奶粉受到三聚氰胺的污染，并发布产品召回声明。"三鹿奶粉事件"愈演愈烈，涉及伊利、蒙牛等国内知名企业。出现问题奶粉非一日之寒，早在几个月前三鹿就陆续接到了一些投诉。8 月 1 日三鹿已查明是不法奶农在原料奶中掺入三聚氰胺，但其遮遮掩掩，8 月 2 日在给石家庄市政府的报告中写道："恳请市政府帮助解决两个问题：一是请政府有关职能部门严查原料奶质量，对投放三聚氰胺等有害物质的犯罪分子采取法律措施；二是请政府加强媒体的管控和协调，给企业召回存在问题产品创造一个良好环境，避免炒作此事给社会造成一系列的负面影响。"石家庄市政府采取内紧外松办法，直至 9 月 9 日才向河北省政府报告三鹿奶粉问题。

点评：

在"三鹿奶粉事件"中，企业与当地政府联手"管控"媒体，按三鹿的说法则是"避免炒作此事给社会造成一系列的负面影响"。说穿了，他们所讲的"负面影响"指的是对当地企业和政府利益、形象的所谓"负面影响"，至于对国家、对全社会、对广大民众产生伤害的更为严重的"负面影响"竟然可以不顾了。由于信息迟缓公开和处置的拖延，错过了化解危机的最佳时机，受害范围扩大，国家形象也严重受损。顾及自身的所谓"负面影响"，却将"负面影响"放大到了全社会。而三鹿和当地政府想控制自身"负面影响"的目的也未达到，反而陷入极其难堪和被动的局面。

五、"QQ 广东第一号"直面网民，彰显"新闻执政"理念

事件回放：

2008 年 3 月底，中共中央政治局委员、广东省委书记汪洋到深圳进行专题调研时，欣然接受了腾讯赠送的 QQ 号码，网友们称之为"QQ 广东第一号"。在这之前，有网友在奥一网发帖邀请汪洋"网聊"。省人大、政协两会期间，《南方都市报》记者向汪洋转达了网友的建议。2 月 3 日，汪洋书记和黄华华省长通过奥一网等新闻网站，发布了《致广东网民朋友的一封信》，表示愿意就共同关心的话题与大家一起"灌水"；对于工作和决策中的不完善之处，也欢迎大家"拍砖"。奥一网"捎给汪洋书记的话"走红网络，两三个月内共有 500 多万人次点击，近 2 万条留言。这当中，《南方日报》与南方网、南方日报网推出的《十问东莞》《南方都市报》与奥一网推出的《岭南十拍》给汪洋留下深刻印象。4 月 17 日，汪洋、黄华华邀请"拍砖网虫"面对面座谈交流。

点评：

"新闻执政"，是成功的政治和治国不可缺少的重要部分。网络上虽有谎言，但也有在其他地方看不到的真实。通过平等、交互的网络及时听取民意诉求，有利于执政者全面了解情况，提高决策的水平和效率。正如汪洋所说："与其被动接受，不如主动介入……各级党委政府不能高居网络之上，要以平等的心态积极参与，有效引导，推动网络民主发展。"① 领导者敢于直面网民，体现了"新闻执政"理念的提升。

六、"瓮安事件"推动人们观念转变：敏感群体事件也要公开

事件回放：

2008 年 6 月 22 日，贵州瓮安县中学生李树芬死亡。"瓮安事件"发生前期当地政府不作为，真相扑朔迷离，致使不少人相信民间和网上谣传的"奸杀"。6 月 28 日下午，县公安局、县政府受到冲击，发生"打砸抢烧"的群体性事

---

① 《广东省委书记汪洋：顺应网络规律　构建网络民主平台》，人民网，http://media.people.com.cn/GB/40606/7167795.html,2008 年 4 月 25 日。

件。贵州省委书记亲自出面调研，怒斥一些干部的不作为。7 月 1 日，贵州省举行了"瓮安'6·28'严重打砸抢烧突发性事件"新闻发布会，发布真相，澄清谣言，并决定对尸体进行复检。与此同时，对不作为的领导采取组织措施，对操纵这一事件的黑恶势力予以坚决打击。全国许多媒体也几乎毫无阻力跟进采访报道。由于信息的透明公开，群众很快明白了真相，突发事件得到了妥善处置，当地秩序恢复。经过贵州权威法医专家组连续 8 天的尸检，再次确认死者系溺水死亡。

点评：

"瓮安事件"最终得以妥善处理，与贵州省委、省政府下决心公开信息以引导舆论密切相关，这应推动我们观念的转变：敏感群体事件也要公开。过去对敏感群体事件不进行报道，在信息不发达的年代，也许能掩盖住；但在新媒体高度发达的年代，是掩盖不了的。公开了，让民众知道真相，敏感的问题才能化解。

七、南方雪灾呼唤政府与媒体共建预警机制

事件回放：

2008 年 1 月 10 日起，中国南方发生了严重的低温雨雪冰冻灾害，给社会经济和群众生活造成了严重影响。正值春运期间，多处铁路、公路、民航交通中断，旅客滞留站台。在灾情严重的广州，有 200 万人滞留在广州火车站广场以及周边地带。京珠高速公路因大雪积盖，致使上万辆车在路上无法动弹。政府部门和媒体互相配合传递信息，发布气候和春运积压状况，引导群众理性地选择交通工具，并传递政府和企业的关怀，号召和组织外来人员留在本地过春节。虽然抗灾救灾取得重大胜利，但也有值得反思的地方，如预警机制不足、信息传达不到位，造成某些方面的被动。

点评：

反思南方雪灾，我们可以看到方方面面的"应对机制"需要进一步完善。其中，在传播信息方面，政府相关部门和大众传媒共建预警机制十分重要，两者在环境监察、灾害预警方面应充当重要的角色。异常的环境会使信息传递变得困难重重，这需要先进的传播手段，也需要传统的传播手段。这次雪灾，"衰退"的广播竟大显身手，给被困高速公路的司机、乘客通报信息，协助有关部

门疏导交通。如果我们只是习惯于常见性的灾害预警，没有从高难度考虑灾害的发生，会形成广泛的被动局面。政府部门应将发挥各类传媒的功能纳入预警机制，开发传统媒体的空间，挖掘新媒体的潜力，与媒体共建灾害预警机制。

八、"艳照门"拷问媒体的道德底线

事件回放：

2008 年 1 月 26 日，网上传出陈冠希与一女明星的不雅照片，随后众多女明星被牵扯。随着传统媒体的不断报道，事件的影响力日趋扩大，数百张艳照被公开。"艳照门"带来了一场低俗的"网民狂欢"，成为互联网上点击率最高的关键词，内地各大门户网站也第一时间迅速跟进。某知名论坛社区赫然出现回复量超 2 000 万次的帖子，多家新闻网站都做了专题策划关注此事。香港警方先后逮捕 9 名犯罪嫌疑人，并警告传播照片的人将会被起诉。最终，随着陈冠希出面公开道歉，并宣布退出香港娱乐圈，事情暂告一段落。

点评：

"艳照门"事件的报道中，内地负责任的媒体对这一热点进行了理性的分析，并发出抵制不雅照片传播的呼声。有的媒体虽然也刊发了某些照片，但有严格的限制和掩盖。然而也有一部分媒体报道行为失范，不雅照片赫然出现在版面上，网络上更是泛滥成灾，这些媒体从业人员俨然忘记了其社会责任和道德规范。在现实中，网络比报纸更为开放，受众也对网络更为宽容，但是这种开放和宽容也是有底线的。媒体所坚守的责任和道德底线怎能突破?!

九、舆论热议"许霆恶意取款案"推动重审改判

事件回放：

2008 年 3 月 31 日下午，广州市中级人民法院对"许霆 ATM 机恶意取款案"作出重审判决，认定许霆盗窃罪名成立，但犯罪情节比较轻微，改判 5 年有期徒刑。事发于 2006 年 4 月 21 日，许霆在银行 ATM 机取款取出 1 000 元后，银行账户只被扣了 1 元，许霆随后连续取款 5.4 万元。回到住处后许霆告诉同伴郭安山，两人随即前往连续取款。许霆先后取款 171 笔，合计 17.5 万元；郭安山则取款 1.8 万元。郭安山于 2006 年 11 月 7 日投案自首。天河区法院经审理后认定其构

成盗窃罪，考虑到其自首并主动退赃，对其判处有期徒刑一年。许霆则潜逃一年并将赃款挥霍一空，广州市中级人民法院以盗窃金融机构罪判处其无期徒刑。一时舆论哗然，焦点聚集在"量刑是否过重"上，大多数媒体客观报道了不同观点的交锋。最终，许霆案被最高法院发回重审，改判了一个各方基本能接受的判决。

点评：

可以想象，如果不是媒体公开报道讨论，许霆的一审判决也许已成定局。有些人总爱用"干预司法判决""媒体审判"来指责媒体。其实，一个成熟的法治社会，司法是独立办案的，媒体有其议论的权利，但司法怎么判不受其干预。如果媒体舆论影响了案件的判决，也许就是因为原有的判决不当。如果判决适当而迫于媒体的压力改判，只能说明"独立办案"的观念树得不牢。只要明确了媒体与司法各自的责任和权力，让媒体热议一些案件，能促进司法更加透明、公正和更准确办案。

十、"周老虎"已现形，舆论质疑却迟迟未消停

事件回放：

随着 2008 年 9 月 27 日陕西省旬阳县法院对周正龙案的公开审理，"周老虎"已完全现形，但"虎戏"的台前幕后仍疑点重重，媒体及社会舆论未能罢休，质疑背后有无指使者、参与者。"周老虎"事件起于 2007 年 10 月 12 日，陕西省林业厅公布了镇坪县文彩村周正龙于 10 月 3 日拍摄到野生华南虎照片的消息。10 月 15 日有网友质疑这是假新闻，陕西省林业厅予以驳斥，周正龙宣称"拿人头担保"。10 月 22 日，中科院植物研究所首席研究员傅德志指出虎照有假，并称要和周正龙"赌脑袋"。此后，随着年画虎的出现和六方专家鉴定的出炉，舆论普遍认为关于虎照的真伪之争已明朗。

点评：

其实，"周老虎"早在 2007 年就现形了，由专家、网民组成的众多民间"打虎派"早就揭穿了虎皮。只是官方迟迟不作为、不表态，甚至某些政府部门的官员仍强硬"挺虎"，致使"周老虎"一再逃脱。政府诚信缺失，加上周正龙作案的台前幕后的确疑点重重，这就怪不得舆论一再质疑，"虎"戏难以落幕了。

十一、西丰警察进京挑战上级主管的舆论"喉舌"

事件回放：

2008 年 1 月 1 日，中央政法委主管的法制日报社下属的《法人》杂志，刊登了记者朱文娜一篇题为"辽宁西丰：一场官商较量"的报道。文中叙述了辽宁西丰女商人赵俊萍因不满西丰县政府对其拥有的加油站的拆迁补偿处理，编发短信讽刺县委书记，被判诽谤罪。1 月 4 日下午，西丰县多名警察来到杂志社，称朱文娜的报道涉及西丰县县委书记，涉嫌诽谤罪已被立案，要将其拘传。7 日，该事件被媒体披露后，在社会上产生强烈反响，中国记协在听取朱文娜的陈述后表示"要维护记者的合法权益"。9 日下午，西丰县政府委派人赴京向朱文娜和其单位表示歉意，西丰县公安局作出了撤销对朱文娜的立案和拘传的决定。2 月 4 日，辽宁省铁岭市委宣布西丰县委书记在"进京拘传记者"事件中"法制意识淡薄，负有不可推卸的直接领导责任"。同日，西丰县委书记被责令引咎辞职。

点评：

非法拘传记者，无非是想封住不利于自己的舆论"喉舌"。按传统的说法，《法制日报》应是中央政法委的"喉舌"，法制日报社下属的《法人》杂志也应该是个小"喉舌"了。系统内的基层警察竟然敢进京挑战主管部门的"喉舌"，可以说是胆大妄为了。当然，警察是按指令行事的。这很难不使人怀疑，在远离京城的地方，这些下指令的人不会干出比"封喉"还愚昧的事来。

十二、真假记者齐领"封口费"，假记者折射出真记者的真问题

事件回放：

2008 年 9 月 20 日，山西霍宝干河煤矿一名矿工在矿内被闷死，矿方未及时向上级报告。9 月 25 日晚，西部时报驻山西的戴骁军在干河煤矿拍下了各地真假记者云集，领取矿方发放所谓"封口费"的场景。该消息经媒体刊登后，国家新闻出版总署、山西省新闻出版局派出调查人员进行调查，并于 10 月 29 日召开新闻发布会，就初步掌握的情况作了通报。领取"封口费"的除了真记者外，还有不少混迹其中的假记者。国家新闻出版总署新闻报刊司相关负责人表

示，新闻出版行政部门将继续进行调查，对于新闻单位的记者和工作人员收受钱财或进行新闻敲诈等行为将严肃处理，直至清理出新闻队伍；对于管理不严甚至鼓励记者搞"有偿新闻"的单位要发"黄牌"停业整顿；对于假记者要加大打击力度，涉嫌犯罪的移交司法机关处理。

点评：

在这一事件中，不管真假记者的比例各有多少，有真记者参与是肯定的，而且类似的事已发生多次。通过假记者的行径，也可看出我们传媒队伍中的真问题。那些假记者的手法是从哪里来的？想必是先有媒体人的不检点和道德的败坏，让他们看到了打着记者的名义竟然能诈骗到钱财。我们如不加强队伍的建设，严处内部的道德败坏者，还会有更多的假记者跟随而来，打着记者的名义诈骗。

传媒事件透视

透视关键词：开放性报道　信息公开

透视之一：

汶川地震开放性报道颠覆过时的"负面报道"概念

汶川地震是坏事件，可称为负面事件。但由于政府处置得力，媒体快速反应，将全民族的力量凝聚起来了，其产生的正面影响力不可估量。因此，这次的成功实践可以说颠覆了过时的、模糊不清的"负面报道"概念。

一、负面的事件，巨大的正面影响力

汶川地震报道是灾难报道的重大突破，少见的突发事件现场的大规模记者群云集，从未有过的多媒体联合作战呈现多视觉、立体式的报道。而整个报道中所展现的人性化的报道理念更值得称颂。

用记者云集来形容传媒力量，并不夸张。许多媒体在成都设有记者站或派有常驻记者，他们第一时间获悉地震消息后便奔向灾区，接着各媒体总部也迅速行动。仅南方报业传媒集团下属的南方日报社、南方周末报系、南方都市报系、21世纪经济报道报系就共有100多人去了灾区。不少地市的媒体也派人去现场采访。地方媒体有的是自己想办法进入，有的是通过各类救护队随同进入，目睹了受灾场面和抢救的动人情景，与中央媒体互为补充，弥补了单一媒体报道的不足。地震前方的记者在紧张采访的同时，后方记者有关支援灾区的采访

也紧张进行，与前方形成有序的互动。政府部门对媒体的采访和信息的提供是完全开放的，社会方方面面对媒体的采访也持欢迎和支持的态度。正是有了开放的传媒环境和各路记者的联合作战、全方位展开，才出现了从未有过的电视对现场的滚动报道，从未有过的报纸视觉版面和详尽的灾难及抗灾报道，从未有过的传统媒体与网络等新媒体连续不断的互动。这些共同形成多层面多品种的立体式报道，内容和内涵都很丰富。

报道的重大突破还体现在报道理念的更新。过去我们往往把对灾害的报道当作重要的政治任务来完成，有些报道由于人性化的表达苍白，加上一味的"政治"赞歌，宣传味太浓，却未必达到"政治表达"的目的。媒体对这次地震的报道当然也讲政治，但重视人道主义的彰显，集中体现了以人为本，不乏人性化的内涵，对人的尊严的报道前所未有。比如让受众全面了解灾害本身，把珍惜生命、抢救生命放在首位。在报道中紧紧抓住人性的一面，突出救援人员以及国家领导人对受难者的关怀。尊重生命，不仅要反映全力抢救伤员，还要体现对死难者尊严的维护。悼念期间，时政类、综合类媒体的头版都是黑白色的，突出了悼念主题，使死难者享有至高尊严。人的价值得到充分的重视，其产生的力量是无穷的，全民族的力量凝聚起来了。地震灾害是负面事件，但政府强有力的处置和媒体负责任的报道，产生了巨大的正面影响力。

二、更新观念，从"负面报道"的阴影中走出来

这次地震报道前所未有的透明和开放，适逢《政府信息公开条例》实施不久。是条例作用使然，还是吸取了其他重大事件未及时公开带来一系列麻烦的教训，还是考虑到网络等新媒体的强大力量？应该说都有关，要从综合因素来考虑，但最重要的还是观念的更新。这次地震报道的大开放，可以说是思想观念的大解放，新闻执政理念的大提升。

《政府信息公开条例》的制定和公布，当然为自然灾害报道的更加开放提供了制度化的政策依据。但政策、制度不是万能的，不可能考虑到每个细节。多年来的经验表明，政策出台的同时，还有人会去研究对策，好经被歪嘴和尚念歪了。即使无心歪曲，但理解程度不同，贯彻执行的力度也会不同。就拿"信息公开"来说，是能公开的都尽量公开，用足政策；还是找个"合理"的说法，非常有限地公开呢？还有，靠谁来公开，是让少数媒体公开，还是让尽

量多的媒体公开？这些涉及的具体操作手法是无法定量的，制度、政策有可能在冠冕堂皇的合理解释中打了折扣。

所以，我们在贯彻《政府信息公开条例》时，不仅要关注条例本身，还要用新观念来解读和善待担负传播功能的媒体。用什么样的观念来对待，其贯彻执行的效果是不一样的。要更新观念，就必须认真总结以往的经验教训。有些事件，我们国家处置得非常及时、非常得力，真理在我们一边。可惜的是我们未及时让媒体介入公布，延误时机，带来麻烦，留下遗憾。

这次汶川地震的报道，随着观念的更新，媒体发挥了强大的传播功能，人们透过媒体看到了中国人的伟大精神和巨大凝聚力，不仅感动了国人，也感动了世界。外国媒体对我国政府的处置能力和媒体的良好表现赞誉有加，就连惯于用有色眼镜看中国的某些西方媒体也无可指摘。灾难本身是负面的，通过媒体负责任的报道产生了巨大的正面影响力。因此，可以这么说，这次媒体的报道颠覆了一个过时的、模糊不清的"负面报道"概念。有些人在研究"负面报道"的概念时，限定在"天灾人祸"这类坏消息层面。局限于此，也就罢了。但如今已被一些人延伸开来，放大到舆论监督，扩大到只要是影响自己的政绩和形象，令自己心里觉得不舒服的报道，皆斥之为"负面报道"。

灾害这种坏事属负面事件，它是客观存在的。怎么报道属主观意志的范畴，可能是好主意，从积极方面去引导舆论；也可能是坏主意，从负面去炒作。但有的人将负面事件这一客观事物，都说成是主观意志的"负面报道"，更与报道效果"负面影响"联系在一起。因此，《政府信息公开条例》要真正成为媒体和政府部门的行为准则，必须更新观念，从"负面报道"的阴影中走出来。

三、"负面事件"公开分类实施，政府与媒体共同珍惜良好的舆论空间

汶川地震灾害发生之后，政府部门、媒体和受众，救援者和灾民，各类社会角色之间显现出少有的互相信任。政府信息的开放、透明与媒体的使命、责任有机结合在一起。这次的开放性报道是良好的开端，但也不可能将这次的做法完全"复制"到所有的突发事件报道中，媒体和政府都要依据不同情况分类管理、积极应对，共同珍惜和营造良好的舆论空间。

政府部门从这次信息传播的良好效应中，可以体会到传媒人良好的职业道德和职业精神，感受我们传媒的成熟和可靠。过去有些本来应该及时报道的突

发事件为什么不让媒体报道？除了"负面报道"的观念作祟之外，还因过于低估了我们传媒人的觉悟、水平和能力，同时也与有关部门未全面权衡利弊有关。怕记者报道不准？怕记者到现场影响工作？觉得媒体老是来惹麻烦？大量记者到突发现场采访报道，不可能没有问题，正如我们的政府官员有时也会说错话一样，但我们要看到利大还是弊大。就拿这次地震报道来说吧，采编中也有一些问题，然而总体效果好，我们看到了新闻开放与记者使命感的结合。我们从中该体会到，如果没有媒体及时将灾区的悲哀、救援者的壮举、政府的关怀传播出去，怎能将全国人民乃至海外华人凝聚得如此紧密？怎能感动世人？我们的记者不仅有新闻理想和抱负，而且非常理性。把民族的悲欢作为自己的悲欢，把民族的命运作为自己的命运，媒体在国家整合功能方面发挥了很好的作用。媒体如此快速、透明的报道所形成的凝聚和团结的力量，是不可估量的。

当然这不仅要靠政府部门的支持，也要靠媒体自身的努力。这种努力，包括珍惜良好的舆论环境，增强责任意识，敢于担当和善于担当。这涉及今后能否复制这次开放性的报道方式。其实，任何国家对不同突发事件的开放程度均有差异，就拿中国来说，群体事件肯定不可能像抗震救灾这样开放报道。突发性事件报道，包括自然灾害和社会事件两方面，也可简称为"天灾人祸"。天灾往往是难以抗拒的，无法追究个人的责任，除非明知灾害要到来却未认真做好防范工作，或灾害发生后救灾不得力。社会事件则不同，它会涉及人，涉及各种利益关系的博弈。社会事件一般来说是人为的，但有敏感和不敏感两类，比如交通安全事故，它不太敏感，更谈不上政治敏感。群体事件涉及社会的稳定问题，因此比较敏感，很多人还称之为政治敏感。群体事件，有的完全是肇事者为达到不可告人的目的而煽动不明真相的人无理取闹，有的则是由政府部门或相关单位的工作失误、某些腐败行为引发的。不同的情况有不同的处置方法，包括对新闻的开放度把控，新闻人应理解其中的缘由。

媒体和政府部门都要珍惜这次抗震救灾中形成的良好舆论环境，认真总结历史的和现实的经验，自觉承担自己应承担的责任。媒体在这个问题上强调责任感，其实就是什么该报、什么不该报，要服从事件处置的大局，立足于化解矛盾、解决问题。政府部门则要更新理念，以高度的智慧对待信息的公开和媒体的开放，能开放都应尽量开放。有了《政府信息公开条例》的尚方宝剑，有了这次开放性报道的成功经验，应推动观念的转变，使突发事件的开放性报道积极有序进行。

透视之二：

信息不公开，付出的代价更大

　　三鹿集团与当地政府联手对媒体进行不当"管控"，结果管出"负面影响"的放大。本来"5·12"汶川地震报道已成为"开放性报道"的标志性事件，这是《政府信息公开条例》实施之后的一次成功实践，官方、媒体、大众都满意，按理可以复制或借鉴。可悲的是，有些人依然按照以往的常规做法，对"负面事件"遮遮掩掩，还想尽量捂住。

　　其实，信息不披露造成严重危害的教训何止"三鹿"？信息从不公开到公开，从吞吞吐吐公开到尽量满足受众对信息的需求，实际上是与不适应社会发展的传统观念决裂。对传统观念的突破和更新，也是付出了一次次沉重的代价之后才有紧迫感的。当人们尝到自然灾害信息不公开的苦头之后，便将信息公开作为常态而不是特例，并逐步升级，乃至有了汶川地震信息的大公开。

　　有人认为，汶川地震报道是自然灾害的报道，放开报道当然没有问题，言下之意是社会事件，尤其是突发事件应作为特例。我赞同两者有所区别，社会突发事件尤其是群体事件背景比较复杂，不可能像汶川地震那样大规模报道。公开的程度可以有所差别，但这不能成为不公开的理由。贵州"瓮安事件"爆发前期，真相扑朔迷离，致使不少人相信民间和网上谣传，后来由于信息的透明公开，群众很快明白了真相，这一突发事件得到了妥善处置，当地秩序逐步恢复。过去对群体事件不报道的一个理由是担心报道后消息会像"瘟疫"一样传染开来，影响社会稳定和政府形象，便采取措施掩饰。然而，在网络媒体、移动媒体等新兴媒体高度发达的年代，官方不公开，民间公开；传统媒体不公开，新媒体公开；境内不公开，境外公开。最终导致：权威信息不公开，谣言满天飞，敏感的热点问题变得越来越复杂、越来越敏感。所以，进入信息化时代，在快速、海量传播的态势下，即使是敏感的群体事件也要尽快公开，不然付出的代价更大。

2009 年

…… ……

年度重大传媒事件

一、世界媒体峰会展现中国开放理念

事件回放：

2009年10月9日，被誉为"媒体奥林匹克"的世界媒体峰会在北京举行，来自70多个国家和地区的135家主流媒体和机构以及中国境内40多家媒体近300多位负责人参加了峰会。峰会由新华社、新闻集团、美联社、路透社、俄塔社、共同社、英国广播公司、时代华纳特纳广播集团和谷歌等9家有世界影响力的媒体机构共同发起，由新华社承办，是全球传统媒体与新媒体的高端盛会。会上分析了世界传媒业的现状和发展趋势，探讨了当前要解决的一些问题。峰会通过了《世界媒体峰会共同宣言》，着重提到了媒体责任、金融危机、新媒体、新技术等世界传媒业正在面临的一系列重大问题。国家主席胡锦涛在峰会上发表了讲话，表明了中国推进媒体改革发展的决心，并表示将继续为外国媒体在华从事采访报道业务提供便利。9家媒体机构负责人在致辞中赞扬中国媒体进步的同时，也提出了许多很好的建议。

点评：

峰会上，中国传媒嬗变之路的展示，令来自世界各地的传媒机构刮目相看。有形的成果固然令人兴奋，更为重要的是在传播理念中展示了中国的新形象。中国能举办这样的盛会，让中国媒体与世界媒体坐在一起，共同讨论当前面临的生存和发展问题，已经体现了中国媒体的更加开放。中国最高层领导的表态，更加深了世人对中国开放理念的理解。

二、国家领导人与网友在线实时交流带动网络新政

事件回放：

2009年3月28日下午，国务院总理温家宝来到中国政府网访谈室，与网友

在线交流两个小时，并接受中国政府网和新华网的联合专访。这是继 2008 年 6 月 20 日胡锦涛总书记在人民网与网民交流后，我国领导人又一次与网友的亲密接触。国内外网友看到网站预告后，争先恐后发帖互动，向总理提问的帖子超过 30 万，内容涉及经济、民生、反腐、医疗等社会生活的方方面面。温总理选择了教育改革和发展、医疗卫生改革等 29 个问题进行回答。中国政府网和新华网通过文字和视频进行了全球实况直播。这是中国政府首脑首次现身互联网文字和视频直播室，与全球网民对话聊天。温家宝总理还透露，他几乎每天都上网，最长的时间可以达到一个小时。

点评：

政府官员通过网络与网民交流，可以倾听到来自方方面面的真实情况，对于强化民主监督，完善决策方案，提高政府的执政能力和执政效力都有很大的帮助。国家领导人在线交流得到了网民的积极响应和高度评价，起到了很好的示范作用，带动各地政府官员更加重视网络施政，使这一新的施政渠道畅顺起来。2009 年 9 月 20 日，广东省委办公厅宣布，广东正逐步设立政府部门"网络发言人"。从全国各地来看，现在政府的网站越来越完善，政府部门及时发布信息，回答民众关注的问题，被誉为"24 小时不下班的政府"。

三、三大媒体改革展示中央媒体在"贴近"受众中强化权威地位

事件回放：

2009 年 7 月 1 日，《人民日报》改扩版，由原来的 16 个版扩到 20 个版，扩充的版面主要用于增加要闻、国际新闻、文艺评论等方面的内容。自 7 月 27 日起，中央电视台展开为期近一个月、涉及全台所有部门、所有频道、所有节目的改版行动，其中以新闻频道的动作最大。改革内容包括新闻选材注重时效性，增加了滚动新闻和现场报道数量；加强贴近性，减少会议新闻而强化国际新闻和民生新闻；引入评论员机制，舆论监督与批评内容比例上升。新华社手机电视台于 9 月 1 日在中国移动、中国电信和中国联通全面上线。手机电视台以国内 31 家分社和海外 110 多家分社的电视记者为基本采集力量，以这些优势资源为基础，整合全球优秀电视节目，在展示新华社视频、音频节目的同时，以多媒体融合的理念，将不同内容以文字、图片、表格等形式体现出来，将快速、准确、权威的大众电视新闻节目和财经电视节目在第一时间传递给用户。

点评：

在社会转型期各种矛盾错综复杂的环境下，面对市场化程度较高的传统媒体竞争以及新媒体竞争，如何既稳妥又勇于创新地做好新闻传播工作，对主流媒体尤其是中央一级的强势主流媒体是一个严峻的考验。作为中央级媒体，其最大的优势是权威性。发挥这一优势，积极主动地将所掌握的最权威的新闻报道好，在各项改革出台的关键时刻、在社会热点舆论沸沸扬扬的时候快速出击，就能确保其主流地位。权威媒体应发出最权威的声音，而权威是要通过对受众的"贴近"来实现的。国家三大媒体《人民日报》、新华社、中央电视台在这次的改革中，试图通过"贴近"受众来提升自己的权威地位。

四、"躲猫猫"事件的快速处置，是民间舆论、媒体与官方对"事件真相"追求形成共识的结果

事件回放：

2009 年 1 月 29 日，云南省玉溪市红塔区北城镇 24 岁青年李荞明因盗伐林木被当地警方刑拘并关押在昆明市晋宁县看守所。2 月 12 日，重伤入院 4 天后的李荞明被医院宣告"因重度颅脑损伤"不治身亡。关于李荞明受伤致死原因，当地警方在 2 月 12 日给出的解释是：其与狱友玩"躲猫猫"游戏时，遭到狱友踢打并不小心撞到墙壁而造成了意外。"躲猫猫"事件及警方的解释经当地媒体报道后立即引起广泛的传播和众多的质疑，"躲猫猫"一词迅速在网络窜红。云南省委宣传部副部长伍皓组织网民调查委员会成员进行调查，最高人民检察院领导作了批示并派员指导，由昆明市人民检察院主办、云南省人民检察院督办，侦查工作全面展开。云南省公安机关、昆明市检察机关于 2 月 27 日联合召开新闻发布会，公布检察机关调查结论：晋宁县看守所在押人员李荞明是遭同监室人员殴打致死，"躲猫猫"游戏是看守所内牢头狱霸对新人施虐和体罚的借口。轰动一时的"躲猫猫"事件终于尘埃落定。

点评：

在整个事件中，我们可以看出警方高层和云南省委宣传部注重舆论的反应，在"追求真相"方面与媒体和社会舆论是形成共识的。但是他们开始得到的信息并不是从管理系统层层传递上来的，而是从媒体的公开报道中获悉。尽管网民调查委员会无法深入调查，有点"无功而返"的味道，但其形成的某些压

力对事件的推进是起了积极作用的。正是民间舆论、媒体的监督与官方取得了共识，才避免了"躲猫猫"事件像先前的"周老虎"事件那样长时间地拖延下去，形成耗费社会资源的舆论拉锯战。

五、媒体将邓玉娇由地位弱势演变成"舆论"强势

事件回放：

2009 年 5 月 12 日，湖北省巴东县公安局一位副局长向巴东县政府通报了"5·10"案件的调查结果及细节，并接受了部分媒体采访。次日，媒体登出报道："5 月 10 日晚，湖北巴东县野三关镇招商办主任邓贵大、镇农业服务中心主任黄德智和镇财经所干部邓中佳到雄风宾馆梦幻城休闲，要求邓玉娇提供'特殊服务'，遭拒绝后，双方发生争执。邓贵大拿出一沓钱在邓玉娇面前显摆，还两次将邓玉娇按倒在沙发上，邓玉娇用修脚刀将其刺死，黄德智被刺伤。"然而，5 月 18 日，巴东县公安局在网上发布该案件的一些细节和警方的处置情况时，将此前媒体报道的要求"特殊服务"改成了要求"异性洗浴服务"，"按倒"变成了"推坐"。两处细节的改动瞬间在网上掀起了轩然大波，越来越多的民众也随之密切关注事件的发展，推动着舆论不断朝邓玉娇一方倾斜。在各方关注下，巴东县人民法院 6 月 16 日上午邀请媒体旁听邓玉娇案的审理，对邓玉娇案作出了一审判决，认定邓玉娇的行为构成故意伤害罪，但因邓玉娇属于限制刑事责任能力人，又有自首情节，因此对其免予处罚。当天下午，邓玉娇即在判决书上签下"服从判决"。至此，这起受到全国众多媒体及社会舆论关注的事件终于画上一个句号。

点评：

这是一起多年来少有的引起媒体和社会舆论高度关注的案件。此案审判后虽仍有各种不同意见，但舆论普遍认为是公正的。邓玉娇只是一个服务员，自然处于弱势地位，由于媒体和社会舆论的高度关注，最终却成为舆论中的强者。强大的舆论对司法办案是有影响的，但总体来说是积极的影响。"舆论与权力"博弈的案件并不鲜见，舆论的监督无非是将可能依附在司法上的外来不当权力剥离，希冀其能公正办案。舆论行使监督权，司法坚持"独立办案"的原则，各司其职，社会才是正常的。

六、权威媒体失声，杞县上演"杞人忧钴"事件

事件回放：

2009 年 6 月 7 日凌晨 2 时，杞县利民辐照厂在完成辐照辣椒粉作业进行降源时，因货物落在存放放射盒的铅井口上，导致装有放射源钴 60 的放射盒无法正常回到铅井内，使得放射源一直处于工作状态之中。随后，杞县社会上流传着"核泄漏"和"大爆炸"的谣言。7 月 10 日起，一个题为"开封杞县钴 60 泄漏"的帖子现于网络，称当地一辐照厂发生钴 60 泄漏事故，这话题迅速成为舆论关注的焦点。政府直到 7 月 12 日才召开新闻发布会，但此时关于核爆炸的谣言已经流传至杞县人耳里。7 月 17 日，因为惧怕"辐射"和"爆炸"，数万名居民慌乱出走，杞县上演了一出"空城闹剧"。后经过干部拦劝、贴发告示、电视播放、短信劝阻等传统宣传手段和权威媒体、新媒体传播的立体组合式宣传才使得出走民众回归。

点评：

无论杞县有关方面是否承认自己在"钴 60 事件"中存在延迟发布信息的工作失误，但在杞县地方政府的严控下，权威媒体（包括电视、广播和报纸）在 6 月 7 日放射源卡位故障发生时到 7 月 12 日开封市政府召开新闻发布会期间缺席是有目共睹的事实。在整整一个月里，权威媒体销声匿迹，为谣言的大行其道留出大片空间。

七、《中华新闻报》退出：市场说了算

事件回放：

2009 年 8 月 28 日，中华全国新闻工作者协会主办的《中华新闻报》宣布停刊，成为首家倒闭的中央级媒体。停刊清算公告中，停办原因被归结为"经营不善，严重资不抵债，无法继续正常出版"。

点评：

中国的报纸能生存下来的有这么几种情况：一是市场化程度高，完全靠走市场打拼；二是权威性极强的报纸，比如党委机关报；三是背靠大机关大机构（包括大企业）的报社，由于主管主办单位经费充裕，挤点钱出来扶持报刊并

非难事；四是办得好的行业报，业内欢迎，以较高的价格定价发行不亏本或争得较多的业内广告。还有一种行业报尽管办得困难，并与主管机关脱了钩，但主管方依然动用权势和办公经费暗中变相"庇护"。上述讲的这几种情况，有的是正常的，有的则是不正常的。但在报业未深化改革的情况下，无论"正常"还是"不正常"，都有可能在维持现状中生存下来。随着报业改革的深化，依靠领导部门"庇护"之路越走越窄，许多行业领导部门也觉察到，在他们庇护下的某些行业报不仅不能给主管单位带来利益，甚至还成为其累赘，想甩"包袱"的情绪越来越强烈，而国家主管部门也反对这种庇护。退出"庇护"，走向市场，这才是报业安身立命的长远之计，改革考验下的行业报定位和进退只能由市场说了算。

八、上海高层高姿态回应舆论，"钓鱼事件"水落石出

事件回放：

事发上海浦东新区。2009 年 10 月 14 日，18 岁男子孙中界驾车经过某建筑工程公司时，看到一年轻人站在路中央拦车，孙中界顺道开车将他送到了 1.5 公里外的目的地，但孙中界却被认定为"非法营运"。为证明自己的清白，孙中界自断手指。然而，浦东新区城市管理行政执法局 20 日公布的调查报告却斩钉截铁地宣布，孙中界涉嫌非法营运行为，事实清楚，证据确凿，适用法律正确，取证手段并无不当，不存在所谓的"钓鱼"执法问题。结论一出，舆论风暴骤起，被称为"侮辱网民的智商"。中央电视台、《人民日报》、《中国青年报》等传统媒体大举介入，新旧媒体形成合力，造成强大的舆论攻势。上海市高层反应迅速，组成了由人大代表、政协委员、媒体记者参与的调查组，展开新的一轮调查，最终认定原调查"与事实不符，误导了公众和舆论，损害了上海和浦东的形象"，浦东新区政府就"钓鱼"执法公开道歉。上海市委主要领导明确指出，要坚决取消不正当的执法方式，立即纠正这种执法错误。

点评：

过去我们常常可以看到，发生了有争议的执法行为之后，只要调查组下了结论就只能"封口"了，面对舆论质疑也置之不理，而且上上下下口径高度一致。但发生在上海的"钓鱼事件"，上海高层面对媒体和社会舆论对下属的调查结果的质疑，采取了积极回应的态度。"钓鱼事件"经媒体披露后，上海市

委、市政府、市人大、市政协的领导同志都作出了回应，使真相很快大白于天下。对媒体揭露下属单位的错误行为，是积极回应舆论还是压制舆论，或是采取回避的态度，这对各级党委的执政能力是一个考验。如果官官相护，不仅不能清除积习，还会影响政府的形象，而且也有可能使矛盾升级，变得不可收拾，影响社会的安定。只有主动接受媒体舆论和社会舆论的监督，认识到民心可用、民怨可畏，才能化危为机，推动良政和善治。

九、关注民生的舆论力量为"开胸验肺"的张海超讨回公道

事件回放：

河南省新密市一企业农民工张海超感到身体严重不适，根据症状他怀疑自己得了尘肺病，便先后到郑州市二院、省胸科医院、省人民医院、北京协和医院等多家医院诊断，结论一致为尘肺。但职业病法定诊断机构——郑州市职业病防治所却诊断为肺结核。张海超对此表示强烈质疑。在多方求助无门的情况下，28 岁的张海超来到郑州大学第一附属医院，不顾医生劝阻，坚持于 2009 年 6 月 22 日做了开胸手术，结果排除了肺结核的可能，以悲壮的方式证明自己确实患上了尘肺。该事件经媒体报道引起了包括卫生部部长、河南省委书记在内的高层和社会各方面的关注。卫生部派出专家督导组赶赴河南组织专家会诊，最终确定为尘肺，张海超随后获得企业工伤赔偿，而此事件的相关责任人也受到了惩罚。

点评：

张海超"开胸验肺"并通过舆论的传播引发强烈的社会影响之后，他终于得到一个公道的说法。从中我们看到了弱者维权的艰难，也看到媒体关注民生产生的强大的舆论力量。按照国家职业病防治的有关规定，职业病的鉴定由当地职业病防治所进行。职业病诊断、鉴定需要用人单位出具相关证明，如职工工作时间、从事工种等。如果没有媒体的关注并引发强烈的社会震撼，即使开胸验肺也许还是徒劳的。这起事件是典型的民生新闻。民生新闻要关注民众的生存、生活和未来发展，关注国家有关这方面的决策。像张海超这样的病人，毫无疑问可以按国家的有关规定给予关爱，但他却没有得到应有的关爱。"开胸验肺"事件给媒体一个有益的启示：媒体应将为民众排忧解难列入民生报道的视野，这既是媒体的责任，也是媒体"三贴近"的体现。

十、舆论监督为王帅的表达权撑腰

事件回放：

2009 年 4 月，因在天涯社区发帖反映市政府违法征地，在上海工作的河南灵宝青年王帅遭遇灵宝警方跨省追捕，押解回乡。拘留原因是"涉嫌诽谤政府，败坏政府名声，污蔑政府抗旱不力"。消息传出，舆论哗然。在看守所里关了 8 天后，警方又称证据不足，王帅被取保候审。《中国青年报》等媒体及时报道此事件并质疑灵宝政府此举，最后，当地政府向王帅道歉，予以国家赔偿，并称以后要积极对待网民监督。

点评：

灵宝市地方政府违法征地行为属实，起初不仅没有对违规者有半点"严肃处理"的表态，而先为保某些官员头上的"乌纱帽"，动辄以"诽谤政府之名"对反映问题者实施刑罚，挑战民心。王帅只是借助网络行使公民对政府的监督权，退一步说，即使提出的意见不一定完全准确，甚至是错误的，就可以随便对公民进行追捕吗？公民有知情权、参与权、表达权和监督权，对政府的工作提出不同意见纯属正常。公民对政府内情不完全了解，如果一旦说错就诉之法律手段，还有谁敢说话？地方政府应当尊重甚至敬畏网民的正常言论自由，学会如何合理、合法、合情地处理信息时代的舆情民意。

传媒事件透视

透视关键词：舆论与权力　舆情应对

透视之一：
　　媒体报道与政府权力的关系分析
　　　　——以"躲猫猫"事件为例

　　青年农民李荞明非正常死亡于看守所15天后，云南省公安机关、昆明市检察机关于2009年2月27日联合召开新闻发布会，公布检察机关调查结论：晋宁县看守所在押人员李荞明是遭同监室人员殴打致死，"躲猫猫"游戏是看守所内牢头狱霸对新人施虐和体罚的借口。至此，抛开公众对于调查结果中"看守所监控损坏而不能公布李荞明监室监控录像"等方面尚存在的疑问，轰动一时的"躲猫猫"事件终于尘埃落定。事发之初，究竟是什么原因导致真相被隐瞒？是调查不深入，偏听偏信凶手的口供，还是有人怕被追究责任而故意隐瞒？不管哪种情况，当地发布虚假信息者都有不可推脱的责任，而媒介的呼声和高层警方顺从民意的公正调查则值得称道。从事发初期调查的扭曲及相关信息披露的不真实，到真相浮出水面，政府部门、传统媒体、网络新媒体、民间舆论的博弈互动关系很值得我们深思和探讨。

　　一、如果没有舆论监督，一味听信事发地区官方结论，真相也许就真的"躲猫猫"了

　　2009年1月29日，云南省玉溪市红塔区北城镇24岁青年李荞明因盗伐林

026

木被当地警方刑拘并关押在昆明市晋宁县看守所。2 月 12 日，重伤入院 4 天后的李荞明被医院宣告"因重度颅脑损伤"不治身亡。关于李荞明受伤致死的原因，警方在 2 月 12 日给出的解释是：其与狱友玩"躲猫猫"游戏时，遭到狱友踢打并不小心撞到墙壁而造成了意外。在死者家属不认同结论、公众也有疑问的情况下，晋宁县警方仍有人说：经有关部门调查核实，该事件系在押人员趁民警巡视后擅自玩"躲猫猫"游戏发生争执时的一起意外事件，并表示看守所没有责任。常人一般都会把此当作当地官方的结论。

然而，"躲猫猫"事件及警方的解释经当地媒体报道后，立即引起广泛的传播和众多的质疑。因为警方给出的死因有悖常理、过于离奇，舆论很快将这种情绪转移到对发布这一说法的官方的强烈怀疑和不信任上。公众纷纷转向网络，质疑官方解释。该条新闻当日的跟帖发言超过 35 000 条，至 2 月 22 日下午相关网页已有 70 余万个。众多网民认为，失去自由、心情极不好的当事人，怎会去玩"躲猫猫"这种儿童游戏，而且对这种玩法致人丧命的合理性和可能性也打上极大的问号。后来，上一级检察机关直接介入侦办，由昆明市人民检察院主办、云南省人民检察院督办，最高人民检察院领导作了批示并派员指导，使侦查工作全面展开，才有了"李荞明是遭同监室人员殴打致死"的结论，也认定应予以追究警方相关人员的责任。

按照法定管辖，此事由晋宁县警方办理就行了。可以断言，如果家属和民间舆论不强烈反应，媒体哑然失声，就不会有上级警方介入，当地早期的调查结论也就无法改变了，"躲猫猫"事件，真的就"躲猫猫"了！

二、新旧媒体各有优势与局限，良性互动方可形成钳制谎言的强大舆论力量

从"躲猫猫"事件，我们看到媒介的舆论力量。当然，我们也看到传统媒体与网络等新旧媒体各有优势也有局限，只有在互动中实现优势互补，舆论力量才能形成强势。

发生了突发事件，按传统的做法，先由国家相关部门调查，然后由政府掌控的权威性和可信度高的传统主流媒体率先公布，舆论也就平息了。正常情况本应如此，多年来不就是这样做的吗？但在社会转型期，由于矛盾的错综复杂，各种利益的博弈及道德正义的缺失，有意隐瞒事件真相，并发布虚假信息的情

况屡见不鲜。而且，有些地方还将其直接掌控的传统官方媒体拖下水，致使本极具权威性和可信度的传统主流媒体陷入公众信任危机。其实，传统主流媒体也不愿这样做，但体制上的某些缺失决定了这种"无奈选择"。这是造成传统主流媒体舆论监督力量相对减弱，却被"口无遮拦"的新媒体抢了风头的外在原因。然而，传统媒体还有着不能回避的自身"技术局限"。一方面，传统媒体与网络媒体相比，在信息量方面明显处于劣势地位。网络媒体由于不受版面、时间等方面的限制，更容易在新闻实践中提供远远超出传统媒体的信息量。信息全面性是客观报道的重要组成部分，由于信息方面的优势，网络媒体在将新闻做得全面、充分方面，比传统媒体有更大优势。另一方面，传统媒体传播方式交互性的先天不足也使得公众不断地将目光转向网络媒体。传统媒体新闻注重制造一种强势，注重以新闻事实进行引导与教育。虽然传统媒体在一系列官方色彩较淡的都市报新闻以及网络媒体的影响下，对新闻的文本、叙事方式、整体风格等方面都作出了变革尝试，但由于自身传播特性的限制，效果依然受到影响。受众在接触传统媒体时，多数情况下处于被动地位。在社会公众的媒介素养普遍提高、自主意识普遍增强的现代社会，这些高素质受众很容易对传统媒体单向性的生硬传播方式产生厌倦和抵触，将注意力转向能够提供更大信息量和更广阔视角的网络媒体。

技术层面的不足使传统媒体遭遇信任危机固然需要我们去应对，但我们更要关注的是防止舆论被滥用职权者异化，确保传统媒体在保证和实现公众知情权上的权威地位。当社会事件发生时，特别是那些具有争议性、冲突性的社会热点事件，受众的第一反应就是通过媒体获取详细信息。但是，一旦当地有意隐瞒真相，传统媒体保证公众知情权、舆论监督的角色就会淡化。我们所说的传统媒体在现阶段的局限，表现在技术层面滞后和容易被职权滥用者所利用这两方面。在这种情形下，网络等新媒体的快速、难遮拦的监督优势就发挥出来了。

然而，公众也明白，网络上虽有许多在传统媒体上看不到的真实，但也有大量谎言，因此我们还是应该有清醒的认识：网络舆论监督的力量也是有一定限度的，它要在现实世界里发挥作用还面临着许多无法绕开的法律和制度障碍，网络舆论监督作用的发挥还是离不开与传统媒体形成的舆论合力。所以，在这种情况下，传统媒体与网络等新媒体协同作战、互动引证，就显得十分重要了。现在，当某个社会事件发生并形成舆论热点时，受众不会相信单一的传播渠道，大家会交互上网、听广播、看电视、翻报纸，在比较中寻找真相。一旦发现传统媒体与新媒体披露的事实、观点乃至分析越来越接近，就会得出可信的结论。近年来的"周老虎事件""黑砖窑事件""矿难瞒报事件"黑幕的揭开，正是这样。就"躲猫猫"事件而言，当地警方给出接近荒诞而匪夷所思的原因之后，众多传统媒体与网络媒体的看法是一致的，舆论趋向越是接近，公众越是认同，媒介的舆论与公众舆论一合流，引起的震荡是任何政府权力机构都无法忽视的，这才最终促成问题的解决。

三、"躲猫猫"越躲越被动，"追求真相"应成为媒体与政府部门的共识

在"躲猫猫"事件中，新闻事件里代表强势公权力的警方、看守所与力量相对弱小的个体公民离奇死亡本来就是能够引起公众关注的语言符号，而警方给出的不能自圆其说的原因更是引爆关注和争议的热点。尽管在看守所里玩"躲猫猫"游戏发生意外致死并非绝无可能，但毕竟太过离奇，这种超出公众心理底线的说法必然令舆论哗然。加上对以"周老虎"等词汇代指的社会事件官方给出的荒谬结论，以及对犯罪嫌疑人刑讯逼供的事屡屡发生，已经使得公众对于官方结论甚至是发布这种结论的某些传统媒体产生浓重的戒心和排斥。从 2 月 12 日警方发布李荞明死于"躲猫猫"游戏造成的意外之后，网络舆论一直处于沸腾的亢奋状态，怀疑警方的声音成为舆论主流。有些网民甚至怀疑是警方刑讯逼供致人死亡，如果不彻底弄清真相，回应民众，会越来越被动。从"周老虎"和"躲猫猫"的事发直至终结的全过程，我们看到了公民意识的觉醒和网络舆论的强大力量。政府部门面对突如其来的社会事件、舆论热点，"躲猫猫"是躲不过去的，唯有与媒体共同为追求真相而努力，才能冷却舆论热点，平息公众对于事件的怀疑。

政府与媒体，从双方的职能来说，有共同之处又有不同点。共同的是，媒体应充当为人民利益鼓与呼的重要角色，而国家政府职能部门也应心系百姓，将为人民服务放在首位。不同点是，媒体有监督的权利，但它不具有国家授予行政部门、执法部门的某些特定的权力，比如"躲猫猫"事件中的案件侦查、审讯犯人的权力。因此，只有"官"与"媒"取得共识，协同作战，才能弄清那些离奇的社会事件。在"躲猫猫"事件中，网民参与调查并未取得成功正好

引证这一观点。按理，让网民参与调查本应不失为一种消除疑虑的好办法。在公众对官方公布的结论产生疑义，甚至对官方掌控的传统媒体透露的信息也缺乏信任的情况下，引入具有广泛代表性而立场中立的网民作为调查委员会成员，甚至担任调查委员会主任，可以淡化官方口吻，排解公众情绪，增强"躲猫猫"事件调查的公信力。而且现实中的热点也是从网络上炒起来的，网民代表的看法会被认为相对客观公正，通过网声传播有利于消除人们的疑惑，正如发起此次"躲猫猫"事件调查的云南省委宣传部副部长伍皓所说的，"网络的事情网络来解决"。然而，最终并未达到伍皓预想的结果。2月20日，"躲猫猫"事件调查委员会在晋宁县事发地进行了1天的独立调查，终因不能接近事件的关键人物而使调查无法深入下去，写出来的调查报告必然因缺乏事实依据而无法下结论。调查委员会在现实中的无力和尴尬其实也在情理之中：网络舆论监督归根到底只是一种基于公民知情权的权利监督，它不像行政监督、司法监督等权力监督那样具有高度的程序化、职业化特征；而且，"躲猫猫"事件调查委员会得到的仅仅是宣传部门基于舆论监督权利的授权，普通公民组团参与刑事案件的真相调查也缺乏足够的法律依据。如果说这个有网民参与的调查委员会是由省政法委、纪委甚至是人大牵头，其情况肯定大不一样。调查委员会无法解开的谜，最终还是由于有了国家赋予侦查权力的检察机关介入才找到了答案。

　　既然这样，我们的传媒还能干什么？诚然，我们希望"躲猫猫"之类的事件由侦查权力部门独立调查、及时公布真相，这是最好的办法。事实上也有许多这方面的实例，特别是2008年5月1日《政府信息公开条例》颁布实施以后，政府、各职能部门主动地公开真实的信息，在赢取公众信任、建立政府权威方面迈出了一大步。但是，总有一些地方、有些人在各种复杂利益关系的牵制下，仍会对社会事件的真相进行隐瞒。另外，虽然有些部门和相关人员不一定受到特殊利益的驱动，但由于长期以来的惯性思维方式未改变，在处理社会事件时往往推脱、拖延事件真相的公布，甚至是有意扣压真相的传播。在这种情况下，媒体追求真相的监督，以引起当地单位的重视或更高层的关注，就显得十分必要了。就网民参与调查而言，尽管将能够在虚拟的网络世界掀起巨大舆论声浪的网民和网络舆论监督移植到现实之中有些水土不服，但毕竟网民由虚拟的网络世界走进了现实，在行使舆论监督权利方面跨出了实质性步伐。在民间舆论、网络、传统媒体及调查委员会共同形成的强大舆论压力下，有关职能部门认认真真介入调查，给出了"躲猫猫"事件的真相。在整个事件中，我们看得出警方高层和云南省高层在"追求真相"方面，与媒体是形成共识的，但是他们开始得到的信息并不是从管理系统层层传递上来的，而是从传媒的公开报道中获悉的。正是传媒的监督与官方的共识，才避免了"躲猫猫"事件像先前的"周老虎"事件那样长时间地拖延下去，形成耗费社会资源的舆论拉锯战。

政府部门故意隐瞒真相，无疑是十分短视和愚昧的。因为，当今信息交流越来越便捷，公众民主意识越来越强，真相是封锁不住的。从1994年4月中国全功能接入国际互联网到现在，互联网由单纯技术性的信息传递工具迅速成长成为公共意见的重要阵地。许多在传统媒体不能报道的事件经过网络传播以后，迅速成为网络上下公众关注的热点。传统媒体在网络舆论高涨的时候介入报道，以自身的权威性和深度分析放大新闻事件在社会上的受关注程度，形成舆论的合力，能够引起有关部门的重视，推进事件的解决。2008年以来，此类性质的"网络问责"事件一浪接一浪地出现。从2008年8月江苏徐州"一夫二妻"区委书记董锋被网络揭发继而落马，到12月周久耕因"天价烟"被网友揭发继而被查处，再到2009年2月浙江东阳审计局原局长公款玩乐被网民曝光后免去职务，网络舆论监督的确已经发展成为一种重要的舆论监督形式。从网络舆论到传统媒体跟进，再到网络与传统媒体的舆论合力，直至职能部门介入进而促进事件的解决，这样的"新闻接力"已经成为很多社会事件解决的经典公式。

"躲猫猫"事件的尘埃落定，再次成为"新闻接力"的经典。

透视之二：
权威媒体在和谣言博弈中如何胜出？
——河南"钴 60 事件"的启示

河南"钴 60 事件"中，当地居民虚惊一场，既对谣言的始作俑者感到愤怒，也对地方政府长时间的"失声"感到不满。"钴 60 事件"让媒体人扼腕叹息的同时也抛出了一个命题——权威媒体在谣言前能做什么？

一、"钴 60 事件"的深刻教训：一旦权威媒体失去公信力，谣言"绑架"公众的强烈破坏作用很快就显现出来

2009 年 7 月 12 日，开封市政府召开新闻发布会宣称"放射源完全处于安全状态"，谣言不仅未能平息，反而引起了 7 月 17 日的全城出逃事件。为什么？原因在于此前的封锁消息，使人们已经对这种"权威"信息产生了怀疑。在放射源卡在井口之初没有及时启动预警机制，通过权威传播以消解人们的疑惑；在谣言刚出现时权威媒体依然不作为，直至大规模流传才紧张应对。错过了最好时机，权威媒体已不再权威了，人们跟着谣言跑，其留下的恶果显而易见，其中最大的问题是权威媒体的公信力遭到了极大损害。一旦权威媒体代表的话语权遭到公众质疑，对以正确引导舆论为使命的权威媒体来说便是致命的打击。

无论杞县有关方面是否承认自己在"钴 60 事件"中存在延迟发布信息的工作失误，在杞县地方政府的严控下，权威媒体（包括电视、广播和报纸）在 6 月 7 日放射源卡位故障发生时到 7 月 12 日开封市政府召开新闻发布会期间缺席是有目共睹的事实。在整整一个月里权威媒体销声匿迹，为谣言的大行其道留出大片空间。在突发事件中地方政府要是封锁消息，或者在遮掩不住之后才延迟发布的话，这些计划经济时代的陈旧新闻理念将让地方政府处于极为被动的位置：既不利于突发事件的处理，让事件有了蔓延的危险，也使地方政府备受外界"捂盖子"的指责而吞咽费力不讨好的苦果。从这一方面考察杞县地方政

府在"钴60事件"中的表现，其结果并不令人满意，它带来的教训是：依靠删帖、不予通报的传统封锁消息的方式对抗谣言是掩耳盗铃的行为，这不仅无法平息谣言，反而使民众更添疑虑，为谣言推波助澜。而当谣言蔓延之际再来救火，其付出的成本将要远远高于在谣言出现之时辟谣的成本，回避的时间越长，付出的代价就越大！无论是在谣言出现之前、出现之初乃至扩散之后，权威媒体只有摆出直面谣言的战斗姿态，才有在与谣言的博弈中胜出的可能。然而谣言并没有随着开封市政府在7月12日召开的新闻发布会上的辟谣平息，反而愈演愈烈，为之后的全城"集体出逃"埋下伏笔。辟谣反而引起谣言的井喷，原因在于权威媒体赖以生存的公信力因权威信息滞后已经遭到了公众质疑。

由此可见，权威媒体不在第一时间公布信息已属失职，这是主动让出话语权的表现，为谣言的出现留下空间；待谣言四起后，权威媒体避而不出，舆论空间完全被谣言霸占，此时权威媒体已经在道义上失信于民，公众找不到权威媒体"失声"的理由，只能被谣言"绑架"。权威媒体在和谣言的博弈中节节败退，最后被谣言逼得招架不住才还击，这对权威媒体无疑是重大的打击，因为媒体存在的基石是公众的无条件信任。公众相信权威媒体的新闻是因为他们天然相信记者已经进行了核实，虽然他们没有看到记者核实的过程。当这种天然性被质疑的时候，权威媒体和谣言的界限已经不复存在。

二、谣言的存在是常态，权威媒体占领舆论的制高点要有非常态的手段

7月18日，河南警方抓走了"放射源泄漏"谣言的5名传播者，其中一名张姓造谣者被开封县公安局以涉嫌编造、故意传播虚假恐怖信息罪刑事拘留，其余4名因为传播虚假信息被公安机关根据《中华人民共和国治安管理处罚法》给予治安处罚。5名传谣的网民应否被拘，这是个法律层面的问题，姑且不论，但地方政府回避谣言得以发酵的真正原因，如果不为自身的行政不作为反思，而又习惯性地将责任归咎于少数人的"别有用心"和群众的"不明真相"，这是推卸责任的懒政表现。

其实，谣言的存在是无法完全避免的。在信息社会里，谣言的传播只会更多更快。谣言的本质是信息，信息一般有两个来源，一个是以大众传播媒介的方式传递，另一个是以口头传播的方式在群体间流传。在社会生活的多个领域

中，谣言的存在是常态。社会总是复杂的，特别是当今转型期的社会矛盾堆积，人们又处在互联网兴起之后的信息社会中，谣言借助现代传媒技术传播得更为迅捷。谣言的区别只在于这个谣言的传播方式和其社会影响的规模，是正面的还是负面的。有的所谓"谣言"有时甚至会有益于社会，即"谣言"最后被证实是真实的时候，它的及时传播便会使人们避免某种灾难。因此，法国的传播学者让·诺埃尔·卡普费雷在定义谣言时，回避了谣言是否一定"虚假"的问题，而将其定义为"在社会生活中出现并流传的未经官方公开证实或者已经被官方所辟谣的信息"。从这个意义上说，开封县网民张某 7 月 14 日在从某论坛转发到天涯论坛的帖子中发布的"要爆炸……只能坐以待毙"等信息属于谣言，因为 7 月 12 日开封市政府召开新闻发布会明确宣称："放射源至今完全处于安全状态，该卡源情况不属于辐射事故。"但张某绝非第一名造谣者，谣言从杞县流传到开封县必然要经过多级的口头传播，这个庞大的谣言传递网络都属于虚假信息的传播者。谣言引起恐慌的责任不只在谣言的始作俑者，淹没在群体中大量的"信息中转站"也具有同样的责任。为什么有人会相信谣言？就是权威信息变得不权威了，加上历史的经验证明有些"谣言"并非谣言，于是我们需要考虑的是如何把我们的权威媒体打造得更权威。

在谣言和权威媒体的关系中，卡普费雷认为谣言是权威媒体的古老对手，是对权威媒体的一种回击，它揭露秘密，提出假设，迫使官方开口。谣言随时随地都有可能出现，尤其是出现某些异常情况时，人们为了消除因此而引起的心理负担，总是想打听各种各样的信息，谣言便应运而生。因为传谣本身就是减少焦虑的第一步——听到谣言者也许指出谣言所谈的事情是不可能的，这会让传谣者心安；倘若谣得到附和，传谣者也会因为觉得危险被众人分担而主观感到危险减少。因此，在这种情况下，官方通过权威媒体发出权威的声音就变得越来越重要了。可惜的是，在与谣言这一古老对手的较量中，官方和权威媒体未及时开口。这种传统的无动于衷的思维方式，必然引起群众更多的猜疑和焦虑。"钴 60 事件"乃至这之前的"瓮安事件"再三提醒人们，在突发事件发生之时，谣言的出现是不可避免的，不要心存侥幸。

既然谣言是对权威媒体的一种回击，是人们需要安全感的保证而迫使官方开口的一种方式，那么掌握核心信息的官方媒体（党报、电台、电视台）发布真实信息以消解公众的疑虑便是不可推卸的本职工作。此外，谣言风起时权威媒体的灭火行为也必不可少，权威媒体应该在言论空间直面谣言的挑战，依靠诚意、透明度迅速将谣言的传播范围限制在最小范围内。杞县地方政府在异常事件发生后人心惶惶的一个月时间内不向民众通报任何消息，因此其对后来的谣言发酵、居民外逃事件的发生负有直接的责任。面对诘责，杞县有关方面给出的解释是："从6月7日凌晨卡源事故发生后……上级环境部门认定没有危险。既然没有危险，我们觉得也没有必要去小题大做，也不用一开始就大张旗鼓地公布信息。就好比一个人身体没有病，那还用得着大喊'我没病'吗？"这不禁让对地方管理者有着善意期待的民众瞠目结舌，难道大批居民出走、数十万人口折腾的后果还没让他意识到政府主动告诉公众"我没病"是多么必要吗？在谣言出现之前缺乏预警，在谣言出现之后不作辟谣，这首先就延误了消灭谣言的时机。

通过审视杞县的经验教训，我们应认识到，在与谣言的博弈中，要想占领舆论的制高点，得采取非常态的手段。一是抢占先机。杞县官方用反面典型证明谣言四起之前无疑是公布信息的最好时机，权威媒体要主动消除民众疑虑。当然这需要地方政府的机警预判。如果碰到特殊信息按照相关条例暂时不宜公布，在谣言乍起之时也必须迅速与有关方面沟通、拍板，抓住辟谣的最好时机。只有抢占先机，权威媒体在和谣言的正面交锋中，才更容易赢得民心。二是打通权威信息的多种传播信道。这样做，可以使得辟谣效果更佳。在现代传媒条件下，既要利用传统媒体，也要利用新媒体，甚至人际传播这种原始的传播方式也可以相机派上用场，效果可能出奇制胜。传播效果依赖于受众对信息的接触次数，重复的力量不容低估，事实上谣言的力量很大程度上也是来源于重复的口口相传。三是运用多信源策略。在辟谣过程中多信源策略也会起到显著效果，仅靠官方的新闻发言人只是多了一条同质传播渠道，其效果和一个官方的频道、一张政府印刷的传单区别不大，而谣言的扩散正是因为民众已经对官方消息渠道产生不信任。这时，来自专家、非官方权威人士、民间意见领袖的信息无疑会大大增加阻击谣言的力度。从杞县政府的辟谣过程中可以看到，2 000多名干部走向街头和村庄，县广电局所管辖的4个电视频道全部播放访谈，开封市政府通过手机短信滚动播发通告，开封市召开第二次新闻发布会，这些无疑是多信源的表现。电视台对专家、县环保局局长、七里岗村支书的访谈和杞县县长紧贴着辐照室大门接受采访又是多信源的策略。

三、让权威媒体在与谣言的竞跑中赢在起跑线上

卡普费雷认为辟谣甚至还会产生一种反作用：即使人们知道辟谣是真的，谣言也可能给他们带来恐慌。因为辟谣行为包含着两种交流：一是使那些未听说过谣言的人知道了谣言，二是试图说服那些知道谣言的人。由此可见，辟谣是个精细的技术活，绝非让官方发言人照本宣科即可。美国社会学家特·希布塔尼对谣言有个著名的定义：谣言 =（事件的）重要性 ×（事件的）含糊不清。公式表明，如果（事件的）重要性和（事件的）含糊不清两个变量其中一个为零的话，谣言将不复存在。这也指出了权威信息辟谣的方向所在——通过披露信息将事情的模糊性降至最低。从时间上考量，信息公开可以分为两个层面的要求：一是平时作为常态的信息公开；二是在容易引起谣言的异常事件发生之后，为消抵不良影响而额外作出的信息公开。对于前者，2008 年 5 月 1 日开始实施的《政府信息公开条例》已经作出了明确的规定，行政机关对涉及公民、法人或者其他组织切身利益的政府信息应当主动公开。《政府信息公开条例》确立了"以公开为原则，不公开为例外"的原则，若地方政府真能大力贯彻执行，使信息的透明度大大提升，使信息公开成为社会常态，在突发事件发生之时往往能将谣言消弭于无形，权威媒体在和谣言的博弈中就能在起跑线占得先机。

"钴 60 事件"结束之后，有媒体认为"杞人忧钴"的主要原因在于公众的无知："利用钴 60 辐射储存大蒜，是一种常用的核技术；钴 60 在辐照室进行工作，是不会对辐照室外造成直接辐射影响的；即使发生卡源故障，也可以看作正常工作状态的延续……裸露在空气中，会造成钴 60 泄漏直接辐射，甚至说'要发生爆炸'是缺乏核物理常识的。"一条如此缺乏技术含量的谣言造成了如此大的恐慌，不能不让人痛惜。钴 60 辐射技术与杞县民众日常生活联系密切，他们对钴 60 的无知正是由于权威媒体的失职。美国传播学者 C. R. 赖特在《大众传播：功能的探讨》中认为大众传播具有"社会化功能"，大众传播在传播知识和行为规范方面具有重要的作用。尽管当地居民通过这次事件能明白他们处在安全的环境中，但在此之前，提到"辐射"两字就有点敏感。试想，如果在杞县利民辐照厂上马"钴 60 辐照"蔬菜杀菌工程之前，权威媒体能对钴 60 的信息足够公开，包括钴 60 的工作原理、是否会产生危害、发生事故时可能

产生的影响、在事故中公众应该如何保护自己等这些知识都事先给公众普及，在钴 60 辐源发生一次常规故障之时也就不会造成如此恐慌。《政府信息公开条例》要求对涉及公民切身利益的政府信息应当主动公开，钴 60 相关事宜显然应在"涉及公民切身利益信息"里边。事先的公开讨论不仅缓解了公众因未知带来的恐惧，还能够给公众设置谣言的"防火墙"，在谣言来临之际，公众能够依靠自身的知识将谣言识破，权威媒体能够做到防患未然，在与谣言的博弈中赢在起跑线上。

如果说人们对"辐照""辐射"认识不清，这种模糊性已留下隐患的话，那么当地在处置这一事件中的一些异常举动则引爆了隐患。由于模糊，人们往往会将某些"合理想象"联系在一起，引发恐慌。卡普费雷在其传播学著作《谣言——世界最古老的传媒》中讨论谣言诞生原因时认为："很多谣言都是源于一件搅乱人心的事。在不断交流信息的过程中，人们总是试图将他人七零八碎的叙述像拼图游戏般再把它们拼凑起来。"在"钴 60 事件"中，我们同样能找到将"放射源故障"拼凑成"发射源泄露要爆炸"的过程。据《人民日报》7 月 22 日发表的《"杞人忧钴"，真相为何没跑过谣言？》调查报道：在 6 月 7 日放射源卡在了井口之后，"此后的几天里，附近群众看到不断有领导和专家赶到厂里，对这个厂子到底发生什么产生了好奇"，"7 月 16 日，环保部工作人员带领专家来到辐照厂，还带来了两台机器人……专家们在酒店大厅里进行探查预演时，机器人陌生的面孔和'咔咔'的动作引来了越来越多围观的群众，传言又一次悄然传播，'看来事情很严重啊，不然怎么会派机器人来呢！'"，"7 月 17 日，机器人处置发生障碍，厂区大门外围观的群众出现了骚动，各种猜测甚嚣尘上：'辐射非常厉害，机器人进去就融化了！'还有人喊'快跑，要爆炸了！'有的传言更精确到'下午 5 点就要爆炸！'"。

带有"辐射"敏感含义的项目，以及处置放射源卡在井口时的异常举动，都会引发民众的恐惧心理。如果我们能将模糊不清变成清晰地披露信息，让权威媒体在与古老对手谣言的竞赛中一下子就赢在起跑线上，杞县的"集体出逃"事件就不会发生。

透视之三：

"舆论与权力"博弈的冷思考
——从邓玉娇案说开去

邓玉娇案是一个被舆论广为关注的案件，也是官方权力部门、司法机关颇为棘手的一个案件。从案发到审理，该案件已通过网络舆论给关注此案的人们留下一系列的悬疑，而案件审结后这些疑问也久久未能消解，诸如，案件的结局是"舆论与权力"博弈的必然结果吗？"地位"的弱者何以变成了"舆论"的强者？司法能摆脱在"权力与舆论"间的摇摆吗？这些依然是人们议论纷纷的话题。也许至今仍难找出一个大家都认同的答案，但透过这个案例，认真思考舆论、官方权力、司法三者的职责，不断创新思维方式，对强化权力的约束和推动司法的进步不无好处。

一、邓玉娇案的终结，是"舆论与权力"博弈的必然结果吗？

2009 年 6 月 16 日上午，湖北省巴东县人民法院对邓玉娇案作出了一审判决，认定邓玉娇的行为构成故意伤害罪，但因邓玉娇属于限制刑事责任能力人，又有自首情节，因此对其免予处罚。这一判决，被看成是平衡各方力量的一种妥协，因此没有前期那么激烈的舆论反弹，但也仍然有许多议论和猜测。

此案从案发起就热议开来，很快呈现一边倒之势。许多网站关于此案的报道出来后，动辄就是成千上万网友的评论，绝大部分言论明显偏向邓玉娇一方。网友们纷纷谴责侵害邓玉娇的官员，就是被邓玉娇杀死的邓贵大也不放过；而对邓玉娇则普遍抱着一种同情、赞赏和支持的态度，甚至将其描述为一名勇敢反抗黑恶权势的"烈女"。不少传统媒体也与网络等新媒体的观点高度一致。在央视的投票调查中，"邓玉娇属正当防卫，应无罪释放"的票数高达 92% 以上。北京的一批学者、记者举行了关于此案的研讨会。5 名女子在北京西站附近表示"支持邓玉娇"，其中一名女子浑身缠满白布，戴着口罩，躺在地上，旁边写着"谁都可能成为邓玉娇"。

对邓玉娇案的处置无非有四种可能：故意杀人罪；故意伤害罪；故意伤害罪但防卫过当；正当防卫，即具有无限防卫权力，不构成犯罪。如果属于前两种情况，最高刑罚可判处死刑。现在的审理结果，对邓玉娇、其家人及众多支持者来说，应该说属于比较好的结果，就连邓玉娇的家人都说"意料不到"。当然，这其中有无在某种压力下，与权力部门的默契有关。但不管如何，"如释重负"是众多支持者第一时间的感觉。然而，我们在网络上仍然看到不少网民的质疑之声。尽管，"免于处罚"这一判决很大程度上契合了网友的期许，但不少人仍然对"构成故意伤害罪"的结论不满意，坚持认为邓玉娇的行为称不上"故意伤害"，是"正当防卫"而不是"防卫过当"。

不可否认，强大的舆论站在邓玉娇一边。但也有一些人认为，毕竟将人杀死了，而且邓玉娇受到性侵害的证据不足，"正当防卫"的理由并不充分。既然定性"防卫过当"，对邓玉娇的处置就太轻了。

那么，邓玉娇案的最终审结，是司法机关在考虑各种舆论之后所作出的一种妥协性的选择，还是更多地屈从权力的干预呢？网上诸多猜测。从办案的过程来看，"特殊服务"被改成了要求"异性洗浴服务"，"按倒"变成了"推坐"。办案人员试图淡化侵害者的不法行为，然而又要考虑到强大的声援邓玉娇的舆论带来的压力，不得不又以"限制刑事责任能力""自首情节"为由，圆对邓玉娇"免予处罚"之结论。

因此，舆论也就必然发出疑问：邓玉娇案的结论，是舆论与权力博弈、平衡的必然结果吗？

二、"地位"的弱者，何以变成了"舆论"的强者？

本是一起普通的刑事案件，为何受到了这么多的关注，引发强烈的社会反响，进而演变为一个公共事件？与相对强势的官员相比，作为普通服务员的邓玉娇原本应是弱者，在本案中何以又变成了舆论的强者？

这与当地处置事件过程中给人们带来的种种疑惑有关，也与社会转型期对权力、司法所积累的问题引发的不信任有关。在疑惑与不信任中，必然会产生强大的声援邓玉娇的舆论力量。

回溯整个事件，我们可以发现，疑团首先出在当地警方对案件细节描述的修改上。5 月 12 日，巴东县公安局一位副局长向巴东县政府通报了"5·10"案件的调查结果及细节，并接受了湖北省内《三峡晚报》《长江商报》等媒体的采访。次日，各媒体纷纷登出报道："5 月 10 日晚，湖北巴东县野三关镇招商办主任邓贵大、镇农业服务中心主任黄德智和镇财经所干部邓中佳到雄风宾馆梦幻城休闲，要求邓玉娇提供'特殊服务'，遭拒绝后，双方发生争执。邓贵大拿出一沓钱在邓玉娇面前显摆，还两次将邓玉娇按倒在沙发上，邓玉娇用修脚刀将其刺死，黄德智被刺伤。"对一女子带有攻击性的"按倒"行为，自然会令人联想到"强奸"这一可能性，舆论自然在谴责侵害人的同时，赞赏邓玉娇的反强暴行为。然而，几天后的 5 月 18 日，巴东县公安局在网上发布该案件的一些细节和警方的处置情况时，将此前媒体报道的要求"特殊服务"改成了要求"异性洗浴服务"，"按倒"变成了"推坐"。谁都明白"特殊服务"有其特定的指向，"推坐"属一般性的拉扯，而"按倒"则有强烈的攻击性行为，从邓玉娇的角度来判断，完全可以将其视为"强暴"行为。修改后的结论，显然对侵害者有利，而对受侵害人邓玉娇极为不利。两处细节的改动瞬间在网上掀起了轩然大波，众多网民认定此次改动是为邓贵大等三人脱罪，也便于为邓玉娇定罪。与此同时，针对当地警方以"涉嫌故意杀人"对邓玉娇立案侦查的说法，众多网友也提出了疑义：故意杀人是我国刑法中性质最恶劣、判刑最重的犯罪之一，最高可以判处死刑。为何警方先入为主地认定邓玉娇是故意杀人？一个弱女子在没有任何理由的情况下，怎么可能故意去杀害一个地方官员？关于此案的疑点逐步被舆论聚焦、升温。

随着时间的推移，关于邓玉娇案的新疑点又不断出现：为何她会被绑在病床上，哭喊着"爸爸，他们打我"？为何两位律师在看守所与邓玉娇会面后失声痛哭？邓玉娇是否曾被性侵犯？律师所称的"关键物证"，为何又被邓玉娇的母亲张树梅洗掉，这其中是否另有隐情？张树梅要解聘律师的消息，为何又会由巴东县政府发布？《新京报》与《南方人物周刊》记者在采访时被打，是谁指使？由于当地政府在与媒体和公众的沟通上处理不当，众多的疑点在网络上广为传播，一时间邓玉娇案变得扑朔迷离。越来越多的网友也密切关注事件的发展，并参与到质疑当地政府的网络大军中，推动着舆论不断朝邓玉娇一方倾斜。当地政府及司法部门，终于深陷于这场舆论风暴中难以脱身。

从多年来积累的问题看，此时的邓玉娇案实际上已成了官民矛盾的一个发泄口。另外，同是底层百姓，同为弱势者，"谁都可能成为邓玉娇"，这种可能性恰恰戳到了人们的痛处。于是，他们将邓玉娇视为自己利益群体中的一员，对其予以同病相怜的关注和支持，而这种支持中或多或少又暗含了人们维护自身利益的心情。

随着人们公民意识的提高和正义感的增强，也由于当前一些官员的强横和不负责任的作风已明显超越了人们所能承受的底线，因此，即使邓玉娇案的判决与他们并无直接利益冲突，但以网友为代表的民众仍是不遗余力地关注和推动着此案往有利于弱者的方向发展，无形中也就形成了舆论与权力之间的博弈。

岂止邓玉娇案？近年来，这种舆论与权力的博弈在很多事件中都清晰可见。其中，最为明显的当属 2009 年先后发生的"躲猫猫"事件和"欺实马"事件。它们都与邓玉娇事件一样，代表着权力的警方和政府一开始都处于明显的强势地位，可是由于处理不当，最后都陷入了信任危机。

与"躲猫猫"同列为 2009 年网络热词的有"欺实马"。5 月 7 日晚，杭州富家子胡斌和另两人分驾三辆高级跑车，一路疾速行驶，在市区一居民区门口的斑马线上撞上 25 岁的浙江大学毕业生谭卓，造成其经抢救无效后死亡。据称，谭卓的身体被车头撞上后，先是在空中翻转，撞到挡风玻璃后再度飞了出去。次日，警方公布初步调查结果称：根据当事人胡某及相关证人陈述，案发时肇事车辆速度为 70 码①，并表示肇事车辆是否存在改装、死者是否走在斑马线上不详。该通报引起了网友的极大愤怒和不满，70 码车速能将人撞飞 5 米高、20 米远的质疑在网上炸开了锅。另外，明明就有媒体播出了事故录像，为何通报会称没有监控录像？在事故当晚，胡斌为何还能回到家中上网更新 QQ 空间？胡斌在繁华地段飙车致人死亡，这种行为已经符合危害公共安全罪的犯罪要件，为何警方仅以"交通肇事"将其刑拘？这其中是否存在着某种交易？由此，这起飙车案在网络上迅速演变为"70 码"事件，并衍生出"欺实马"这一网络热词。直至 5 月 14 日，在多省市专家联合调查后，杭州市公安局就早前的"70 码"说法向公众道歉，认定事故车在事发路段的行车时速在 84.1 千米/时到 101.2 千米/时之间，且肇事车辆的多个部分已在原车型的基础上被改装或部分改装。此时，关于该案的一些真相才基本浮出水面。

正是众多网民为自己或为他人网络上维护权益的行动及其显著的效果，给人们以启示：当一些地方以权力的傲慢漠视群众的利益甚至生命，而又得不到

---

① 编者注："70 码"为"70 千米/时"的不规范说法。

当地的主流传统媒体公正并及时的支持时，借助网络舆论并引发传统媒体的适时介入，形成强大的舆论力量，无疑是一种好办法。事实上，许多底层的弱者，正是通过这种方式由地位的弱者变成了舆论的强者。

三、司法能摆脱"权力和舆论"间的摇摆吗？

邓玉娇被判为故意伤害罪，但免于处罚的判决也还是让众多网民感到了一丝欣慰。虽然有舆论认为这结果不十分完美，但至少网友们的持续关注还是获得了一定的成果。

而在此前，舆论普遍认为：几经修改的细节反映了权力对邓贵大三人的包庇；不分青红皂白以故意杀人罪对邓玉娇立案侦查，是对其刺杀官员的报复性打击；张树梅洗掉关键证物和解聘律师，是迫于权力的压力……总之，邓玉娇案的诸多疑点几乎符合了人们关于权力挟持司法的所有想象。也正因如此，邓玉娇案宣判的当天，因发表意见支持法院的判决，已八旬高龄的中国法学会刑法学研究会名誉会长、武汉大学资深刑法学教授、我国刑法学界的泰斗马克昌也被有些网友抨击为"奉旨说话""受人利用"。与此同时，支持法院判决、认为邓玉娇有罪的法学专家也均遭到了众多网友的指责和痛骂。

究其原因，其体现的无非是网友对司法公正的怀疑。我们可以看到，在不少事件中，司法在权力和舆论之间左右摇摆，一会儿受到权力的干扰，一会儿又被民愤和舆论所牵制。在一些地方，司法在权力的示意下工作。发生政法领导干部进行权钱交易的司法腐败问题，也与权力有着脱不开的干系，这两个方面都极大地损害着司法机关和司法人员在公众眼中的形象。因此，要想维护司法的权威性和公正性，首先必须限制外来权力对其影响和控制。同时，我们还应把握好司法和舆论的关系。一方面，舆论应对司法进行监督。司法权是国家的公共权力，它必须对人民负责，接受人民和舆论的监督，防止被滥用。最高人民法院新闻发言人在阐述最高院对于邓玉娇案的立场时称，各级法院应当做到"越是媒体关注，办案法院越要保持理性"。近年来，网络的发展为普通民众监督司法打开了方便之门，人们通过网络舆论对司法腐败进行抨击，满心期待司法公正。另一方面，舆论对司法的影响又该有一定的适度原则，它不可牵着司法的鼻子走，更不能以"舆论审判"代替司法程序。有人认为，邓玉娇案中，舆论已经越过了其应有的界限，司法在迎合舆论的同时也使自己也变得伤痕累累。可是，此案中的舆论充其量只是将依附在司法上的权力剥离，它在一定程度上影响了司法，却并没有使司法屈从于舆论。况且，我们不妨试想一下，若没有舆论的关注和支持，邓玉娇案又将走向何方？

面对沸沸扬扬的热点案件，政府官员、司法部门、舆论三者应该扮演怎样的角色？舆论行使的是监督权，毫无疑问，不应有"舆论审判"。民间舆论不可能是完全理智的，要求他们都理智是不可能的。如果"舆论审判"成为可能，非理智的方面就会引发"错判"。现今有人谈到舆论对办案的监督时，就断言"舆论审判"、干预司法。但我们细想一下，有多少案件是媒体直接干预的？有的其实是官员干预，即个别官员看到汹涌而来的舆论浪潮乱了分寸，因此赶紧发一个批示下去，批示有的刚好与"公正"相吻合，这当然是"英明"的，但有的则是背道而驰，把事情弄得更糟。

在现实中我们可以看到，当舆论与权力发生不一致时，司法有时会屈从于权力，而不是响应舆论。另外，作为一个地方的领导者，他也负有领导和监督的责任。我们讲的监督包括法律的、纪律的、舆论的、群众的监督等，当然也包括上级对下级的监督。从这个角度考量，领导的批示并无过错，问题是出在批示的内涵上。如果批示只是为了引起对公正办案的重视，这无可非议，但问题出在过于具体的操作方法的意见，甚至是判决性的意见，诸如过去曾出现过的"不杀不足以平民愤"之类的批示，这样一来，"权力判决"就一锤定音了。

综上所述，官方权力有监督的责任，但不能有具体操作的干预；民间舆论有监督的权利，但不能强求司法完全屈从舆论力量；而司法则应重视舆论和官方权力的监督，但须坚持"独立办案"原则，不应在权力和舆论中摇摆不定。当然，要做到这一点也不容易。但无论如何，为了维护良好的法制秩序，务必朝这个方向走下去。

2010 年

…… ……

年度重大传媒事件

一、新科技推动的媒体融合互动，打造出"永不落幕"世博会

事件回放：

世博会期间，中国网络电视台（CNTV）、世博官网和上海文广百视通联合推出《全景世博会》版块，在具体的 6 大栏目（资讯、场馆、直播、互动、百科、服务）中，"直播"和"互动"是最能直观反映世博会的。在"世博互动馆"里设有多种征集活动，有"世博寻宝—我要上传"，也有"亿万网友相聚世博—我要参与"等。值得一提的是上海世博会的重要组成部分——"网上世博会"，这是实现"会"散而"形"不散的时时刻刻全面展示上海世博会的大平台。全世界网民只需在世博会园区主页上点击展馆，就可足不出户三维游览整个世博园区。无法亲临世博会的观众也可以体验各个场馆，并可在世博会结束后"重游"场馆。

点评：

网上世博会，让世博会实现跨越时空的大延伸。这次世博盛会将以高科技为核心的新的传播手段应用到了极致，在盛会期间将远在异地的受众也带入盛会的氛围之中，并通过网络完美地复制收藏，实现了"永不落幕"的上海世博会的构想，成为在漫长的世博会历史上意义深远的里程碑。

二、微博抢占话语高地，广东公安创国内警方网络直播恶性突发事件先河

事件回放：

2010 年 2 月，广东省肇庆市公安局率先在新浪微博上开通了全国首个通过实名认证的公安微博，此后广东省 21 个地级市的公安局及省公安厅的官方微博相继开通，其中广州市公安微博的运用广获民众赞誉。6 月 3 日，广州民警在

执行任务时，一男子对民警先后开了两枪，一民警被子弹击中左腹部。特警多次发射催泪弹仍未能将该男子制服，为保障民众的安全，将其击毙。其间，广州市公安局在官方微博上实时发布事态进展。广州公安微博显示，其最早发布的相关信息是在 6 月 3 日 16 点 16 分对网友"DIDI221"的回复，此微博介绍了民警被击伤的情况及市公安局负责人迅速赶到现场，指挥展开救治伤员及围捕嫌疑人等工作。此后，广州公安先后于 16 点 17 分、20 点 29 分、21 点 31 分等时间发出 5 条关于此事的博文，内容有现场情况描述及事件最终进展等。

点评：

据悉，这是国内警方首次网络直播类似的恶性刑事突发事件。广州公安如果未对该事件进行实时的在线发布，有可能引发诸多猜测，甚至会被扣以"滥杀无辜"的恶名。该不该击毙持枪伤人者，现场的镜头使大家一目了然。著名评论员杨锦麟对此评价："利用微博，抢夺话语权高地，值得鼓励。"

三、"校园惨案"等报道争议，考验媒体对"新闻专业精神"的坚守

事件回放：

2010 年 3 月 23 日，福建省南平市实验小学大门口发生持刀杀人事件，共造成 8 死 5 伤。媒体及时作了报道。之后的一个月内，"校园惨案"接二连三：4 月 12 日，广西壮族自治区合浦县西镇小学门前发生凶杀事件，造成 2 死 5 伤；4 月 28 日，广东省雷州市雷城第一小学又发生伤人事件，16 名学生和 1 名教师受伤；翌日，江苏省泰兴市泰兴镇中心幼儿园发生恶性伤人事件，一名男子冲进幼儿园，砍伤 32 人，其中包括 29 名幼儿。这些事件经媒体报道，引起了社会舆论的广泛争议。此外富士康"八连跳""十连跳"等报道，也引发了舆论对媒体报道的质疑，有些人认为媒体报道产生了"诱导"的不良后果。

点评：

从新闻专业精神的要求出发，媒体是需要披露真相的，但同时又要从社会责任和媒体的道德要求出发，"公正、客观"地进行平衡的报道。有的媒体为博得受众眼球，把焦点聚集到凶手作案手段，对案件现场进行细致刻画，甚至以对案犯的感情生活进行挖掘为名，实为案犯开脱罪行。这些都是有悖媒介伦理的，从根本上来说违背了新闻专业精神。"全面"就是不片面，要兼顾方方

面面；"客观、公正"就应做到适时、适量、适度，把重点放在如何防范和避免问题发生上，追求报道产生的正面效应。

四、宜黄"强拆"导致自焚，掩饰真相反弹出强大舆论监督力量

事件回放：

2010 年 9 月 10 日上午，江西省宜黄县凤冈镇发生了一起由"强拆"引起的住户自焚事件，一栋三层的小楼房房主钟家 3 人被烧成重伤，其中 1 人抢救无效死亡。当地官方以通稿形式发布新闻称自焚是"不慎误伤"，随着质疑的舆论骤然兴起，官方才不得不承认是"强拆"导致了自焚。应凤凰卫视之约，9 月 16 日钟家姐妹钟如翠、钟如九到北京接受采访，却遭宜黄县委一些人的阻截。姐妹俩躲进女厕所向媒体反映情况，记者邓飞在微博上进行实时直播，被网友戏称为"女厕攻防战"。第二天，钟如九开通新浪微博，随时传播相关信息。10 月 10 日，江西省委宣传部发布信息称县委书记被免职，事件暂告一段落。

点评：

在媒体高度发达，民间舆论与新媒体、传统媒体形成合力的立体式舆论监督年代，隐瞒真相是痴心妄想。果然，在宜黄"强拆"自焚事件中，越是掩饰真相，试图阻挠舆论传播，舆论的力量反弹得愈加激烈，越是引发数百万网民的关注。

五、舟曲泥石流直播，自媒体人传播观念日趋成熟

事件回放：

2010 年 8 月 8 日 3 时 23 分，新浪微博用户"Kayne"发出一条信息——"水灾、停电，几乎一幢楼的人们都围在这烛火旁"，并配有一张照片。"Kayne"的真名叫王凯，为重庆理工大学大三学生，8 月 2 日从重庆回到甘肃舟曲外公家度假。在这条微博发出前的 8 月 7 日晚 10 时许，特大泥石流覆盖了半个舟曲。这条微博发布后的 9 天里，王凯手持便携式相机和手机，在灾区现场来回走动拍摄，随时随地对特大泥石流现场和救灾过程进行"直播"，连续上传博文 300 多条。他的其中一条微博获得了 5 404 次转发、1 144 条评论，潘石屹、杨锦麟等名人也予以高度关注。

点评：

在泥石流毁坏舟曲、灾民急需救援的紧急关头，而且专业记者又无法第一时间赶到现场进行报道的情况下，作为自媒体人的王凯利用新的传播手段直播，让外界及时知悉灾情，这对推动抢险救灾，无疑起到了积极的作用。新华社在提到王凯的举动时称赞"这些互联网上的记录者，用键盘传递牵挂、凝聚力量"；而王凯也说："一个数码相机、一部手机，我也是记者了，希望能把我看到的舟曲抗灾最新情况报告给大家。我可能经验不足，但我会努力的。"

六、记者遭"网上追逃"，媒体发声维护正当采访权益

事件回放：

2010 年 7 月 27 日，一条"记者因报道定罪或遭全国通缉"的微博被网友们广泛转载，被通缉者为《经济观察报》记者仇子明。5 月间，仇子明接到"报料"，涉及凯恩股份实际控制人在凯恩集团改制过程中的内幕。仇子明采写后，经编辑部安排，从 6 月 5 日起作了系列报道，随后却被浙江省丽水市遂昌县公安局以"损害公司商业信誉罪""网上追逃"。7 月 27 日，名为"冒安林"的微博用户发布了此消息。《经济观察报》在积极与遂昌县公安局交涉的同时，在经济观察网刊发了《经济观察报严正声明》，并同时向中国记协、新闻出版总署等紧急申诉。紧接着，无论新媒体还是传统媒体都介入声援《经济观察报》和记者仇子明。7 月 29 日，遂昌县公安局撤销对仇子明的网上通缉，并向经济观察报社和记者仇子明道歉。

点评：

警方对仇子明进行拘捕的证据明显缺乏，或者说根本不成为依据。《经济观察报》和记者仇子明坚持认为披露企业改制过程中的"内幕"是正当的舆论监督。笔者认为，如果地方官员认为报道失实，可以向主办单位和主管部门反映；如果相关企业认为是恶意伤害了他们的企业信誉，也属民事范围，可以打官司，法庭上见。警方介入抓人，无论如何都缺乏法律依据的支撑。这个口子一开，媒体人随时都有可能在某种借口下被无理打压。如果不是《经济观察报》的强硬态度和全国媒体的声援，仇子明也许真的就被刑拘了。媒体被无理打压，依然要靠媒体之间形成合力的舆论监督力量来解决。

七、首都记者援助项目，传递媒体管理机构对记者的温情

事件回放：

2010 年 9 月 14 日，中国产业报协会在北京启动了中国首个援助困难记者及家庭的项目——首都记者援助项目。项目公布了首批 12 名受援记者的名单，其中包括在伊拉克工作期间受辐射等战争伤害严重的新华社战地记者宋聘，为救人遇难的中央电视台社会新闻部记者刘薇，在长期调查采访中遭受严重的身心伤害、范长江新闻奖获得者、《中国安全生产报》记者黄雄，在调查采访过程中遭受身心伤害的《经济观察报》记者仇子明，在伊春空难中因公遇难的《中国经济导报》记者胡文雅等。

点评：

首都记者援助项目的援助对象包括两方面人员：一是采访中受到环境伤害或见义勇为的遇难者，二是采访中受到权力或利益集团的打压者。援助困难记者及其家庭的项目，得到了国家主管部门和国家权威媒体的支持，包括中宣部、新闻出版总署、国务院新闻办公室、中国记协及中央主流媒体中高层领导也出席了启动仪式。设立项目本身及主管部门的支持，传递了对长期战斗在第一线的记者的温情，表明了对维护记者权益的鲜明态度。

八、奇虎、腾讯争斗，呼唤完善互联网运营规则

事件回放：

2010 年 10 月 29 日，奇虎推出了针对腾讯的"扣扣保镖"安全工具；11 月 3 日 6 时，腾讯发出"在装有 360 软件的电脑上停止运行 QQ 软件"的声明。由于 QQ 和 360 的用户量很大，中国绝大多数互联网用户不得不进行"二选一"，被迫卷入这两家公司的争端。政府部门进行干预，一方面要求腾讯公司停止软件之间不兼容的行为，另一方面要求 360 停止开放下载引起争议的 360"扣扣保镖"，QQ 软件与 360 的全线产品才恢复兼容。其后，腾讯和奇虎都发出致歉信，称对此事给用户带来的不便和影响表示歉意。11 月 21 日，工信部发出关于批评奇虎和腾讯的通报，责令两公司向社会公开道歉，妥善做好用户善后处理事宜。两公司已分别表态，接受工信部的批评，再次向广大网民致歉。

点评：

国家有关部门表态，在这件事上两家企业为了各自利益，没有严格执行国家相关法律和规章制度，在竞争中有不规范的地方，为了经济利益损害了网民利益和公司形象。双方具体错在什么地方，这里姑且不去详细评论，值得警醒的是在新技术日益先进，而企业竞争也愈加激烈的今天，互联网运营规则的进一步完善应提到议事日程上来。企业总是要把追逐利润最大化作为经营目标，尽管也强调社会责任感、用户至上和良性竞争，但一旦碰到切身利益，其压倒对手的本能会表现得十分强烈。因此，单靠企业自身的约束是不够的，需要有一个操作性强的运行规则去确保市场竞争秩序。

九、中南传媒上市，开拓跨媒体跨文化传播集团对接资本市场的航程

事件回放：

2010 年 10 月 27 日，中南传媒在上海举行上市庆典活动。"中南出版传媒集团股份有限公司"完成对资本市场的对接，始于 2000 年的改革。2000 年 6 月，湖南新闻出版局旗下十多家出版发行单位进行了整合，成立出版集团。2004 年，该集团转制为企业，更名为湖南出版投资控股集团有限公司。2008 年，组建中南传媒，形成了拥有印刷、出版、发行以及报纸、网络、手机报、框架媒体在内的完整的出版传媒产业链，销售规模也跃升至全国同行业的前列，如今又完成了中南传媒的上市。上市计划发行不超过 4 亿股 A 股，成为当时已上市出版传媒类公司中业务最全、收入规模最大的传媒企业，成为 A 股上市传媒类公司的新龙头。

点评：

2008 年，新闻出版总署对全国 24 家出版集团进行的调查表明，17 家改制转企的出版集团公司的平均总资产和利润大幅度增长，而 7 家未改制的出版集团平均利润负增长。文化产业已经提升到国家战略性产业的高度来看待，但传统的体制已很难适应包括传媒业、出版业在内的文化产业的发展，光自身进行小打小闹的机制改革不行，须借助资本的力量进行体制创新。国家新闻出版管理部门负责人和地方官员高调出席中南传媒上市庆典，体现了官方对体制创新的支持，也表明了改革的急迫性。

传媒事件透视

透视关键词：危机事件　媒体角色

透视之一：

　　媒体面对的"最后的距离"
　　——"校园杀童案"新闻报道引发的思考

　　2010 年的一系列校园砍杀事件发生后，网民热议媒体报道对恶性案件的发生是否有责任，一些媒体也就此开展了讨论。这关系到今后碰到类似事件媒体该不该报道，以及怎样报的问题。笔者认为，尽管媒体处在两难的选择中，但报道是毫无疑义的，重要的是如何把握好报道的尺度，最大限度地强化报道的正效应。

　　2001 年，日本也曾遭遇校园暴力的袭击，一个精神病患者闯入池田小学，造成 8 名儿童被杀害的恶性案件。随着日本媒体刨根究底的报道，政府和社会集体反思，痛定思痛，建立起一套保卫儿童的长效预防和善后机制。日本歌手宇多田光的歌曲《最后的距离》，就是为池田惨案中丧生的女孩所作，末尾唱道："我想和你在一起，因为我知道不可能到永远，我们可以重新开始，只有你和我。"

　　那么，面对国内学校暴力案件的频发，我们又该如何把握这一"最后的距离"？

一、报与不报，媒体处于两难的尴尬

2010 年，福建南平"3·23"校园杀童案的血腥和恐惧尚未完全散去，类似的悲剧却如同传染病一般高频率重复上演。不到 2 个月连续 7 起校园血案，这些因形式相近而被联系在一起的血案，由于作案动机不尽相同，并非都具有可比性，但人们关注的对象渐渐从事件本身引申到对媒体有关事件报道的质疑。

质疑并非毫无根据。从发生的第一宗案件开始，媒体就作了报道，虽然大多数媒体以高度的社会责任感作了合乎分寸的报道，但有些媒体对报道尺度把握不准，过分炒作细节，渲染血腥，甚至以同情的心态披露杀人者的某些"冤屈"。包括网民在内的不少受众，对媒体的道德和责任表示了不满，怀疑媒体的报道给那些偏执狂以"启发"，媒体成了"暴力帮凶"。

如果仅仅质疑某些媒体的行为也是正常的，但由此引发对类似的恶性案件今后媒体该不该报的讨论，就成为疑难问题了。面对社会的广泛关注，面对责任和道德的压力，报与不报、多报还是少报，如何把握，成为媒体人两难的选择。

恶性案件本身是坏事情，而传媒的报道过程却有可能做好，也有可能做坏，不同的动机和做法其报道效应是不同的。可能有三种情况：一是完全的正面效应；二是完全的负面效应；三是兼有正面和负面的效应。其实，第一种情况是不容易做到的；第二种情况在少数媒体中发生过，也就是完全的恶意炒作；而第三种情况是多数媒体经历过的，也就是报道后同时产生正、负效应。事件本身是坏事情，再好的报道都不可能只产生正效应而毫无负效应。

因此，在报道之前，就得预估到恶性案件报道都是有利有弊的，媒体人得掂量怎样报才能让利大于弊。它的"弊"，主要是对人的心理造成一定负面影响，其次就是有可能促使一些对社会不满的人产生联想和仿效。它的"利"，主要是提醒大家认识到社会的复杂性，做好相关防范工作；同时，以报道对犯罪嫌疑人的法律制裁来产生震慑的作用；还有，通过反思引起各方重视处理和化解社会矛盾，做好相关人员的思想工作和心理辅导，力促社会和谐。

客观来说，社会上确实存在着生活窘迫的群体，心理防线处于崩溃边缘，"仇恨社会""报复社会"这些字眼，确实会冲击他们敏感的神经，媒体的报道有可能对潜在的杀人者有示范作用。可是换个角度看，发生了如此悲惨的事情，媒体引发社会关注，对受害者及其家属表达同情，对凶手进行强烈的人道谴责，这也是对生命尊重的方式，其对潜在的杀人者也有一定的警示和谴责作用，可能唤醒其尚存的良知。

也许很难准确地说，有多少人因为媒体的报道而激发了极端暴力的冲动，而又有多少人因此良心未泯而顿彻顿悟。况且，我们不能因为凶手有借助媒体曝光泄愤的极端反社会欲望这样一种逻辑，就片面认为在媒体效应层面只有负面效应。也许，媒体的沉默会引起社会集体的恐慌无助，使潜在的杀人者更加肆无忌惮，激发更大的恶行。

二、媒体不报道就平安无事了吗？

既然恶性事件的报道一般会产生正效应和负效应，那么不报道是否什么舆论效应都没有，整个社会就平安无事了？事情并非那么简单。

过去媒体不发达的时代，此类事件常常隐瞒不报，这样会产生两方面的影响：一方面可防止同类人仿效，另一方面却可能使得受害者权益得不到保障。我们姑且不论它的影响，现在主要问题是能否隐瞒得住。如今是自媒体时代，人们随时可以通过微博等渠道发出信息。网络虽然有监管，但是对于一些急剧增加的信息也不可能全部删除或屏蔽。主流媒体通过对此类事件的报道，可以澄清不实的谣言。但如果压着不报，受众很快就会胡乱猜测杀人者是什么人、有什么背景。如果再有"包庇"等谣言的产生，很快就会将积聚的"仇官仇富"情绪"引爆"，酿成群体事件，其同样会造成国家和人民生命财产的重大损失，这并非没有前车之鉴。

可以设想，发生如此情节恶劣的突发事件，其社会影响是深远的，对社会各个阶层的人们心理造成的冲击极大，关系着每个家庭的生命安全幸福，必然引起公众极大的关注。公众对信息的渴求度集中反映在两个方面，一是行凶人是谁，二是受害人现状如何。如果新闻不被允许播报，信息不透明、不畅通，正常的大众传播渠道被堵塞，公众想获取信息又无从获得，就只能依靠口口相传的流言获取信息，而流言又是难以控制的。

当今又是社会矛盾的凸显期，一种畸变的舆论形态一不小心就会演变为谣言，很可能会对社会稳定造成很大的影响，进而愈演愈烈成为群体事件，成为引爆积藏已久的社会矛盾的导火索。事实也证明了这一点。江苏省泰兴市泰兴镇中心幼儿园持刀伤人事件后，渴求真相的人群不断聚集，希望能公布这次事件当中的伤亡情况。有关方面越是沉默，民众越是激动。

社会公众拥有知情权，大家都希望了解自己的生存环境，需要知道自己身边发生了什么，进而判断会对自己造成什么样的影响。在这种突发恶性事件中，新闻不能及时跟进报道，信息不够透明导致的直接后果就是信息在短时间内被迅猛地口口相传，添油加醋，导致人心不稳。因此，防民之口甚于防川，堵不如疏，我们更应该做的是保持信息的公开透明，及时进行新闻报道，防止流言产生。

我们还要看到，大众传媒一直都具有监测环境的功能，媒体的报道是有着预警机制的。恶性事件一而再再而三地发生，不能将责任归结于媒体的"暴力暗示"，而更应该从整个社会出发，看得更高更深一点，认识到我们现阶段存在的亟须解决的矛盾，只有缓解这些矛盾才能减少恶性事件的发生。从这个角度讲，媒体报道对社会管理者具有警示作用，可以形成舆论压力，促使公众和政府去关注、反思这些社会既存矛盾，疏导社会底层不满情绪，并加强学校等地的安保措施等。在广州，校园安保全面升级，校园周边增加了特警巡逻。此外，还持续打击涉校犯罪，加大建设校园警务室力度。这种敦促相关部门居安思危，解决以前亟须解决的问题的效果无疑是媒体报道的正效应。所以，从这个角度讲，媒体报道是必需的。

我们还有必要区分媒体的正常报道和"有闻必报""过度渲染"的界限。其实，学界都清楚"有闻必报"是不可能做到的，也不应该提倡。客观忠实地反映事实本身，并非意味着一定要"有闻必报"，尤其是对凶杀细节、惨烈图片等更应该理性地对待，决不能流于低俗或是满足于受猎奇心理驱使的强盗式报道，过度渲染不相关的细节。如果我们一遇到突发性恶性事件报道，就偷梁换柱地将正常的媒体报道和"有闻必报"或者"过度渲染"混为一谈，那么，信息将会阻塞，流言自然产生，后果难以预测控制。

三、媒体责任：最大限度强化报道正效应

任何事物都具有两面性，新闻作为社会信息传播的产物，与生俱来地具有正效应与负效应。正效应包括监测社会环境、传播信息等；负效应则长期存在于新闻发展史中，包括假新闻以及为猎奇报道中的低俗暴力新闻等。在类似的

突发性恶性案件的报道中，分寸一旦拿捏不好，正效应与负效应就会失衡。虽然很难把握正负效应的分寸，但是也决不能片面抹杀正效应。在类似的恶性案件中，新闻报道是必要的，这种必要性正是取决于新闻报道的正效应。

那么，媒体应该怎样强化正效应呢？首先是要控制报道量，报道规模不宜过大，但对事件真相要及时准确进行报道。其次就是引导的问题，一是提醒学校等相关部门要做好防范工作；二是我国处于社会转型期，这种恶性案件杜绝不了，因此在报道的时候要有分析性的东西，做好思想引导和心理疏导的工作；三是要呼吁社会和谐。

在认清媒体对类似突发恶性案件报道的必要性之后，我们也应该回过头来反思媒体，在挖掘报道凶手的不幸身世中，是否有对其行为进行合理化解释的嫌疑，是否对社会基本道德引导有失偏颇？尤其在南平案发后，个别媒体大肆报道凶手郑民生如何认为自己受了冤屈，杀人是为了引起政府对他申冤的重视，并对郑民生的受审过程进行了全程的报道和解读，有炒作之嫌。这不仅仅是对人们基本道德底线的挑战，给人一种错误的逻辑暗示，即社会不公正，凶手通过对无辜者进行泄愤以达到引起关注的目的是情有可原的；而且，这种利用校园惨案赚取受众视线的媒体行为，更是借助民众对司法公正的不信任而趁机将其放大。

总而言之，媒体在报道中要把握新闻伦理和人道主义精神，要肩负起媒体的社会责任，拿捏好分寸，报道时要慎之又慎，不宜过分渲染，更不宜为赚取关注度，迷失了大众传媒之于社会最根本的责任。在这过程中，媒体要努力将正效应最大化，将负效应缩小到最小。分寸把握得不好或恶意炒作的媒体，负效应大于正效应，甚至无正效应；而负责任的媒体，分寸把握得好，正效应大。尽管恶性事件报道完全没有负效应几乎是不可能的，但媒体的责任在于最大限度强化正效应和最大限度缩小负效应。

其中，有一些报道是必不可少也是要求时效性的，比如公开事情真相。公开真相最重要的是要及时公布伤亡情况和作案者的身份，前者是亲属最关注的，而后者的公布是为了避免无端的猜测，防止群体事件发生。但是在报道中作案手法不宜过细，以免某些偏执狂进行效仿。如果细节关系到对作案者的惩处和受害者权益的维护，则另当别论。

最后，真相报道之后，媒体应该引导大众进行反思，反思是为了疏导、化解矛盾。笔者反对对杀人者抱着同情心的反思，还反对煽动"仇官仇富"情绪。有偏执狂倾向的人一旦被煽起"仇官仇富"情绪，便会将其对政府和社会的不满转嫁到平民身上，即在公共场所伤害与其毫无利益冲突的民众，受害的依然是无辜百姓。真正的反思应该是对受害者的同情，并以杀人者为社会样本进行理性反思，从中找出其走向深渊的轨迹——是什么让他的行为性格趋于极端等，进而从中找出社会既存的缺憾与误区，然后得出如何发现和疏导社会个体的极端心理，如何构建公民对生命的敬仰与对法律的敬畏。

透视之二：

流言 ≠ 谣言
——公共危机事件中的流言传播

2010 年 6 月，广州市公安局在官方微博直播正在发生的一起案件，透明、权威的信息使不当的流言未流行起来。全媒体时代已经到来，信息传播形态和速度发生了质的变化，政府对危机中流言的反应要提速，不仅仅意味着要改革过去的新闻发布体系，还意味着要找到问题产生的制度原因。

当今，是中国社会转型过程中的矛盾多发期，公共危机尤其是社会性突发危机事件已不再罕见，甚至可以说是层出不穷。同时"谣言""流言"的概念也以高频率出现在各媒体尤其是政府的新闻发布会上。那么在一件公共危机事件中，该如何认识群情汹涌的意见以及私密流传的信息呢？政府又应该如何应对失措的局面，主动运用好传播手段，避免流言变谣言再演变成社会事件而陷于公共危机的困境呢？

一、流言变谣言，危机事件就有可能升级

广州公安部门开通微博，这是应对公共危机事件中的流言的重要举措。2010 年 6 月 3 日上午，一男子在广州银兴路某住宅用手枪击伤一名民警，与警方对峙 10 小时后被击毙。广州市公安局在官方微博上实时发布事态的发生、发展过程，以便民众及时了解现场情况及事态发展。这是国内警方首次网络直播此类型的突发事件。广州公安部门的这一创举，获得了网民和社会的广泛好评，由于对信息的公布采取了及时、透明的处置方式，不当的流言未流行起来，也没有造成谣言的传播，更未引发不良的社会事件。凤凰卫视著名评论员杨锦麟对此评价："利用微博，抢夺话语权高地，值得鼓励。"有的媒体评论说："习惯了突发事件中看媒体直播、等官方回应、在各种猜测中分辨真相的网友 6 月 3 日着实'意外'了一次！"

广州公安部门开通微博，这是积极应对流言的正面例子，但我们回顾这些年发生的突发事件，也可以看到有些地方由于未及时应对流言而使危机事件升级。比如，贵州"瓮安事件"的前期，由于政府相关部门在先期工作中没有及时披露死者李树芬的有关信息，致使群众不了解内情，一般性的猜测演变为流言盛行，再到谣言满天飞，引发了 2008 年 6 月 28 日下午的大规模游行示威。当示威队伍抵达县政府时，政府几乎没有作出任何举措，致使事态扩大，最终酿成损失惨重的群体性事件。

在公共危机事件中，并不是所有相关情况的信息都能够迅速、准确地传达给每一个受众，故而公共危机事件在形成和发展的过程中出现流言也是不可避免的，但是流言本身并不一定完全引发负面效应。流言中可能包含错误的信息，也有可能包含正面的信息。这些流言在传递过程中出现逐渐衰减、失真的现象，其中并不一定就有刻意的扭曲和包藏的祸心。只有当公共危机事件形成的过程中，政府相关部门没有抢占第一落点的情况下，这些流言或是由于失真的程度逐渐加剧，或是由于别有用心的歪曲，成为彻底虚假的信息，并且裹挟恶劣的情绪和阴谋，才会使危机事件升级，不利于事态的控制和解决。因此，在流言形成的过程中，如果政府部门和媒体及早介入，抢占先机，防止往谣言转化，将能更有效地预防恶性社会事件的发生。

二、流言不可怕，可怕的是与谣言混淆后的错误处置

流言是舆论的一种畸变形态。流言是一种信源不明、无法得到确认的消息或言论，"通常发生在社会环境具有较高的不确定性，而正规的传播渠道不畅通或功能减弱的时期"[1]。公共危机事件中的流言之所以得到传播，正是因为一方面在利益上具有一定的公共性，反映的都是典型的社会问题；另一方面也是由于事件突发，政府反应时间短，且传播方式多为人与人之间的循环传播，具有极强的主观性和不可操控性。

在公共事件中，人们很多时候将"流言"与"谣言"混为一谈。但事实上，谣言应该只是流言的一种，并不是所有流言都是谣言。回顾一个公共事件，按时间顺序从前往后看：事件发生，由于事出突然，政府相关部门来不及应对

---

① 侯东阳：《舆论传播学教程》，广州：暨南大学出版社，2009 年。

再加之信源不明，正规传播渠道不畅通而人们又急于探求事件的真相，于是流言产生，公众各自产生相应的态度意见并将这种意见态度阐释在"流言"这个半事实半虚假的载体里反复多次传播。经过一段时间以后，政府、媒体等多方求证，事件的真相终于水落石出。此时，顺着原来的时间逻辑看，一开始的部分流言确实与事件的真相相符，我们可以称之为事件发生时流传的流言；但多数情况下，必然会有一部分信息是与事实相悖或者是有偏差的。对于这些相悖的或者有偏差的信息也要区别对待，只有其中有阴谋的虚假的流言才能被称为谣言，而那些只是虚假的信息则不能笼统地称为谣言。

单纯从字面上讲，"谣"有凭空捏造、虚假的意思，"谣言"在中国文化语境里是暗含阴谋性贬义色彩的。而公共事件中每一个传播当事人在传播信息的时候是不容易去验证事件的真相的，信息中的虚假有时在所难免。按时间逻辑从前往后看，我们看到了谣言作为流言的一个分支，在定义上有两个重要条件，一是信息的虚假性，二是阴谋性。这里所谓的阴谋性就是部分人有意捏造，歪曲事实真相以达到自己的私利。当下政府也对此作出了阐释，即有些民众"被部分别有用心的人利用煽动"。所以谣言也更加具有主观性，要比普通的流言更有针对性、破坏性。从前面讲到的思路看，是否构成"谣言"，首先信息要被证实是虚假的流言，接着要找出其具有阴谋性的主体，否则，就难以认定其为蛊惑人心的"谣言"。

在公共危机事件形成的过程中，政府机关和媒体要认真而慎重地区分流言和谣言。若是把已成为谣言的问题还是当作一般流言来处置，肯定不妥；但如果先入为主地界定某一流言为谣言，同样会误事。事实上，政府如果未经考察证实就下结论、定范围，不仅仅有违逻辑，而且难以服众，反而会加剧公共危机，所以应该谨慎使用"谣言"二字，更不能随便扣帽子。换言之，一般流言中的虚假成分不能片面归因于传播者，而应该在疏通信息渠道上多做文章，加强应对能力。如果信息足够透明，那流言自然就失去了生长的土壤。

三、政府和媒体的责任：疏导流言舆论走向

对于公共危机事件中的一些流言，不可否认它传达了民意，客观上监督了公权力，但是也不可避免其具有的盲目性和不可控制性，甚至有被操纵危害社会的可能性。所以不能因为其客观上有正面的因素就不加限制管理，任其发展，

而应该科学地进行引导疏散。

对政府而言，流言在客观上起到了非新闻媒介监督的作用。在流言产生的环节，流言的信源跑在官方信源的前面，满足人们急切的信息需求，或者它可以揭露一些本来应该曝光但被隐瞒的秘密，甚至提出一种假设。不论这种假设是正向的还是反向的，"虽然一般而言是反向的"，但都会迫使官方开口进行解释、证明，公开本来应该公开却未公开的信息，敦促相关部门提高行政效率。而在流言的澄清环节，官方必然需要借助大众传媒还原事件真相，疏通大众传媒渠道。在这个时候，流言甚至可以对官方已经发布的信息进行质疑，提出假设，形成一种"反权力"，对官方已经公布的信息进行检验监督，这就是一种典型的社会舆论监督现象。所以，政府部门应该具体情况具体分析，从实际出发主动应对。比如，听到某种流言觉得其中涵盖着有益的意见，就应该认真听取，采纳其合理的方面；或者从某种流言中发现矛盾突发的苗头，就要提高警惕，采取措施，防患于未然。

首先，政府部门对流言要有一个清醒正确的认识，应该有一个基本的看法。流言是下情得以上达的一种不容忽略的重要途径，政府可以通过流言来观察社情民意，了解民众急切的需求。同时，对流言中的某些极端看法，要敏感地认识到其对社会稳定的潜在威胁，吸取"瓮安事件"等公共危机事件的教训。政府要在流言演变成谣言前，转变观念，营造尽可能宽松的舆论环境，让人民大众充分了解事件真相，不给谣言的发展提供温床。事实上，如果我们对负面信息秘而不宣，会在舆论中形成猜测、怀疑、恐慌甚至反感，最终导致不良后果。反之，对负面信息作适当披露，满足人民的知情权，是会产生正面影响的。

其次，要有一套应对的机制，对不同性质的流言应该区别对待，建立合理的预警机制，重视流言产生的社会条件背景。可以在政府部门或大众传媒设立社情民意分析机构，收集分析有可能导致社会不安定的信息，并形成一套科学的流言疏导程序；加强国家各职能单位信息的透明度，科学利用大众传媒给公众提供充分、及时、客观的信息材料；对出现的谣言要选择科学的辟谣手段，在保护言论自由的前提下，对造谣并引发严重后果者给予惩处。

如今，全媒体时代已经到来，信息传播形态和速度发生了质的变化，政府对危机中流言的反应要提速，这不仅仅意味着要改革过去的新闻发布体系，还意味着要找到问题产生的制度原因。现实中流言还面临很多问题。理论上来说，求证过程中的模糊性和不确定性干扰着信息澄清的过程以及澄清后信息的可信度。现实中面临的困境是：有些地方政府没有相应的澄清证实体制程序，澄清证实要靠上级指示；没有相关部门负责，公共事件发生随机进行部门负责；当代科技发达，作弊制伪技术加之不够透明的证明澄清过程给人们带来不信任感，而人们的民主意识又在不断加强。学界比较认可的是由美国心理学家 G. W. Allport 提出的流言的强度公式："$R = I \times a$，即流言的流通量（R）与问题的重要性（I）和涉及该问题的证据暧昧性（a）之乘积成正比。"[①] 通过这个公式，我们可以看到若想控制流言的流通量，可以在涉及问题的证据暧昧性上多作努力。

对媒体而言，应该弄清事件真相，准确、及时、持续地进行透明报道，满足大众的信息需要。现阶段，媒体面对公共危机事件能否及时发挥疏导作用，所面临的困境主要有两点。一是来自外界的信源困境。公共危机事件中媒体报道的时效性至关重要，但是媒体在及时获得信息的环节上总会遇到各种障碍，不仅仅是时间上的问题，在内容上同样面临采访的瓶颈。归根结底，信息公开透明的程度与公共危机事件中媒体的作为息息相关，《政府信息公开条例》的颁布是一个探索也是一个进步，仍需要配套措施。二是其自身公信力的问题。媒体公信力的增强要排除外来不正当权力的干扰，比如利益集团的干扰；还有媒体从业人员素质，假记者、封口费、虚假报道等是对媒体公信力的一个巨大冲击。有谁会在关键的时刻相信一个经常报道虚假新闻信息的媒体呢？在解决这些问题的同时，有必要加强媒介公关活动，加强与受众的沟通和交流，通过宣传和形象包装树立客观公正的社会形象。

---

① ALLPORT G W, POSTMAN L. The psychology of rumor. New York：H. Holt and Company，1947：133 – 135.

2011 年

…… ……

年度重大传媒事件

一、"走基层、转作风、改文风"不是回到原点，而是新时代对传统作风的提升

事件回放：

2011 年 8 月 9 日，中宣部、中央外宣办、国家广电总局、新闻出版总署和中国记协在全国新闻战线部署开展"走基层、转作风、改文风"活动，它们先是由通讯社、机关报和电视台、电台等传统媒体带头响应，继而包括都市类、晚报类等市场化程度较高的媒体及新闻网站也开辟相关专栏，来自基层的鲜活生动、清新朴实的新闻明显增多。

点评：

深入基层采访、传递良好的文风，是我国新闻事业的优良传统作风。在新的历史时期重拾话题，是因为在市场经济浪潮的冲击和新媒体竞争的态势下，媒体产生的浮躁作风和各种不良风气有必要加以整治。活动要防止形式主义，"走、转、改"不是贴标签，不是权宜之计，而应是常态。新的历史时期有许多新情况、新问题，"走、转、改"不是回到原点，而应该是对优良传统作风的提升。

二、《中国新闻出版报》改"事"为"企"，推动非时政类报刊转制步伐

事件回放：

2011 年 5 月 8 日，中国新闻出版传媒集团有限公司成立大会在北京人民大会堂举行，这是在《中国新闻出版报》改企转制基础上成立的公司。在 7 月底举行的全国新闻出版局长座谈会上，国家新闻出版总署署长柳斌杰进一步提出了非时政类报刊出版单位体制改革的时间表和路线图。

点评:

连新闻出版总署主管主办的《中国新闻出版报》也整体转制了,再加上总署的详尽规划,预示着非时政类报刊转制不再是说说而已。改革开放以来,报刊传媒先是参照企业的办法进行机制的改革创新,继而通过采编和经营"两分开"的办法将经营性的资产剥离出来转制,再发展到今天非时政类报刊的整体转制。将经营性的事业单位转制为企业,继而改为股份制企业体制,才能打破妨碍市场化发展的条条框框,让传统媒体在市场竞争中发展壮大。

三、《人民日报》发表系列深度评论,为社会管理创新助力

事件回放:

2011 年 4 月 21 日起,《人民日报》围绕社会管理创新的问题先后发表了《为什么必须强调群众工作》《如何提振政府公信力》《如何协调社会关系》《关注社会心态》《如何回应社会关切》等系列评论。许多媒体予以转载,并跟进讨论。

点评:

作为党中央的机关报,其最大优势就是权威性。正是因为其地位重要,发表言论要持慎重的态度。但如果只讲慎重,该表态的不表态,权威性的地位就有可能削弱。《人民日报》发表的《如何回应社会关切》等评论,触及了社会管理深层次的问题,文笔辛辣,有很强的针对性。这种为社会管理创新助一臂之力的做法,再一次显示了《人民日报》作为权威性大报的风范。

四、媒体聚焦"郭美美",旨在推动慈善体制改革

事件回放:

2011 年 6 月 20 日,认证信息为"中国红十字会商业总经理"的"郭美美 Baby"在微博上炫耀其奢华生活,自称"住大别墅,开玛莎拉蒂",引起轩然大波。尽管中国红十字会声明并无"红十字商会"的机构,郭美美炫耀的财富与公众的捐款、项目资金也无关,但质疑中国红十字会信誉之声并未消停。8 月 4 日,郭美美在电视节目中称出于虚荣心和攀比心,在微博上认证了中国红十字会商业总经理,并强调一切与红十字会无关。新上任的中国红十字会常务

副会长赵白鸽于 11 月 5 日接受《南方都市报》记者采访时表示，红十字会将深刻反思，并进行实质性的改革和完善。

点评：

一个年轻女孩不经意的言行竟然把有百年历史的红十字会推到了风口浪尖，其实舆论关注的不是郭美美这样一个普通的个体，而是试图通过个体挖掘背后的东西，其动力源自对红十字会等慈善机构体制机制弊病及操作不够透明而形成的不信任的积怨。在舆论旋涡中兴起的对慈善体制改革的大讨论，将推动慈善制度的完善。

五、浙江日报报业集团借壳上市，实现党报集团资本运营的新突破

事件回放：

2011 年 9 月 29 日，新闻出版总署副署长李东东和浙江省有关领导在上海证券交易所为浙报传媒上市鸣锣，这标志着浙报传媒正式上市。在此前的 7 月 29 日，濒临退市的 * ST 白猫发布公告称，收到中国证监会的重组核准批复文件，同意公司重大资产重组并向浙报传媒控股集团有限公司发行股份购买资产，浙报传媒借壳上市。浙江日报报业集团将旗下传媒经营资产和新媒体业务全部置入上市公司，成为国内第一家实现经营性资产整体上市的省级报业集团。

点评：

早几年包括北京青年报社在内的一些媒体，已进行了上市的探索。这次不同的是，《浙江日报》是浙江省的省委机关报，以党委机关报为龙头的报业集团也借壳上市，担当了领跑者的角色，必然引发人们对传媒行业资本运营的关注。我国传媒业只有破解体制机制障碍，以雄厚的资金打造主业突出、实力雄厚的跨地区、跨行业、跨媒体、跨所有制的大型传媒集团，才能应对国际强势传媒的挑战。

六、"八毛门"事件，折射某些媒体以"不专业"的思维代替事实追求

事件回放：

2011 年 9 月 5 日，深圳陈先生向媒体反映：8 月 19 日刚出生的儿子因腹

胀，于 21 日转入深圳市儿童医院；24 日医院告知孩子有肠梗阻、小肠结肠炎，疑为先天性巨结肠，建议进行造瘘活检手术，手术费超过 10 万元；25 日，陈先生带儿子到广州市儿童医院就诊，只用 8 毛钱的药孩子就被治好了。9 月 7 日，深圳市儿童医院召开新闻发布会称，所有诊断治疗符合诊疗规范，10 万元手术费用的说法是家长杜撰，医院从未提过，手术费约需 2 万元。10 月 20 日，患儿在武汉同济医院小儿外科被证实患先天性巨结肠，已做手术，治疗费用为 2.4 万元。患儿 28 日康复出院，陈先生向社会及涉事医院道歉。

点评：

在这个事件中，始作俑者就是患儿的父亲，问题是其夸大其词的做法如果没有舆论的支持根本就炒作不起来。以"8 毛钱治好 10 万元病"的字眼作为新闻标题非常吸引眼球，但如此夸张的医患纠纷，却缺乏对于专业人士及相关医理的采访及可信度的分析。这种以"不专业"的思维代替对事实的追求，失去的是媒体的权威性和公信力。倘若传统媒体连这点优势都丢失，将陷于更大的困境。

七、伪造的"47 号文件"被转载，拷问媒体人职业素养

事件回放：

2011 年 8 月 13 日，有媒体工作人员看到网上刊出的国税总局发布的所谓"47 号文件"——《关于修订征收个人所得税若干问题的规定的公告》，于是不加核实就在报纸上刊发。随后，大大小小传统媒体、新媒体纷纷解读"47 号文件"，甚至连中央一些媒体也介入报道"47 号文件"。8 月 15 日，国家税务总局在其网站上发表声明称有人盗用税务总局名义发布此所谓"47 号文件"。后经公安机关查明系上海励某在网上杜撰而成，依法作出行政拘留 15 天的处罚。

点评：

网上信息真真假假，多年来媒体随意从网上取稿造成虚假报道的情况时常发生。但如此为纳税人所关注的重要文件，竟然是伪造的，还通过媒体广为传播，连权威电视台和官方网站也参与传播，却是不多见的。国家政府部门的文件极具严肃性，刊发十分慎重；而且由于发布单位易找，核实信息源并不难，一些媒体竟然不加核实就发表，这就更令人不可思议了。新媒体时代媒体竞争激烈，加上造假技术越来越高超，在这一背景下媒体人更要坚守和提升职业素养。

八、媒体关注"小悦悦事件"，舆论促使全民道德反思

事件回放：

2011 年 10 月 13 日下午 5 点 30 分，佛山南海黄岐广佛五金城发生一起惨剧，2 岁女童小悦悦相继被两车碾压，肇事司机扬长而去。随后经过的 18 名路人不知是未发现还是避而不顾，最后小悦悦被拾荒老人陈贤妹抱起，并找到小悦悦母亲。10 月 21 日，小悦悦因伤势过重于 0 时 32 分离世。24 日上午，广东省佛山市南海区检察院称已批准逮捕小悦悦碾压案嫌疑人。中共中央政治局委员、广东省委书记汪洋呼吁深刻反思，避免类似事件再次发生。

点评：

汪洋呼吁深刻反思的话语，登上了广东各大报纸头条。新浪微博和腾讯 QQ 等新媒体以及网友们都积极参与讨论，"请停止冷漠"成为网络热词。由此可以看出，新老媒体形成合力为各方提供了道德讨论的平台；而从方方面面对社会道德与人性进行深沉的思考，对净化社会风气、促进中国社会道德建设有着十分重要的现实意义。

九、"免费午餐"计划，媒体民间公益行为引发政府公益行动

事件回放：

2011 年 2 月间，媒体人邓飞听到西部一位教师说起他们的学生没有午餐，进而了解到其他乡村里也有这种情况。3 月 9 日，他在微博上发起了"免费午餐"活动。4 月 2 日，《凤凰周刊》、华声在线、《三湘都市报》等媒体，联合中国社会福利基金会发起的公募计划——"贫困山区小学生免费午餐计划"正式开始运行，短短几个月便筹集到 1 600 多万元善款，为 77 所学校 10 000 多名孩子提供了免费午餐。10 月 26 日，国务院常务会议决定，中央财政每年投入 160 亿元为试点地区农村义务教育阶段学生提供营养膳食补助，按照每名学生每天 3 元的标准为农村义务教育阶段学生提供营养膳食补助；中央还将困难寄宿学生生活费补助提高 1 元，达到小学生每天 4 元、初中生每天 5 元的标准。

点评：

中国地广人多，且各地差异很大。由于各种主客观的原因，往往出现急需关注却又被遗漏的问题，孩子的午餐问题就是一个大问题。有强烈社会责任感的媒体和媒体人，应多关注容易遗忘的角落。但大多数情况下媒体不可能像"免费午餐"计划那样直接付诸行动，而只能起到鼓与呼的作用，唤起政府和民众的关注和支持。这次媒体所推行的"免费午餐"计划，从民间公益行为的力量到引发政府公益行动，为媒体与政府的良性互动提供了一个范本。

传媒事件透视

透视关键词：媒体社会责任　新闻使命

透视之一：

微博"自我净化"功能的利用和提升

2011 年 3 月 11 日的日本大地震，微博成为谣言过滤器；而在此之前，即 2010 年 12 月 6 日的"金庸被去世"，则是微博上一条不折不扣的假消息。

我们不能因为看到微博"传谣"的消极方面，就否定微博的积极作用。在微博这个舞台上，真相和谣言的角力在不断上演，我们也会发现谣言被无数理性的微博用户以确凿的证据和严谨的逻辑击溃的情况，从中能看到微博的"自我净化"功能正帮助真理赢得胜利。我们应培育和利用好这种"自我净化"功能，并不断提升，使微博在有序地推动社会的进步中发挥更大的作用。

一、自媒体人辟谣彰显微博"自我净化"能力

在微博这个 140 字的平台上，发生过许多诸如"宜黄血拆"等重大"战役"，有些事件极有可能被某些不当权力所封杀，成为外人无法知晓的黑幕。微博上的不少"战役"，其实是真相的胜利。毫无疑问，微博有积极意义，但微博上一旦发生"谣言"大范围传播的消极情况，对微博的非议则接踵而至。其实，微博平台的开放性决定了参与者的多样性，不论有意还是无心，言论水平的参差不齐和真伪差异难以避免。在这些纷繁的言论中，许多有社会责任感的

自媒体人也会自觉地协同作战，共同抗击谣言，创造一个良好的微博环境。略举两例：

案例一："金庸被去世"——一个言论浪花的起落

2010 年 12 月 6 日晚 8 时左右，"金庸去世"的消息引爆了微博。半小时后，凤凰卫视主持人闾丘露薇通过微博透露，金庸昨日曾出席树仁大学荣誉博士颁授仪式，同时她批评造谣者"太不专业"。随后有香港记者打电话求证，据悉，金庸先生当时正在吃晚饭，对于去世的假消息，老人家并没有生气。

这条消息从出现到被澄清，总共不超过一小时，这是微博里一个浪花的起落。"起"是微博这个高度自媒体的"自由传播"，而"落"是微博的"自我净化"。随着这条消息被认定为谣言，用户们纷纷在第一时间删除了与此相关的微博。许多之后登录微博的人，已完全见不着这个消息的踪影，浪花起落间，言论的大海又恢复了平静。

案例二：日本大地震——微博成为谣言过滤器

2011 年 3 月 11 日下午 1 时 46 分，日本发生里氏 9.0 级地震。微博成为第一时间发出声音的媒体，从东京发出的 Twitter（推特）消息数量瞬间达到了每分钟 1 200 条。许多在地震现场的群众通过微博开始现场直播，向网民传递日本地震的最新消息，一时间"日本地震"成了国内各大微博的头条关键词。在这些海量的信息中，许多是未曾得到求证的，一些微博使用者自觉承担起了揭露不实消息的责任。比如，在地震发生的当天，核电站并未发生爆炸，有人却在微博上发布了一个号称"日本核电站发生爆炸"的视频，一时间被大量转发。而随即就有人指出，这是日本某地一个炼油厂发生爆炸的视频，并非核电站。约一个小时后，微博内所有关于这则视频的消息都变成了"日本地震后炼油厂爆炸"，谣言被成功击破。3 月 14 日，有微博消息称日本自卫队直接进入反应堆核心，以手工截断控制棒的 12 人已全部死亡。其他微博用户纷纷指出，国际各大通讯社和日本各大媒体均无此报道，消息并不可信。随后"微博辟谣"不仅在官方微博发表了辟谣声明，还给用户发了私信，以提高辟谣的力度。在随后的抢盐风潮中，微博用户们不断转发有关"中国食盐库存充足"和"盲目补碘无助于防辐射"的辟谣消息，与传统媒体一起形成多渠道、大面积的辟谣舆论。《新周刊》的官方微博在 3 月 16 日发表主题为"谣言粉碎机"的微博，罗列了日本地震以来的 5 条谣言并进行纠正。

在大灾难面前，信息爆炸般涌出，而微博作为一个开放的、参与度极高的平台，正好让各种信息得以接受大众的检阅。大众互补性的微观知识通过参与微博形成了一个宏观上完备的知识体系，虚假与非科学的谣言在它面前难以遁形，微博像网一样能对谣言进行强有力的过滤。

二、微博的"自我净化"功能是怎样实现的

那么微博的"自我净化"功能又是怎样实现的呢？它的使用主体是"意见独立"的人，它的载体是"开放且多元"的互联网，微博的"自我净化"功能受到人类社会生态系统和互联网特性的双重影响。

（一）微博生态会受到人的社会生态系统的影响

美国社会学家查尔斯·扎斯特罗把人的社会生态系统分为三个层面：微观系统（microsystem）、中观系统（mesosystem）、宏观系统（macrosystem）。微博的生态系统与此类似，微观系统对应着个人用户，中观系统对应着一个用户的粉丝群，而宏观系统对应着整个微博生态。

我们不妨对一个谣言的产生过程进行分析。首先，谣言产生于位于微观系统的个体，即某个人发布了一条谣言；随后，谣言在中观系统传播，即该用户的粉丝全部可以看到这条谣言消息，然后部分粉丝对这条信息进行转发，于是谣言进入粉丝群们的下一级中观系统；最后，谣言在循环中扩散到整个微博的宏观系统。

可以看到，在谣言到达宏观系统的过程中，它要经历一个"二级净化"过程。第一级净化发生于从微观系统进入中观系统的过程中，即谣言发布者的粉丝群对谣言的真伪进行辨认。可以预见，这一级净化能力的大小与该用户粉丝数量有关。一般来说，粉丝越多，知识互补性越完备，对谣言的辨识能力越强；粉丝越少，谣言越难被攻破。但是这里却存在一个相反情况，就是当谣言发布者信任度极高时，粉丝群容易忽略对信息真伪的判断，谣言的传播阻力较小；而且，伴随发布者的高信任度而来的往往是数量庞大的粉丝群，这又造成谣言的传播范围广。第二级净化发生于中观系统的循环中，即谣言在离开微观层面之后的每一次转发，都会进入一个新的中观体系之中，接受新的检阅和监督。在这个范围内的参与人数极大，成分多元，知识互补完备，专业领域意见多。

所以这级发生的净化，次数多、范围广，净化能力十分强大。倘若第一级净化没有完成或起了反作用，第二级净化能以强力出击，完成辟谣。

（二）微博作为自媒体人多元参与的平台，大家平等享受发言权，在无数点对点的传播中总会有人出来澄清是非

自媒体一说来自于美国作家丹·吉尔默（Dan Gillmore）提出的 journalism 3.0 的概念，它指的是网络点对点（peer to peer）的传播方式，加上分享（share）与链接（link）的两大特性。由此，在自媒体中，受众不仅仅是被动、单向地接受媒体所"喂食"的新闻，也可以主动成为新闻传播者。[1] 2002 年 journalism 3.0 正式被叫作"We Media"，解释为"经由数字科技强化、与全球知识体系相连之后，一种开始由普通大众提供与分享他们本身的事实、他们本身的新闻的途径"。[2]

微博某种程度是"We Media"一词的中译，它是目前最典型的自媒体，相比以往的互联网平台，它更具吸引力。首先，它是多元化的参与平台。任何会使用互联网的人，都能注册微博账号，与所有微博客一起平等享受发言与浏览权利。这与传统媒体的言论精英化相比有着显著的草根性，是一个多元化的参与平台。其次，个性化的传播内容。微博上的传播是以"自我"为主体的传播，许多微博客习惯于分享身边发生的事；就算是对公共事务的关注，也是以"自我意见"为表达形式，形成各种不同的公共意见。相对于传统媒体的议程设置和舆论导向，微博的传播可谓个性化十足。再次，它有轻松的参与形式。微博虽有 140 个字的单条局限，却提高了受众的参与度。相比博客来说，家常琐事也完全有理由编织成"围脖"，而不需要面对博客长篇大论的压力。最后，自由化的传播模式。微博的传播主要由"转发"承载，一条被人认可的信息可能会被多次转发，而每一条转发的信息就会被更多的人所看到并认可，依此形成第二波转发、第三波转发……如此循环往复，信息得以被大众知晓。这样的转发十分自由，完全根据受众的兴趣来完成一波又一波的传递。"金庸被去世"事件正是在短时间内被无数波层转发传递，形成巨大的传播面积。相比传统媒体的大众化传播，"点对面"的单向模式在微博中被无数"点对点"的传播所

---

① 高欣：《寻找 Web 2.0 时代自媒体的把关人——看自媒体背景下的把关人》，《价格月刊》2009 年第 8 期。

② 叶捷思：《浅论"自媒体"的法律规制》，《法治研究》2009 年第 11 期。

取代。如此，"多元意见"和"自我意见"的共同作用削弱了"沉默的螺旋"理论的效果，意见的单极化难以形成；而"点对点"形成的传播网使得总会有人出来澄清是非。

（三）谬误和真理得到同等传播，真理在自由的讨论中越辩越明，这与人类公认的生存法则"优胜劣汰"有相似之处——"真胜假汰"

自媒体的最大特性在于"自主"，即非组织性的传播形式。微博"自我净化"的动力同等程度上源于"自主"。微博只是工具，传播谣言与辟谣的都是微博的使用者，南辕或北辙的差异是他们在自我价值观和知识构成范围内判断信息"正确或错误"的自主实践。因此，在这个开放的言论市场中，既然有传播谣言的人，必定有看破谣言的火眼金睛。微博是一个观点的大市场，它的生存法则与人类公认的生存法则"优胜劣汰"有相似之处——"真胜假汰"。真理会在验证后得以留存；而谣言在短暂的生存之后，必然被抛弃无踪。

从理论层面来看，英国的约翰·密尔顿在《论出版自由》一书中最早提出"意见的自由市场"理论。他认为真理在自由的讨论中越辩越明，谬误将自动被淘汰。

事实上，相比密尔顿时代所提出的"意见的自由市场"，微博是一个扩大了无数倍的意见市场。它打破了传统媒体承载的局限，有着更直接、更广泛的参与性。按照密尔顿的理论，我们可以探究出这样一个逻辑：真理之所以能战胜谬误，是因为真理被辨明的力量远比谬误传播的力量要大。那么，在这个扩大了无数倍的微博意见市场里，谬误的传播力量不可否认也被扩大了。但更重要的是，真理的辨识度相应地被无数倍扩大并远远大于谬误的传播力量。

从实践层面来说，首先，微博上发起的话题会有各个不同阶层和观念的人参与，每个话题都会形成多元化的解构，在传播中事件的细节得到多方面与多角度的构置，再形成一个完整的事件概况。在这个形成的过程中贯穿始终的就是不同言论之间的互补和纠正，也就是说，事件在传播中的多方解读让其更接近正确与真相。此外，微博架构于拥有海量信息存储能力的互联网，绝大多数微博内容可以长期保存，这就为言论对错提供了宝贵的证据——所有言论均记录在案，狡辩在这里已经失效，事实与逻辑才是唯一证明。

从经验层面来看，中国网民有着良好的"质疑"传统，自媒体人中不乏专业领域的高手。比如陕西华南虎事件、云南"躲猫猫"事件等，都是起源于网民的"质疑"，他们通过多方面、多角度的分析，推动揭开事件真相。

三、加强引导，提升微博"自我净化"功能

我国正处于深刻的社会转型期，复杂的形势和多发的矛盾让政府管理负荷重重。在当前形势下，微博上谣言的传播可能对社会形成不良的影响，因此，我们不能因为微博有"自我净化"的功能而对其放任不管。我们应对微博的"自我净化"能力加以利用，加强引导，建立一个以自觉自律为主的自媒体规范，为政府减负，为社会谋稳。

（一）保持微博的开放性，倡导多元意见交流

微博以其平民性给了广大受众一个积极参与的平台，以其开放性给了大家一个自由讨论的空间。正因如此，微博一次又一次推动了事件的公平正义和民主参与。可见，微博可以成为建设公民社会、推进我国法制与民主进程的重要渠道。而微博上谣言的传播，又让人开始对其开放程度产生担忧。

一个容易被人忽视的事实是，谣言经常是某个利益集团牟利的武器而非民众愚昧的产物，如蒙牛和伊利的公关大战。当舆论监管凌驾于多样化的意见市场，最有可能的就是对掌握舆论监管权的集团有利的声音成为主流。如此一来，多方的意见不复存在，被单向的主流舆论取而代之。假若监管权一方无法正确区分谣言，甚至有意歪曲事实，那么就可能出现谣言的"合法化"传播。在这种情形下，信息的纠错机制早已失效，谣言被肆无忌惮地传播，毫无阻拦，极有可能对社会造成无法控制的混乱。

所以，真正能避免这种情况的正是开放下的言论市场里多方意见的存在，这才能避免出现信息单极化的趋势。这就要求保持微博言论有较大的开放性与自由度，本质上是把信息置于所有参与者的监管之下，每个人都是监管者，每个人的言论又受到他人的监管。

（二）保持微博的实时性，提供"即时纠错"渠道

微博的便捷性让现场声音得以第一时间传达，而这个难能可贵的实时性来源于微博的较为宽松的环境。不论是发布还是评论，让意见得以即时碰撞，效果才能明显。当谣言发出，广大受众能第一时间指出其失实或错误，辟谣人角

色无须彩排和等待，即可立即投入。谣言的纠正越快越好，若能扼杀在第一级净化体系，谣言也就无法传播。

（三）倡导道德型自律，也需规范型他律

微博的言论没有传统新闻界的行业规范与约定俗成的规则，责任意识比较淡薄。微博言论绝大部分是基于自觉自律的个体行为，因此人们把网络道德称为"慎独型道德"[①]。"君子慎独"原本是指做人时时、处处、事事都要严格要求自己，在众人面前或自己独处的时候都要这样。这里即指网络的匿名让每个人都像是"独处"的状况，人们应该以严格的标准要求自己。道德的自律还需结合他律做保障，比如技术上对一些不雅词汇进行过滤与屏蔽；规范上对发表触犯他人利益或违法的言论出台惩罚措施；运营商组建专业的辟谣团队，对可疑的言论进行确认，比如新浪微博成立了官方账号"微博辟谣"，粉丝已经达到 148 万（截至 2019 年 11 月底）之多。央视新闻频道曾播出以"微博谣言"为专题的报道，新浪微博辟谣小组解释了谣言如何产生和清除，他们的辟谣工作取得了显著的效果。

（四）培养自媒体意见领袖，提升自媒体人的媒介素养

许多传统媒体都开设了官方的微博账号，其中有"焦点访谈""南方周末"等影响巨大的媒体，它们的微博粉丝数目多，转发率高，容易成为自媒体中的意见领袖。这些媒体因为有行业责任，信息求证渠道广，传播谣言的概率极低。自媒体人在发布或转载微博过程中，应多向这些意见领袖学习，提升自己的媒介素养，多些质疑与求证的精神，这无疑对提升信息真伪辨别力、减少微博谣言流传有莫大好处。

微博作为典型的自媒体，本身拥有强大的自我净化能力，再加上微博用户日益提高的自律精神，完全可以避免成为谣言的温床。

[①] 钟瑛：《网络传播理论》，北京：清华大学出版社，2005 年。

透视之二：
"串联"多事件报道要防止"捆绑"中的负效应
——对"钥匙串"传播形态的思考

以地域概念为核心要素，多个新闻事件串联，然后加以放大，给一个地方的形象带来广泛影响的现象常出现。2011 年 10 月，广东佛山地区接连发生了几起引发全国舆论关注的重大事件，正是这种情况。如果是正面的当然是正面影响，但往往是"好事难出门，坏事天下知"。我们暂且把传播的这种"捆绑效应"称为"钥匙串"传播形态，并希望对其成因、特点、对现实的影响及媒体社会责任进行探讨。

一、"钥匙串"传播现象屡见不鲜

广东佛山地区接连发生了几起引发全国舆论关注的重大事件，最具代表性的是波及范围最广、影响力度最大的"小悦悦事件"，其他则包括佛山市限购令先松绑又叫停、天价择校费等。这些事件发生后，网民在纷纷数落或指责事件本身之余，还把矛头对准了"佛山"这个地域概念。一时间，"佛山让人蒙羞""佛山很耻辱"这种宣泄之声或"佛山最近出名了"这种反讽之声在网上广泛传播。

事实上，这种以地域概念为核心要素，多个新闻事件串联之上的现象一直存在，如某市长期以来因自身产业经济的发展现实，被贴上了"文化沙漠""血汗工厂"等不雅标签，导致城市形象因长期附着其上的负面新闻而颇受影响，伤痕累累。此外，以"海滨明星城市"享誉全国的某市，近年也遭遇城市形象的"滑铁卢"，身陷"地铁塌陷、油罐爆炸、化工厂泄漏、防波堤溃坝"等各种丑闻中，该市的优越形象逐渐被蒙上了一层阴影。更为人们熟悉的是多省被扣上的"黑帽子"：某省被诟病的"人口素质低下"、某省的"黑砖窑"、某省的"黑社会横行"、某省的"小偷"和某省的"胡吃惨吃啥都吃"等。事实上，这些情况可能在一些省确实存在，但它们绝对无法代表某个地方。然而在传播中，某些地方可能会被贴上这些负面标签，成为大家的第一印象。

从以上事例可以看到，消极面的事件更容易以地域为单位形成集群效应，在传播中处于更突出位置。用形象的说法就是，这些事件像钥匙串一样连在一起，"地点"就是钥匙串的金属环，事件就是上面的钥匙，当思维触及地缘概念，或者发生在该地的某一事件，就第一时间把消极的各类事件一同扯了出来。

二、"钥匙串"传播现象的形成原因

传播是涉及媒介、社会、传播技术等多个方面的概念，对"钥匙串"传播现象存在原因的分析也应从多个相关方面入手：

（一）基本原因：媒介是"地理景观"的中介

随着交通的便利，人们走出去看世界的机会越来越多。但是，限于生命的长度和生存的现实，绝大多数人的地理观念更多的是由媒介所呈现，并非实地体验。我们对地理乃至对民族国家的判断，从来都是依赖媒介（文学、新闻、图像等等）的描述。我们所有的地理观念，更多的是媒介帮我们建构起来的，是一个"虚拟的实体"。

在大众传播时代，我们对地方的印象趋于相同。因为"大众媒体提供了一种共同阅读的仪式与过程"，成为这种地域印象的"中介"。它为集体呈现了媒介筛选后的碎片化信息，这种信息并不一定有代表性，但可能成为地理标签，即人们脑海中对地方印象的烙印。

正因如此，人们对地方可以形成惊人的广泛一致的印象，却并不需要每个人的实地考察。就像"小悦悦事件"后，没去过佛山的人也许会有"佛山人很冷漠"的印象；没有接触过某省人的人也会觉得"都是骗子"；而那些看到某地打扮的人，下意识会联想到"小偷"这个角色，等等。这些印象大都来自平时媒体信息的建构，它甚至不必有具体的细节和完整的过程，仅仅需要一种"大众认同"的感情因素即可形成。

可以看到，有了"地点"这个客观主线，媒介即可"制造"串之于上的一把把钥匙，并通过传播活动，将其送达受众脑海，助力完成钥匙的串联。所以，媒介是钥匙的生产者，也是推动钥匙串在受众脑海形成的外部力量。

（二）社会原因：社会转型期地方发展的矛盾凸显

随着我国市场经济发展的推进，社会转型期已经到来。滞后的体制和狂飙猛进的经济形势产生了巨大落差，历史问题拖住现实脚步难以撒手；各方利益的关系绳结纠缠如乱麻，诉求的多元化增加了社会管理的成本和难度，群体性事件层出不穷；地区发展的不平衡日益凸显，贫富差距的不断扩大、地方环境与经济的冲突都成为激化矛盾的因素。

因此，中国社会下面激荡的暗流是普遍存在的，而因地方经济发展的程度高低，又有激烈与缓和之分。佛山作为外来打工人群最集中的城市，其成分的多元化导致问题的易发与多发；某省作为人口大省，地区经济又不甚发达，其事故概率的基数就要大于其他地区；而某市作为"城市容貌"这个软实力强大的城市自然开始追求"地方经济"这个硬实力，而在建设进程与环境协调中又出现了操之过急的现象，导致事故频发。众所周知，大型事件通常都是媒体报道的重点，随之而来的是这些事件的高发地区也更多登上了"媒体舞台"，成为受众"耳熟能详"却又并非"健康正面"的地方印象。

所以，"钥匙串"传播的存在并非凭空而来，也不是媒体捏造，而是矛盾在地方存在的客观反映。某些地方的多次入选正是因为所发生的事件符合新闻要素，也是媒体作为"站在船头的守望者和警告者"所肩负的传递信息和舆论监督的责任。

（三）传播技术原因：新媒体技术改变了传播方式

在大众传播时代，媒体呈现了共同阅读的"地理景观"。在某种程度上，限于信源的数量和较高的可信度，人们对地区的印象会在大众媒体的传播活动中普遍达成一致。而新媒体技术的出现和发展，极大地改变了大众传播模式和方向。随着信源数量变得庞大，信息交流变得多向度且具有反馈性，话语权趋于平民化，"地理景观"的建构因素变得更加多元和复杂。在自媒体时代，"地理景观"的形成从过去"自上而下"的烙印变成多方声音交织的绘图，钥匙串上的"钥匙制造者"可以是任何人。与以往相比，一方面，负面声音的强度可能上升。我国历来重视正面宣传，负面声音的强度受宣传纪律的约束。因此在过去，地方负面新闻的出现都是经过选择和考虑的，数量上不会太多，内容上不会过火。而新媒体出现后，传播主体大量增加，任何地方新闻都存在传播渠道，现在网上流传的重大新闻更是很容易形成舆论风波。比如佛山的"小悦悦事件"，就是在微博上形成广阔的传播覆盖面，引发舆论形成。另一方面，为地方形象"正名"的机会亦有所增加。新媒体时代，传播的交互性和反馈性增强。因此，当一个地区出现消极事件的时候，多种发声渠道的存在使得为之"辩护正名"成为可能。比如，现在网络上有大量反对"妖魔化"地方的呼声，许多人不断用正面事实来改善外界对其家乡的刻板印象。

再看佛山事件在新媒体上的传播表现，在一系列消极事件发生后，因其事实确凿（如"小悦悦事件"有视频为证，限购令风波更是出自政府官方），其在网络上引发了大量批评之声。出乎意料的是，许多佛山本地人最先成为"钥匙串"的传播者，他们在微博上写出"佛山的耻辱：某事件＋某事件＋某事件。作为佛山人，我很悲哀"这一类的文字。但仔细考虑，正因为事件发生在自己的家乡，所以他们背负的内疚感与愤怒感是最深的，这是中国式"恨铁不成钢"情感的表达。此时，传统媒体与新媒体上的批评之声是绝对的主流。随着事件调查的信息披露，网络上开始出现为佛山正名的言论，比如，"肇事司机并非佛山人而是山东人""路人大都是来佛山做生意的外地人"等。这些多元化的声音开始对批评声下形成的佛山印象进行矫正与修复，传播者大多也是之前"深受伤害"的佛山人。

三、"钥匙串"传播形态的特性

一个钥匙串上的钥匙由当地发生的各种不同事件组成。值得注意的是，地方新闻不会总是负面的（在我国尤其如此），也就是说其他正面消息多少也会挂上钥匙串，但人们仍然容易形成负面印象，且根深蒂固，难以撼动。这揭示出一个现象：钥匙串上的事件影响力大小并不相同，它们在塑造人们脑海中的地方形象的作用和力度也会不同。这也为我们揭示了"钥匙串"形态的传播特性。

（一）负面事件更容易成为钥匙串的一环

古谚有云"好事不出门，坏事传千里"，猎奇心理导致人们总是容易对那些重大、离奇、刺激的事情留下更深刻的印象，"丑闻"自古便是街谈巷议的热点话题。因此，钥匙串上为何大多是"负面的钥匙"，其原因与受众心理大有关系。在传播活动中，信息并不因性质不同而有渠道差异，但到达受众的时候会经过层层筛选。个人对信息实用性的需求和审美差异会成为影响因素；负面新闻站在人类天性的一边，也更容易成为胜者。

（二）主钥匙的"温度"影响对钥匙串的关注度

我们可以把钥匙串上影响力最大的事件称为主钥匙，其他事件则为普通钥匙。另外，我们还可以借引物理学概念"温度"来形容事件影响力的大小，以辅助解释。当某事件形成很大的舆论影响力时，它就自然成为钥匙串上的主钥匙，而且因吸引了大量关注而拥有极高的温度。根据热力学传导规律，温度会从主钥匙的高温区传导到普通钥匙和钥匙串的低温区，也就是说，事发当地连同发生于此的其他事件会跟随升温，整个钥匙串都会更加受到舆论关注。

以佛山为例，人们在审视"小悦悦事件"的同时，余光会触及佛山的其他事件，限购令松绑风波和暴雨导致水漫城区等映入眼帘。于是，在"小悦悦事件"的讨论中此类事件会被一并带出，佛山这串钥匙也被推向舆论的高温地带。

（三）主钥匙的"正负"影响对钥匙串的情感色彩

主钥匙除了因关注高低有"温度"以外，还因自身事件的性质而有"正负"色彩。在上面的探讨中，我们认为，负面新闻更容易成为钥匙的一环，而且事实证明，主钥匙大多时候也是"负面"性质的。在传播中，主钥匙的负面色彩也会对钥匙串上的其他部分造成影响，它容易使人们对钥匙串的所有事件都形成负面感观，即使这个钥匙串上存在正面事实。以河南为例，抛开固有的不良印象，它被掩盖的历史文化光环有很多，这片土地诞生的不少英雄儿女也渐被遗忘。在长期传播中，消极事件无疑多次成为河南这个钥匙串的主钥匙，它使负面色彩蔓延到其他部分，以至于把人们对河南的理性化认知带入了情绪化感观的范畴。

另外，在佛山事件中，已有专家指出限购令不适宜长期存在，限购令的松绑是一种回归市场的尝试，此举有一定的积极意义。但是在"小悦悦事件"这个主钥匙的影响下，松绑风波不幸被"全盘否定"，成了人们口诛笔伐的对象。当然，主钥匙是正面事件的例子也不少，比如"伟人故里"，在中国语境下这种地方总是充满神圣感；再如旅游胜地，总是以各种胜景吸引着游客如织。类似这种地方，主钥匙都是正面的，在长期传播中积累了良好的印象。

四、"钥匙串"传播形态的现实影响及媒体的社会责任

在"钥匙串"传播形态中，负面新闻无疑扮演了重要的角色，它可能引发批评声对某地的"集中轰炸"。一方面，这不利于信息的健康传播。钥匙串在传播中因主钥匙的温度和性质而使得其他信息产生偏差，某种程度上失去了原本的客观性。在新媒体时代，传播的自主性得到空前解放，传统媒体所坚守的"事实性传播"被淡化，来自个体的"情绪化传递"被加强放大，这导致钥匙串传播更容易被情绪引导，偏离客观事实的风险有所增加。另一方面，这导致地方形象处于"不公正"的地位。在负面新闻作为主钥匙的时候，钥匙串的地域因素通常"被成为"事实责任的承担者。在这种时候，人们常用晏子的逻辑武装思维，以"橘生淮南则为橘，生于淮北则为枳"作为评价标准，一些地方就被贴上了"冷漠""骗子""小偷"等标签。其实人们也都知道，这些贬义角色在任何地方都是存在的，但事实是，这些标签被贴上后的顽固程度足以打败常识。因此，地方形象在舆论环境中所处的地位是不公平的——公众对它的负面印象可轻易形成，却又不易改变。

这种现象在新媒体时代似乎有愈演愈烈的趋势，它的存在给地方政府出了不小的难题。城市形象影响着各方面面，如佛山的经济需要大量外来打工人员支撑，在"小悦悦事件"发生后，外地人对佛山的印象不好，来佛山工作的意愿可能受到动摇，对当地经济也会产生影响。肩负重大社会责任的传统媒体，此时应站出来发挥其作用。

首先，重大不良事件发生后，传统媒体仍应坚守舆论监督阵地。

我国现在存在一个误区，地方政府总以为自己管辖的媒体不去碰触敏感事件，外界就不会知道。但事实上，在新媒体时代，任何事件都很难被掩饰或封盖。真正需要提倡的是，在事件发生后，传统媒体能够第一时间介入，详细调查后对信息进行客观透明的公开。如今，舆论监督并不仅仅是揭露丑恶，更有澄清与引导的功能。因为在网络时代，被揭露的事件有不少是信源模糊且形态碎片化的，在传播中容易被渲染、夸张，导致谣言生成，造成舆论恐慌。而传统媒体介入事件后，能发布完整、权威的信息，有利于澄清谣言，引导情绪。过去传统媒体那种模式化的歌唱与描红并不能解决问题，甚至只能带来反感，而真正有力的是用事实说话。与其让受众无限猜想这件事情究竟有多"坏"，

不如直接告诉他们，这件事情就是这个样子的。此举也许还能得到"坦诚"的加分，对挽回城市形象有所裨益。

其次，传统媒体不能盲从跟风，要引导理性思考。

事件发生后，网络上的民意可能趋于情绪化，此时传统媒体应该保持独立调查与思考，对事件进行理性分析。民意代表着一种进步的愿景，但是进步的脚步不应脱离实际的形势；民意也代表着改良的希冀，但是改良的操作需要理性的指导。这时候就需要传统媒体的高瞻远瞩和循循善诱，这并非"粉饰太平"，而是培育公民的"理性"精神，这本身也是一个社会进步和发展的重要标志。在"小悦悦事件"中，如果没有传统媒体的理性引导，事件可能会发展成一场道德批判的狂欢，或者成为否决自己民族的沉沦，而我们更需要的是理性的"道德自省"和重建一个民族的自信。

综合看来，"钥匙串"形态作为一种传播现象，其实本身并无优劣与好坏，只是它在传播活动中到达"人"这个环节的时候，容易形成负面共鸣，产生一种传播偏向。此时，传统媒体需要承担起更多的责任，与新媒体互补，为社会创造更"理性"的舆论环境。

2012 年

…… ……

年度重大传媒事件

一、"人民日报"官方微博火爆，为传统媒体打通两个舆论场起到了示范作用

事件回放：

2012年7月22日凌晨近5时，一条出乎寻常的微博在人民网、新浪网上发出："北京暴雨，整夜无眠。人民日报官方微博与大家共同守望。为每一位尚未平安到家的人祈福，向每一位仍然奋战在救援一线的人致敬！北京，加油！"至22日22时30分，"人民日报"官方微博共发布微博19条，网民也热心转发和评论。接着是举世瞩目的伦敦奥运会，人民日报微博每天清晨都对前一日奥运赛况进行总结点评，不乏独到见解。最为考验人的还是对重大社会热点问题的表态，比如对永州遭强暴幼女的母亲因上访被劳教的消息的适时介入。一些无法见报的"敏感"问题，也可以利用微博比较宽松的环境表明态度。至2012年11月初，"人民日报"在新浪微博的粉丝量已超过280万。

点评：

与许多官方微博包括官媒微博开通之后处于冰冷状态形成鲜明的反差，"人民日报"官方微博开通后人气急剧飙升，异常火爆，即便是很挑剔的意见领袖也给予高度关注和肯定。《人民日报》提出打通体制内和民间两个舆论场，而要打通就得在传播观念的变革和语境的创新方面下功夫。《人民日报》为传统媒体起到了示范作用。

二、报刊编辑部体制改革实施办法公布，艰难推进中仍须完善配套措施

事件回放：

2012年7月30日，新闻出版总署印发《关于报刊编辑部体制改革的实施办

法》。该办法分报刊编辑部体制改革的指导思想和原则要求、报刊编辑部体制改革的实施办法、科技期刊和学术期刊编辑部体制改革的实施办法等。经新闻出版总署批准从事报刊出版活动、获得国内统一连续出版物号，但不具有独立法人资格的报刊编辑部，原则上不再保留报刊编辑部体制，应转企改制的报刊出版单位所属报刊编辑部，一律随隶属单位进行转企改制。鼓励和支持党报党刊出版单位和大型新闻传媒出版集团公司对报刊编辑部进行整合，鼓励和支持以党报党刊的子报子刊、实力雄厚的行业性报刊出版企业为龙头对报刊编辑部进行整合，形成大型综合性或专业性报刊出版传媒集团公司。

点评：

国家主管部门试图通过改革，解放和发展报刊生产力，破解报刊业"小、散、滥"的结构性弊端，实现报刊业转型和升级，推动报刊业又好又快发展，增强报刊出版传播能力。然而实行起来并不容易，改革牵涉面广，各类报刊情况复杂，实施起来难度较大。实施办法公布后反应不一，其中科技期刊和学术期刊反响较大，须完善配套措施，依据不同情况稳妥推进这一改革，在实践中也应不断调整相关规定。

三、央视《新闻联播》播出"寻母启事"，在贴近民生中体现新闻报道原则的回归

事件回放：

2012 年 8 月 1 日，文氏四兄弟的母亲走失，四人张贴寻人启事并驾车寻找。10 月 19 日晚，央视《新闻联播》报道了这一消息，费时 3 分 43 秒，还出乎寻常公布了家属联系电话，被受众称为"寻母启事"。

点评：

此事件为什么会引发社会广泛关注呢？这不只因为文氏四兄弟寻母及社会各界积极协助寻人的事迹感人，还因为这类"寻人"的信息过去很难在中央电视台出现，而现在这类看似寻常的小事竟然上了《新闻联播》，而且播出时间长。这说明央视《新闻联播》在改革中对民生新闻的关注；而受众的强烈反响，也是对央视《新闻联播》回归新闻原则的肯定和更多的期待。

四、"表"事件接二连三被媒体曝光，官员须自律而非转移视线

事件回放：

2012 年 8 月 26 日，陕西安监局长杨达才因在延安重大交通事故现场面含微笑被人拍照曝光，继而被网友指出其有多块名表。杨达才在回应时掩盖"多表"真相，在网友的搜索下，杨达才陷入"名表门""皮带门""眼镜门"等。在强大舆论压力之下，杨达才被撤职并继续接受调查。"表哥"事件刚平息，其他地方的"表哥""表叔"等事件再次暴露在公众面前，事件主人公想通过一些途径掩饰，却又很快被舆论抓住曝光。

点评：

如果是正当来源，便无须说假话，无须网上删帖，无须兴师动众去掩饰。薪资收入与其炫耀的奢侈品形成强烈反差时，无论民众还是舆论去质疑都是合理的。在网络极其发达的时代，转移视线难以掩盖真相。若要人不知，除非己莫为，自律才是最重要的。

五、北京遭遇特大暴雨，各类媒体合力报道彰显社会责任

事件回放：

2012 年 7 月 21 日，北京遭遇特大暴雨袭击。全市平均降雨量达 164 毫米，为 61 年以来最大。受灾面积达 1.6 万平方千米，受灾人口 190 万，共造成 77 人遇难。新浪、腾讯、搜狐、网易等网站和《北京日报》《京华时报》等纸媒均在第一时间内对此事件进行了报道，以最快的速度公布遇难者名单，并系统告知人们各种自然灾害的预警信号和防范指南。报道形式包括文字、图片、声音、影像和视频等，就连中央级的权威报社人民日报社也充分运用网站、官方微博与报纸互动，发起救灾行动。

点评：

在重大的灾害事件面前，进行全方位、新角度、多形式、多媒体的报道，不只是为提升媒体的公信力，也是民众的需求，更是媒体不可推卸的社会责任。

六、中国媒体"奥运"不缺位，报道呈现三大显著特点

事件回放：

2012 年伦敦奥运会，中国媒体给予其高度关注，多元的声音呈现在我国媒体上，比以前更为开放。新媒体特别"给力"，包括几家大的商业门户网站，都开辟了专栏，尤其是通过微博设置议题引导大家就热点问题进行讨论。有的网站还特别邀请一些专家、学者等知名人士开专栏，发表意见。由于网民是多元的，因此各种声音都出来了，也不乏意见领袖引导的声音。

点评：

这次赛事报道显现出三个显著特点：一是媒体抓住重大事件，包括对失误事件进行反思，并触及体制问题；二是媒体报道比以往更为客观和理性；三是媒体相互监督的声音明显增强。有些媒体不顾别人的感受，过度采访，甚至干扰到别人的正常生活，很快就受到了其他媒体的批评。当然，这种开放与举办方不在中国境内也有关。正如清华大学新闻与传播学院副院长陈昌凤教授所言："除社会舆论环境确实越来越开放、多元，也反映到奥运报道方面。但也不要夸大这种开放，毕竟这次是在异域的奥运。"

七、媒体聚焦深圳飙车案，舆论与警方博弈的双赢

事件回放：

2012 年 5 月 26 日凌晨，深圳发生的一起飙车案造成 3 人死亡。27 日，深圳警方对外发布了一条 200 多字的通稿，称"红色 GTR 司机侯某超速醉驾，逃逸 7 小时后又到交警部门自首，侯某已被交警部门刑事拘留"。警方的发布很快被媒体找出"疑点"，媒体质疑"顶包"并紧追不放。于是，深圳警方展开多次调查。发布—质疑—再发布—再质疑，事件在质疑和释疑的过程中逐渐明晰，最终真相大白，被证实不存在"顶包"的问题。

点评：

最终证明警方起初下的结论是正确的，这意味着媒体的质疑、监督是错误的吗？媒体的质疑是有道理的：起初采访时警方的不太配合引起媒体的猜疑；家属有疑问，警方开始的结论下得过早，佐证材料不够；过去曾发生过"顶

包"现象，引发联想不奇怪。质疑后把问题彻底弄清，避免后患，强化了政府的公信力。而媒体的理性分析有助于弄清真相、解决问题。所以，这是程序正当、结局圆满、达到双赢的博弈。

八、大荔县"天价烟"风波中记者被停职，杀鸡儆猴"杀"出更大的舆论风波

事件回放：

2012 年 6 月 27 日，《西安晚报》发表了题为"陕西大荔县慰贫会场现天价烟　县领导批评村官"的消息。导语是这样说的："昨天，大荔县人民政府网一张照片引起了很多人的关注。该县领导深入包联村慰问贫困老党员时，会场出现一盒'九五至尊'香烟，随同的县领导讲，这是村支书拿的，里面只有两三根，县领导已经严厉批评了村支书。"有人通过关系将写稿记者停职，引发了舆论界和各方面强烈反响，随之记者复职。

点评：

"杀鸡儆猴"，是一些地方政府官员阻挠舆论监督的惯用手法。其实这是一篇既是批评又是表扬的一般性报道，记者行文慎之又慎，并没有引起强烈的社会反响。但是，对记者实行"停职"处理，事情就闹大了，社会影响力就出来了，相关人员被推到了舆论的风口浪尖。"应对舆论危机"，是常挂在官员们嘴上的话题，他们怎么就判断不出找借口打压舆论监督的记者会引起怎样的舆论风波呢？

九、吴英案终审判死缓，媒体监督与司法公正并行

事件回放：

2012 年 5 月 21 日，浙江省高院对吴英案作出终审判决，以集资诈骗罪判处被告人吴英死刑，缓期两年执行，剥夺政治权利终身，并处没收其全部财产。自 2006 年下半年起，原本经营发廊的吴英先后创办了"本色集团"的 8 家公司，列 2006 年"胡润百富榜"第 68 位、"女富豪榜"第 6 位。资金来源和案件背后的各方关系纵横交错，十分复杂。检方指控其累计非法集资诈骗 3.89 亿余元。2007 年 3 月 16 日，吴英被逮捕，公众及媒体高度关注这起案件。2009 年

12 月 18 日，金华市中级人民法院作出一审判决，以集资诈骗罪判处吴英死刑。2012 年 1 月 18 日，二审维持死刑判决。舆论热议如潮，绝大多数人认为吴英确犯有大错，但罪不至死。

点评：

由于舆论的推动改变了原来的结果，就能说是"媒体审判"吗？不能这么说！因为最终起决定作用的还是司法。媒体有舆论监督的权利，司法有独立办案的权力，各行其道，各司其职，谁都不应该放弃自己的责任和权力。各媒体的报道除了实时的案件进展之外，主要集中在其所折射的当代中国的经济和金融体制上，更多探讨的是社会主义市场经济条件下，我国民间中小企业如何解决资金链短缺、融资困难的问题。而对于大众、舆论较为敏感的吴英该不该判死刑，媒体表现得很是淡定，也更为成熟。这无疑在平衡媒体与司法的关系上迈出了重要一步。

十、重庆卫视重新审视定位，商业广告回归登场

事件回放：

2012 年 3 月 15 日晚间，重庆新闻联播头条是薄熙来被中央免去职务的消息。30 分钟的新闻结束后，电视上出现的一条酒类广告引起人们注意。一年多前，重庆卫视频道取消商业广告并改版，将自身定位为"红色频道"，随之收视率急跌，经济效益下滑。

点评：

重庆卫视商业广告的停与复，是当时当地特殊政治社会生态的产物。正常情况应当是，随着社会经济的发展和传播渠道越来越丰富多彩，广告业发展的道路也应越来越宽广。广告，并非洪水猛兽，其存在和发展至少有如下的几大理由：介绍消费信息，服务民众生活；给产销搭建畅顺平台，推动经济发展；给媒体产业夯实物质基础，有利于做强做大；展示艺术，陶冶情操，美化人们生活。

十一、官媒网站上市热潮开启，媒体资本运营进一步放开

事件回放：

2012 年 4 月 27 日，被形容为"中国官网第一股"的人民网在上海证券交

易所上市。人民网前身为《人民日报》网络版，是以新闻为主的大型网上信息交互平台。媒体获悉其上市消息后很快跟进报道：除了此次顺利过关的人民网和已在筹备 IPO（首次公开募股）的新华网之外，仍有千龙网、北方网、东方网、大众网、浙江在线等多家官方媒体网站欲登陆资本市场。官媒网站上市热潮或由此开启。

点评：

人民网成为官网成功上市的"老大哥"。这是第一家在中国 A 股上市的新闻网站，第一家在 A 股整体上市的媒体企业。人民网上市虽比其他媒体上市更具备便利条件，但因为它是中央级权威媒体，获批也是经过了慎重考虑。正因为如此，其上市更具有标杆性的意义，说明国家在推动媒体的资本运营方面将更加开放。

传媒事件透视

透视关键词：舆论引导　传播技巧

透视之一：

"官博"为何冰火两重天

话语权的问题，不只是官媒专有，政府机构也应负起责任。既然有了类似微博这样的传播渠道，就要认认真真介入以做出成效。2012年7月22日上线的"人民日报"官方微博起了示范作用。然而，真正做得好的"官博"并不多。

一、官方微博运营的问题

首先要厘清官方微博的概念，然后再谈谈存在的问题。

何谓官方微博？利用微博平台表达和传播自身意图并与网友互动的机构、组织乃至各类群体设立的微博，可统称为官方微博。

因为有些人并没有通过正式机构和组织，而是临时凑合（比如临时组织的登山队）开个微博以表达他们集体动向、意志等，所以把各类群体设立的微博也算在官方微博范围之内。

从机构、组织、群体的概念出发，官方微博的言论应是代表集体的，而不是个体的。但是，我们经常可以看到，有些官方微博"出轨"，不像该机构应有的立场、观点，那是管理出了问题。

由于官方微博的概念很宽泛，涵盖的范围很广，且有的也无可比性，因此笔者在这里讲的官方微博运营的问题，限制在政府机构方面。

从运营的情况来看，政府机构真正运营得好的并不多。问题较多的官方微博包括如下几种类型：

"僵尸型"——开通之后，几乎处于静止状态，内容长期不更新或很少更新。

"八股型"——没有把握网络传播特点，语气呆板，甚至充满官气味。

"公告型"——单向传播，不互动。只将机构的意图告诉大家，别人的意见不打算听，或者听到了也不回应。

"盲目型"——没有明确定位，看不出其官方微博的宗旨，东放一枪、西放一枪，不伦不类。

"对付型"——"无事不登三宝殿"，平时很少运营，碰到紧急情况要应对才上阵。由于平时就没有人气，临时"抱佛脚"也不灵了。

这些运作失败的官方微博，关注者极少，粉丝寥寥。做得不好的原因也是多方面的，而且各自的原因也不尽相同：有的并不是真正想开通微博，而是跟随潮流，看别人开通了便跟着开通，或者根据上级要求被迫开通；有的是心有余力不足，缺乏媒介素养，不懂新媒体特点，不懂网络语言，不懂舆论危机下的应对策略；有的是观念比较保守，没有创新思维；也有的是官方微博运营者及决策者心理承受力太差，一旦在官方微博上招来骂声就受不了，干脆不更新，让它自然休克。

二、"人民日报"官方微博对官方微博运营的启示

令人欣慰的是，"人民日报"官方微博经受住了考验，在质疑中成长，在创新中成熟发展。"人民日报"官方微博为政府机构办的微博起到了示范作用。

作为中央机关报的《人民日报》开官方微博，自然很多人盯住看，看它能否真正融入微博，体现其价值。面对各类讽刺挖苦乃至不绝于耳的谩骂之声，"人民日报"官方微博以急剧增加的粉丝数量以及高比例的"活跃粉丝率"为成绩，作出了回应。无须和别人论战，只凭自己的理念和功力，"人民日报"官方微博就改变了这一局面。那么，"人民日报"官方微博为何能取得成功呢？

第一，是操作理念的成功。

相当长时间以来，在大众尤其是官方管理部门的观念中，那些贴近百姓、

受众面广的市场化媒体不被当作主流媒体看待，"主流媒体"往往仅被定位为传达官方意图、按官方意志办事。令人感到吊诡的是，越是往这个方向定位，越是受众面窄、影响力小。不能占领市场，关键时刻不发声，达不到舆论制高点，无法主导舆论，何来主流？像"人民日报"官方微博那样，为网民认同和推崇，产生价值归属感，其主流地位才是牢靠的。

我们有些官方微博之所以不成功，除了有些只是跟风，压根儿就不想办好之外，那些想办而又未办好的，与理念有很大关系。不只是运营者的理念，更多的是来自决策者的理念。如果没有《人民日报》高层与时俱进的理念支持，"人民日报"官方微博也就不会有如此开放的姿态。

第二，有健全的组织机构作保证。

"人民日报"官方微博定位明晰，其是代表《人民日报》这份报纸设立的微博，不是个体意见的表达。

为什么有的政府机构的官方微博不能正常运行？一个重要原因是没有强有力的组织队伍作保障。有不少兼职运营人员媒介素养较低，对新媒体的传播规律并不熟悉。有的只是看别人开了，也赶时髦上阵，并未用心去经营，至于理念更是谈不上。而"人民日报"官方微博不仅有自己强有力的队伍，而且其直接上级单位新闻协调部门一直负责人民日报社的新媒体报道以及与网络有关的任务，观念比较新，非常关注社会动态，能做到重大社会事件不缺席。所以，尽管"人民日报"微博内容的审核要由新闻协调部门内部把控，但并没有出现"外行管内行，越管越死"的局面。从这里也可以看出，管理是必要的，不是不能管，而是看你怎么管。

在新媒体时代、泛媒体时代、自媒体时代，我们的传统媒体自然还要坚守，因为传统媒体也有自身的优势。但坚守并非消极死守，我们既要对传统媒体进行改革创新，又要适时介入新媒体，主动占领阵地。不这样做，等于将话语权拱手相让。话语权并非官媒专有，既然政府机构有了互联网信息传播渠道，就应该将其传播的效度、信度、影响力等尽力做到最好。若官媒的运营负责人媒介素养不高，当然无法应对。但如果是为了用新技术来掩盖真相，对付公众舆论，那就不是媒介素养、理念的问题了。

透视之二：
"贴近"社会现实须做足社会"语境"表达的功夫

关注语境的社会环境，并以良好的语境方式提高表达效果，是媒体的责任，也是一种功力。

2012 年 11 月 5 日，网络经典句"元芳，你怎么看？"又出现在《人民日报》"人民论坛·我们这十年"专栏范正伟写的文章《"回应"：互动中筑牢信任的基石》中。

早在 2011 年 11 月 10 日《人民日报》头版头条《江苏给力"文化强省"》，就将网民常用的网络语言"给力"呈现在标题上。而这次范正伟文章中的"元芳，你怎么看？"则不只是使用了网民常用的网络语言，还因这句话本身的潜台词，更为引发受众的关注和深思。这句话源于电视剧《神探狄仁杰》中主人公的话语，观众看电视时也只是看成一般的表达方式，并不在意。但经网民把这句话单独抽出来并使用"元芳体"造句，在对世事无奈的情感中调侃、娱乐一番，再聚焦解读，就变成了一种很有特殊意味的质疑方式。同时，该文章将"民有所呼，我有所应；民有所盼，我有所为"联系起来思考、议论，自然产生了较大的影响力。

由此，笔者想到传统媒体如何"三贴近"的问题。过去我们经常想到的是采写作风的深入、内容与民众的贴近，这当然是"三贴近"的主要方面，但我们还应在语境表达上下足功夫。笔者认为传统媒体及其办的新媒体至少应在如下三个方面有所作为。

其一，传统媒体要善于引入在网民中流传的经典语句。要用得得体，做到自然对接，不会给读者带来生搬硬套的感觉。当然，这需要精选慎用，不能过分移植，多了又有可能成为"新八股"。

其二，传统媒体办的网站、手机报、官方微博等新媒体，应根据新媒体的语境要求，善于激发网友和受众的情感，通过生动活泼的表达方式，贴近网友，实现良性互动。2012 年 7 月 22 日凌晨近 5 时，"人民日报"官方微博开通后的首条微博之所以引发广泛关注，是因为权威媒体一改以往的姿态，使用充满温情的语境表达，打动了人心。

其三，重视社会语境环境，根据具体状况，适时适度在"贴近实际"中介入。当某一事件成为社会热点，被民众和舆论广泛关注时，传统媒体及其办的新媒体就不能"你说你的、我干我的"，置身事外。不关注社会语境，何来"贴近"？即便关注了，如果方式有问题，依然会与"贴近"保持距离。关注社会语境环境，并以良好的方式增强表达效果，是媒体的责任，也是一种功力。

当《人民日报》及其新媒体出现新语境时，在网民的关注和赞许声中，也夹杂着怀疑和不信任的言论，但当《人民日报》及其新媒体的新语境得以执着地坚持和拓展后，网民予以肯定的声音越来越多了。既然一贯以严肃严谨形象示人的中央权威大报都能在"潮"的语境中说话，其他传统媒体当然更有可能在"语境"的"三贴近"中拓展空间。网民的褒奖、赞扬，既是一种肯定，也是一种希望其成为常态的期待。

2013 年

…… ……

年度重大传媒事件

一、《人民日报》再次改版，对各级党报有示范作用

事件回放：

《人民日报》增加版面：周六、周日由每天 8 版增至 12 版，节假日由每天 4 版增至 8 版；设立该报历史上第一块新闻评论版。2013 年新年第一天，《人民日报》发布了《新年致读者》，强调要"说真话、写实情，让文章言之有物、言之有理、言之有情，更具亲和力感染力，更有可读性可视性，千方百计方便读者，实实在在服务读者"。

点评：

针对党报文风存在的问题，《人民日报》再次改版。尽管这种探索是从中央机关报的角度出发，但由于其特殊的地位，其改革的举动引发了业界同行和学界的关注。连非常严肃的中央机关报都能推进改革，地方党委机关报理应更有改革的空间。因此，其改革的理念及改革之后的变化，对各级党报具有鲜明的示范意义。

二、上海两大报业合并，其意义不只是"抱团取暖"

事件回放：

2013 年 10 月 28 日，由解放日报报业集团和文汇新民联合报业集团合并组建的上海报业集团正式挂牌成立。集团所属的解放日报社、文汇报社、新民晚报社恢复报社独立建制。原两大报业集团所属其他报刊，将按内容类型、社会影响、品牌效应等，或归入解放、文汇、新民三大报系，或由报业集团进行整合优化，调整定位。

点评：

纸媒的困境不仅来自新媒体的挑战，还与传统媒体之间的恶性竞争有关，

合并后可将同质化的报纸重新定位。但此次上海两大报业合并，不是简单的"抱团取暖"解决恶性竞争的问题，而是试图从上海文化产业发展的战略布局出发，打造"媒体旗舰"。当然，要达到预期效果，则应将行政力量与市场导向相结合。其他地方能不能学上海？还要视自身资源和条件，决不可盲目跟风。

三、薄熙来庭审微博直播，源自国家有关部门对重大且敏感信息敢于公开的自信

事件回放：

济南市中级人民法院于 2013 年 8 月 18 日下午 4 时发布了微博公告："山东省济南市中级人民法院定于 2013 年 8 月 22 日上午 8 时 30 分在本院第五审判庭公开审理被告人薄熙来受贿、贪污、滥用职权一案。"从 22 日开始庭审后的 5 天里，济南市中级人民法院官方微博在新浪微博、人民微博平台持续播报了庭审情况，以文字、图像、音频和视频等多种形式呈现。

点评：

为适应全媒体到来的信息快速传播的趋势，各地、各类机构通过微博对政务进行直播逐渐成为常态，但像薄熙来这样的高官审判过程也运用新媒体进行直播，并有数亿人运用新媒体"围观"庭审实况的情况，还是头一回。因此，社会舆论对政府有关部门敢于将重大且具有特殊敏感的信息进行公开的自信，给予了压倒性的正面评价。

四、打击网络谣言明确法律边界，确保网络的有序和活力

事件回放：

2013 年 8 月下旬，我国掀起一场以打击网络谣言为主的网络专项行动，随着"秦火火"等人被公安机关刑拘，网络谣言的泛滥状况得到很大改善。9 月 9 日，《最高人民法院、最高人民检察院关于办理利用信息网络实施诽谤等刑事案件适用法律若干问题的解释》公布。

点评：

打击性质恶劣的制造网络谣言者，有利于净化网络环境，维护社会安定，但要明确法律边界。正如 9 月 4 日《人民日报》发表评论所说：对谣言盛行、

谬种流布当然要依法亮剑，但也不能因噎废食；遏制网络活力，同样有违中央精神和时代潮流。

五、罗昌平微博实名举报成功，为贪官刘铁男遮掩者陷入舆论旋涡

事件回放：

2013 年 5 月 12 日，监察部网站发布消息称，刘铁男涉嫌严重违纪，目前正接受组织调查。之前的 2012 年 12 月 6 日，罗昌平通过微博向中纪委实名举报国家发展改革委原副主任、国家能源局局长刘铁男，称其涉嫌学历造假、有作风问题，与商人结成官商同盟。举报当天下午，能源局新闻办有关负责人对媒体表示，上述"消息纯属污蔑造谣"，"目前刘铁男已经得知此事"，"我们正在报案、报警，将采取正式的法律手段处理此事"。

点评：

媒体人以发微博这种公开方式举报部级官员是头一回，这体现了罗昌平的勇气和智慧；相关部门高度重视，显示了反腐败的决心。而能源局新闻办公室有关负责人对刘铁男的遮掩，却使其陷入了舆论旋涡。毫无疑问，"发言人"之举应该反思。客观地说，刘铁男还在任上，"发言人"也是执行者。刘铁男自己没有底气，遮掩也挽救不了必然的下场。

六、长春新老媒体协同追寻盗婴事件，赞誉声中亦有反思的探究

事件回放：

2013 年 3 月 4 日 8 时许，周喜军将停放在长春市一家超市门前的丰田吉普车盗走，车后座上有一名婴儿。无论传统媒体，还是网络新媒体、自媒体人都投入了搜索行动中。3 月 5 日 17 时，周喜军迫于压力到公安机关投案自首。在此之前，婴儿已被周喜军掐死埋于雪中。

点评：

在媒体的传播下，找车、抓住歹徒、抢救孩子，自然成为传统媒体与新媒体以及社会方方面面的关注热点。公众对这次显示爱心的协同行动赞誉有加，但由于婴儿最终被盗车者所害，所以也引发了争议。有舆论认为，一些媒体对

新闻过滥、过快的传播是否加速了歹徒对孩子的杀害行动。虽然无法下结论，但这种反思和探讨对今后如何更好地把握这类报道是有益的。

七、大众报业与青岛报业合作，创区域聚合发展模式

事件回放：

2013 年 3 月 3 日，大众报业集团半岛传媒股份有限公司与青岛报业传媒集团有限公司签署战略合作框架协议，共同组建青岛新报传媒公司，管理运营《青岛早报》《青岛晚报》。大众报业这一举动是惯性的延伸，在这之前已与潍坊、临沂、菏泽市报携手合作。

点评：

我国报业仍然具有强烈的行政化特征和地域化色彩。"划地而治"的传统管理方式导致报业陷入条块分割、区域封锁的格局，严重制约着人才、资金等资源的流动整合。省级党报牵头对区域内地市报进行聚合，试图打造实力更强的传媒集团。当然，面对新媒体的挑战，这种模式能否坚持和成功还得拭目以待。

八、芦山地震报道存在不足，但并非"添乱"

事件回放：

2013 年 4 月 20 日 8 时 2 分，四川省雅安市芦山县发生 7.0 级地震。国内各大媒体纷纷以最快的速度派遣记者赶赴灾区一线进行地震报道。但由于堵车等问题，一种"记者去灾区挤占通道添乱"的舆论传播开来。面对质疑，不少媒体从业者发声：发布信息而带来的社会资源要远胜于"挤占"。

点评：

相较于汶川地震，中国媒体在芦山地震的报道中完成了一次新的跨越，媒体的专业操守和道德素养得以提升。我们有充足的理由对笼而统之的"添乱"论调说"不"，但认真总结存在的一些问题，对媒体今后如何更成熟地进行灾害性新闻的报道是大有裨益的。

九、"深圳最美'90 后'女孩"新闻造假，专业记者以专业视觉求证真相

事件回放：

2013 年 3 月 26 日，网络和多家媒体展示了"90 后"女孩"文芳"蹲在路边给一名残疾流浪乞丐老人喂饭的图片，图文并重，现场感强烈，被称为"深圳最美'90 后'女孩"。此事引发了《南方都市报》等传统媒体记者的关注，他们以新闻敏锐和专业精神认定这是虚假新闻，最后弄清这是网络推手为某商业展策划的炒作行为。

点评：

有的传统媒体及其网站不小心上了当，也报道了"深圳最美'90 后'女孩"，但有的传统媒体却能揭开内幕还事件真相。传统媒体中的媒体人与自媒体人不同，作为从事采编工作的专业队伍，应该有以更宽阔的视野来看待社会现象的能力，尤其是网络时代更需要专业记者的专业视觉去辨别新闻的真伪。

传媒事件透视

透视关键词：专业精神　媒介素养

透视之一：

如何履行监督职能：良好社会责任与专业精神

2013 年 2 月，山西省相关部门人士明确表示，之前在网络上炒得沸沸扬扬的《山西省前副书记侯伍杰出狱回家，当地官员富豪列队欢迎》一文内容虚假。在当今新媒体勃兴和专业媒体人、自媒体人非常活跃的环境下，舆论场一方面呈现开放的态势，便于人们及时传递信息，也有利于监督社会不良现象；另一方面混淆其中的许多不实信息，甚至谣言又纷纷登场，使受众陷入"真相困境"。媒体单位和媒体人面对这种新情况、新问题，应以高度的社会责任感，秉持专业精神，把握好芜杂信息的处理原则，决不做不良社会情绪的推手和发酵剂。

一、监督勃兴中的"真相困境"

新媒体时代，信息传播快速、覆盖面广，媒体监督实现新的突破。我们可以看到，某些不道德的行径，乃至腐败的问题，经网络等新媒体的率先披露，然后传统媒体介入与新媒体互动，形成了强大的监督力量。舆论的发酵，引起了国家有关部门的关注，使一些案件得以被查处。被网民称为"微笑局长""微笑表哥"的杨达才，在舆论的风口浪尖落马，就是一个典型例子。温家宝在2010年《政府工作报告》中指出："创造条件让人民批评政府、监督政府，同时充分发挥新闻舆论的监督作用，让权力在阳光下运行。"①

新媒体的出现，为民众对政府、对官员乃至对各种公众人物的监督提供了便利条件。从快速、覆盖面广、在互动中容易引发共鸣的角度来看，新媒体已成为监督的先行者和重要的监督力量。

然而，进入新媒体平台发表监督言论的门槛比较低，随时随处可使用，而自媒体人身份多样、观点多元，传递的信息芜杂，往往使受众陷入"真相困境"，难辨真伪。其中，有些被自媒体人大肆炒作，甚至专业媒体也介入的事件，后来被证明是不真实的。据中广网太原2013年2月19日消息，山西省相关部门人士明确表示，之前在网络上炒得沸沸扬扬的《山西省前副书记侯伍杰出狱回家，当地官员富豪列队欢迎》一文内容虚假。他假释出狱后，只在北京儿子家住了几天，其间并无山西领导或煤老板去看望他，而后由另一个儿子接回太原，并不存在"荣归故里"一说。在这之前，媒体报道：2006年因贪污受贿被判入狱11年的山西省委前副书记侯伍杰，提前出狱，当地官员和煤老板及名流富商们争相迎接贪官"荣归故里"——列队欢迎，鲜花簇拥，甚至欲以礼炮迎接；回家后门庭若市，其礼遇犹如英雄凯旋。

假新闻被充分享有舆论监督权的不少媒体广泛报道并转载，对相关当事人造成了伤害，对社会造成了不良的影响，也严重损害了新闻媒体的形象，破坏了舆论监督的公信力和权威性。

二、社会不良情绪难避免，但媒体不能当推手

虚假信息的制造和传播有一定的社会原因，很难杜绝。重要的是媒体应如何对待这类信息，是认真鉴别、小心求证，还是当推手。

在当今尽显开放的舆论场中，广大受众由于能力和地域所限，不可能接触所有第一手信息和资料，因此在繁杂的信息中陷入了"真相困境"：媒体报道的消息能尽信吗？如若不能，何种信息才是可靠可信的呢？在这种情况下，媒体应凭着理性精神、客观态度和进行专业调查等手段充分运用舆论监督权，拨

---

① 彭爱珍：《"创造条件让人民批评政府"传递的信号》，中国教育新闻网，http://www.jyb. cn/opinion/gnjy/201003/t20100308_344811. html，2010年3月8日。

开笼罩在消息事件上的迷雾，使事件真相浮出水面，给广大受众一个交代。

有些人在采取信访、上访等方式失效后，便会去找媒体曝光。由于这种方式有较好的效果，所以向媒体提供信息，期待通过媒体解决问题的人越来越多。其中不乏理性的信息提供者，但也有在提供信息时夸大其词，目的是尽快求得媒体和有关方面的重视，促使问题尽快解决的信息提供者。受了委屈的人言辞过激是可以理解的，但重要的是传播信息的媒体不能过激，要认真了解、细心分析当事人反映的情况是否属实。还有的是虚假信息散布者，他们中有的是道听途说，信以为真，于是发布到网上；有的则是对某人有意见，或者对某种社会现象不满，有意制造虚假信息。社会是复杂、多元的，尤其是在社会转型期更是这样。若媒体尤其是包括有些传统媒体及其办的新媒体也跟着起哄，就不正常了。如果没有媒体当推手，虚假信息、各种谣言也难以广为传播。

令人不可思议的是，虚假信息出来之后，有些媒体不加以核实和调查，还为不实信息的传播提供渠道，很快虚假信息就被炒得沸沸扬扬。如"侯伍杰出狱事件"，若断定它为真消息，不太可能，贪污受贿历来为人们所唾弃，一个从监牢假释出来的贪官为何受如此隆重欢迎；若断定其为假消息，理由似乎也不充分，消息中的"列队欢迎""鲜花簇拥""礼炮迎接"等词的运用的确给受众一种身临其境的现场感，难以怀疑写此消息之人没有眼见这一场景。然而，后经证实这确实是一则假消息。

三、社会责任和专业精神应贯穿于监督的全过程

对于网络上不实信息的传播，既需从制度层面进行规范，也需要通过培训、引导，提升全民的媒介素养。而媒体和媒体人自身要解决媒体监督中存在的问题，则应将社会责任和专业精神贯穿于监督的全过程。

只有具备良好社会责任的媒体，才会积极做好舆论监督；同时，在舆论监督的过程中也只有秉持社会责任，才能取得良好的监督效果。从 2013 年的两会报道就可以看出负责任媒体的良好表现。我们说的舆论监督不只是指批评报道，还包括对政府工作的议论。从这个角度来看，两会代表委员的议政、参政形成的舆论场是非常强大的，负责任的媒体都会以严肃认真的态度进行报道。比如，媒体在报道《国务院机构改革和职能转变方案》时，不只是报方案，还对人大代表审议的情况进行认真报道。围绕这个议题对过去机构设置、运行机制等方

面存在的问题，包括职能越位、缺位，职责交叉、权责脱节、争权诿责，机构重叠、人浮于事等进行了热议，使大家对机构改革和职能转变的必要性、紧迫性有了较充分的认识。但是也有网络媒体热衷于搞娱乐化、低俗化，使一些无聊的话题充斥其中。

媒体在舆论监督中履行社会责任应包括如下几方面。一是发挥"耳目"和"喉舌"功能作用。如果耳目不清，判断不准，老说错话、假话，"耳目"和"喉舌"功能丧失，哪能正确实施舆论监督？"耳目"和"喉舌"功能发挥好了，媒体一方面可以把国家的方针、政策传播到人民群众中去，使政策和决策内化为群众的行动；另一方面还可以把人民群众的呼声、愿望和诉求反映给政府，在政府和人民群众之间起到桥梁和纽带的作用。二是要成为真相的报道者和真理的捍卫者。普利策曾说："倘若一个国家是一条航行在大海上的船，新闻记者就是船头的瞭望者。他要在一望无际的海面上观察一切，审视海上的不测风云和浅滩暗礁，及时发出警报。"媒体人被比喻为"瞭望者"，就要敢于坚持真理，排除来自方方面面的不当干扰，将事件的真相呈现出来，决不当错误信息的传声筒。三是当好舆论的引导者。新闻传播的一个重要功能就是引导舆论。当似是而非的虚假信息传播的时候，大众一时真假难辨。负责任的媒体不仅不能做不良信息的推手，而且在这个时候更需要通过传播科学知识、披露事件真相，让民众从各类型的复杂的信息中得到最可靠、最权威、最有说服力的信息。

媒体要坚持舆论监督的客观性、公正性，需要有高度的专业精神。当消息繁多，真假、好坏难辨时，拥有良好媒介素养的媒体应遵循新闻理念，以专业调查来驱除笼罩在事件上的迷雾，使事件的来龙去脉浮出水面。其中要把握好"两个特点"和"两个方面要求"：

"两个特点"。一是明确监督公开性的特点，必须确保发布的新闻准确、可靠。舆论监督是公众通过新闻媒介来开展的，而新闻媒介是面向全社会的。舆论监督极具公开性的特点，它决定媒体要极其慎重地用好自己的监督权，其中最为重要的是要确保披露的细节完全真实。虚假的报道，不仅对当事人、当事单位是极大的伤害，也是对受众的极大不尊重。新闻报道的真实建立于新闻事实之上，媒体在进行报道之前，要倾听不同声音，提防主观好恶；应先对新闻事实的来源、内容、途径进行翔实的核查，做到真实、准确、可靠；不能以点带面，以偏概全，或合理想象任意拔高，更不能无中生有。前些年，华南虎事件中的主角周正龙用相机拍摄了一张年画上的华南虎，并对外称在陕西发现了华南虎，此事引发了巨大的舆论风波，其真实性受到了来自专家、自媒体人和传统媒体人的质疑，最终被证实此照片中的老虎来自一张年画。在澄清这一事件的过程中，网络媒体、传统媒体都积极寻找专家等进行认真细致的分析，终于弄清事件真相，给了民众一个交代。二是明确舆论监督传播的广泛性特点，让大多数民众看得明白。舆论监督的主体是广大人民群众，监督的事往往与公共利益有关，借助手段为新闻媒体，其主体、对象和媒介的广泛性决定了舆论监督效果的广泛性和影响的扩散性。因此，媒体必须要以贴近民众的态度，把事情说得明明白白，绝不能含糊不清。含糊的结果，必然会使事件的真相陷入迷雾之中。

"两个方面要求"。一是明确监督及时性的要求，快速澄清事实，以达到良好效果。新鲜、及时是新闻媒体进行新闻报道时的基本要求，新闻报道的及时性决定了舆论的形成速度和传播效果。对关系到事件真伪且又容易引发民众情绪波动的信息，媒体理应尽快介入，及时发布正确信息，消除不实信息的误导。二是明确舆论监督的客观性要求，客观、公正呈现信息，以理服人。客观性报道，既不歪曲事实，也不夸大或缩小事实，更杜绝恶意炒作，是一种新闻理念或是新闻写作技巧，是媒体人应具备的基本功。这里需要强调的是，媒体不能保持客观性，造成失实的原因是多方面的，其中之一就与名利诱惑、思想道德素质不过硬有关。在媒体不断深化改革的过程中，许多媒体都建立了与绩效挂钩的激励机制，有的媒体人图一时之利，为多发稿、快发稿，不加核实就动笔写稿；有的受社会不良风气的影响，甚至受社会不法人士的左右，被人利用当"枪手"。所以，媒体要坚持舆论监督的客观性、公正性，必须以良好的道德约束自己。

媒体和媒体人如果能够以高度的社会责任感、良好的职业道德和专业精神对待纷繁复杂的社会现象，能从"根"和"源头"上杜绝假新闻的出现，媒体的舆论监督也会向良性方向发展。

透视之二：
热点事件小心求证，网络信息谨慎"转发"

经常上微博的人，看到感兴趣的博文往往会转发，有的还要评论一番，但许多网民都曾有过错误转发的经历。有些不良的博文经转发后会引发舆论风波，造成不良的社会影响；如果再加上有评论支持一番，评论者便会进一步被推到风口浪尖，难以脱身。

2013 年 2 月，歌唱家李双江之子李天一涉嫌轮奸的消息，在社会上引起了比较大的反响。当人们正在反思这宗案件发生的原因和强烈要求对涉案者进行严肃处理时，微博实名认证为"音乐制作人、演员、歌手"的杜歌，爆出"李双江之子案女主角已经撤销控诉，并达成和解意向"。此博文立即引来众多博友的关注，并不断有人转发。当然，其中也不乏理性的质疑者。后来，此博文被证实是假消息，杜歌出面道歉，表示内容并非原创，而是转了一微信群的所谓爆料消息。不久，李天一等以涉嫌强奸罪被批捕，事实完全证明"撤诉""和解"纯属无稽之谈。"李双江之子案女主角已经撤销控诉，并达成和解意向"这一假消息，不仅对受害的"女主角"造成伤害，还由于李天一之父是名人、是公众人物，容易引发富有想象力的网民的诸多猜测，把涉案者家长卷入舆论风波中，也使人们对司法是否公正产生疑义。其不良的社会效应，显而易见。因此，对网络上传播的信息，切勿贪图一时之快，不加分析地随意转发，还是小心求证、谨慎"转发"为好！

"李双江之子案女主角已经撤销控诉，并达成和解意向"的假消息并非杜歌原创造假，而是转自微信群。客观地看，转发者并非故意或出于恶意。其实，许多转发不良信息的人也属于这种情况。要防止这种事情的发生，很重要的一点，就是要对互联网各种传播形态的特性进行认真细致的分析。当今的互联网是个自由、开放的空间，但不同传播形态的产品有不同的传播方式、传播范围和传播效果。网络等新媒体的传播肯定比传统媒体开放、自由，而微博比其之前出现的其他传播形态更开放、自由。然而，到了微信时代又有了新的变化。

微信的网友圈尤其是单独设立的某个方面的"群"，范围较小，有些甚至只是自己熟悉的朋友之间的交流，可称为"窃窃私语"。听到未加证实的信息，朋友之间以探求的口气聊聊无妨，但如果放到大范围的微博上去，影响就大了。即便在微信上聊，也要看你的"群"有多大。有的人喜欢广交朋友，其群体就会不断地扩大。在有众多朋友的圈子里谈论问题，已经超出了"窃窃私语"的范围。如果有人将不实的信息转出去，造成的影响就更大了。

对微博上的一些虚假信息，其实稍加分析就看得出来。对微博、微信上的信息小心求证、谨慎"转发"，是自媒体人对自己的行为负责，也是对社会负责。利用这一传播平台传播信息，可以达到某种目的。动机良好的、需要通过这种传播实现诉求的，博友们当然会支持。在现实中，这种"转发"的确帮助许多人摆脱了困境。正是看到了这种效果，因此在微博上有各种各样的求助信息，期待博友们帮助解决问题的博文也越来越多。出于对某种社会现象不满，想通过"转发"形成共鸣以伸张正义的博友也聚集在一起，这些都是正常的。然而，伴随而来的各种各样的角色也登场了：有的虽然需要得到帮助，但为了尽快得到博友的支持、转发，达到效果最大化，便着力夸大事实、拔高情节；有的为得到别人对其观点的认同，有意制造虚假信息进行误导；有的为了搞倒对手刻意编造信息，在"转发"中把别人搞臭。社会上的一些不法之徒，也利用新的传播技术诈骗，我们看到的"困境求助者"中就有这种人。社会是复杂、多元的，尤其是在当今的社会转型期更是这样，无论是专业媒体人还是自媒体人，都要保持清醒和洁身自好，切勿被不良动机者牵着鼻子走。

透视之三：
新闻媒体的"天职"与"不可为"
——评析从汶川地震到芦山地震的中国媒体报道

汶川地震时隔 5 年后，2013 年 4 月 20 日四川省雅安市芦山县发生 7.0 级地震。从汶川到芦山，中国新闻媒体再度奔赴地震灾区第一线。尽管外界对媒体有批判其"添乱"的声音，但媒体仍第一时间作出反应，抵达现场，彰显出新闻媒体的责任与义务。相较于汶川地震，中国媒体在芦山地震的报道中完成了一次新的跨越，媒体的专业操守和道德素养得以提升。我们有充足的理由对笼而统之的"添乱"论调说"不"，但认真总结现存的一些问题，对"可为"与"不可为"的方面进行分析，对媒体今后如何更成熟地进行灾害性新闻的报道是大有裨益的。

一、从汶川地震到芦山地震，媒体对灾害报道愈加成熟和专业化

芦山地震报道，比以往类似的灾害报道更趋完善，可谓是检验中国媒体报道理念与运作机制走向专业化的又一标尺。

2013 年 4 月 20 日 8 时 2 分，四川省雅安市芦山县发生 7.0 级地震。国内各大媒体纷纷以最快的速度派遣记者赶赴灾区一线，借助广播、电视、互联网、移动通信等方式，现场进行地震报道。网络上开始有"记者去灾区报道是添乱"的说法。随着各路媒体记者陆续抵达灾区，"记者不要去现场以免干扰救援"的观点不断出现。

面对质疑，媒体从业者开始通过互联网发声，在微博平台上给予回应。媒体人曹筠武撰写长微博评"跪求别添乱"一说，文中详述了《南方周末》多位记者在汶川地震中克服困难、独立报道，并无"添乱"的具体表现；媒体人左志坚撰写《记者去灾区不是"添乱"》一文，用个人 2008 年与 2010 年两次参与地震现场报道的亲身经历，证实"有些拥堵本来就存在，跟记者去没去没有关

系"，记者因发布信息而带来的社会资源要远胜于所谓的"挤占"的影响。

4 月 20 日 10 时许，央视新闻频道开始播出雅安地震特别报道，并取消全部广告，将原定播出节目全部变更为地震报道，共持续一天的时间。自当天下午起，央视一套与新闻频道并机直播地震特别报道；央视三套停播全部娱乐节目；央视四套播出地震特别节目。在中央级电视台的带动下，全国各省级卫视很快加入了报道地震灾情的电视直播大军。

各家报社也纷纷派遣文字、摄影记者赶赴芦山地震受灾一线，以最近的距离报道真实的灾区。传统媒体凭借其短时间内整合有效资源的媒体优势，第一时间跟踪灾区最新动态，以新闻报道的方式协助救援，为现场救援发布、传播"透明的信息"①。至此，国内新闻媒体全面进入地震报道状态，借助不同传播媒介分别呈现着灾区动态，这极有助于向公众传播灾区最新情况，掌握地震受灾程度，帮助灾民第一时间寻亲，全面调动社会各方资源参与救援行动。

当然，不同于 5 年前的汶川地震，此时此刻的中国新媒体早已经在灾难报道中占据重要位置，无时无刻不在"灾民的救援与安置、灾区物资的调配与发放、余震信息的传播与通报等方面"起到至关重要的作用。新媒体所带来的媒介变革，深刻作用于芦山地震的灾难报道中。"更快、更新、更丰富"——中国媒体在新闻现场切身感受着新媒体的无穷能量，又将其运用于灾难新闻报道的第一现场。在实践中积累经验、运用所得，可以说新媒体将中国媒体引入了灾难报道的新纪元。

总体评价中国媒体对芦山地震的灾难报道：信息发布快，内容丰富且全面，坚持"以人为本"的信念，体现人文关怀，体现人性的深刻性，自觉避免报道血腥与惨痛场面。芦山地震报道过程中体现出的多媒介报道方式和专业化报道特点，将沉淀为我国媒介发展的宝贵经验和精神财富，会对中国媒体未来的发展产生深远影响。

二、履行"天职"与避免"添乱"并行

灾难报道中，记者之首要使命就是报道灾情。以地震为例，如地震级别、危害程度、受灾人数、政府决策、救援安排、物资储备、慈善捐助、交通状况、

---

① 左志坚：《记者去灾区不是"添乱"》，FT 中文网，2013 年 4 月 22 日。

社会反应等，这些也是灾难报道的核心内容。其次是传播真实信息引导舆论。通过 5 年间对发生在我国境内的 3 次大地震的观察，凡是有诸如此类的大灾情发生，来自民间的谣言与假新闻屡见不鲜。因此，新闻媒体第一时间向社会公布关于灾区的透明信息，有利于阻止假新闻的散播；第一时间向公众发布关于灾情的准确信息，有助于各种谣言不攻自破。"第一时间"的争取与获得，使得新闻媒体在灾难报道中必须在"第一现场"（前往灾区是灾难报道的前提）。最后是协助救援。通过传播灾情及救灾状况，特别是披露急需救助的信息，以唤起救灾行动，提高救灾效率。

灾难难以预测，但灾难报道却可以有所计划，做好准备。经历过从汶川、玉树到芦山地震实战的考验与历练，中国媒体既要肯定成功的经验，也要寻找不足，以利未来之战。尽管我们的采写总体来说是帮忙而不是"添乱"，媒体人也不接受"添乱"的说法，但我们对于善意提醒还是要认真听取意见，并力求避免"添乱"行为的发生。

首先，媒体如何避免"添乱"。优先派遣具有丰富报道经验的文字和摄影记者，第一时间前往灾难现场；尽快联络相关权威专家在后方提供支援，做好专业性的顾问工作；及时掌握官方发布的最新动态，供后方报道团队向前方记者提供数据支持。

其次，记者如何避免"添乱"。尽可能准备充足，出发前，学习和借鉴日本等国在报道地震时所使用的新闻准则，尽可能备齐现场采访时可能用到的装备与工具。准备不仅是指报道的经验与技术，还有必要的物资储备与交通工具，如汽车、小型发电机等。

最后，记者要尽可能冷静克制和尽可能"忘我"。报道灾难事件，容易让有些急于表现的记者过度亢奋，这种状态难以保证报道的充分与扎实。因此记者要竭力克制情绪，释放与发泄都不要表现在客观报道中。至于尽可能"忘我"，是为了摈弃主观臆断，更客观地进行报道。"忘我"，就是要牢记新闻的主体绝不是报道者自身，不能将记者本身作为报道的主角甚至核心。只有"忘我"才能发觉身边的人性之美，维护尊严，保护隐私，少些预设的事例，多些突发的感动瞬间。

报道新闻事件是记者的使命，报道如地震之类的灾难事件更是新闻工作者应尽之事。然而，如何在灾难报道中履行"天职"而避免"添乱"，是值得新闻媒体思考的问题。

三、记者的"可为"与"不可为"

中山大学传播与设计学院张志安教授在一篇流传甚广的《去雅安记者准则》文中提到，去雅安的记者要做到"绝不因采访给救灾添乱"。他并没有说去发生灾害之地采访就是"添乱"，而是提出采访中应注意的问题，是理性的建议。

5 年间，3 次大地震为中华大地留下太多伤痛与遗憾。夹在伤痛与遗憾之间，中国的新闻媒体该如何为自己的表现打分，笔者认为，谈论记者的"天职"与"添乱"，还需要进一步明确记者在灾难报道现场的"可为"与"不可为"。

（一）可为志愿者

记者身处现场，协助救援有地缘上的优势，大多数记者在完成报道之余都曾担当灾区志愿者。双重身份合二为一，既为灾区减少了外来人员压力，也有助于全方面发挥记者的专业素养。在这种情况下，新闻媒体可通过及时发布信息来协助灾区救援资源的调配，从而使得民间公益组织发挥更多意想不到的作用。

（二）不可为煽动情绪者

通常灾难事件一出，谣言总是随着灾情发展而四处频传。此时，记者不但不可以乱转帖、乱评论，还应当及时通过实地调查与采访报道，对谣言进行阻击。本次芦山地震中，新闻媒体在这一方面表现甚佳，芦山地震以来的多条谣言往往在发生当天即被辟谣。对此，武汉大学沈阳教授称："这次谣言传播虽然具有闪速和广维度的特点，但权威媒体辟谣速度也很快，传播人群的层次有所提升。"① 正是新闻媒体在第一时间的有力阻击，才将谣言的负面影响降到最低。

---

① 沈小根、史鹏飞、付文：《舆情专家回顾芦山地震 7 天：阻止谣言速度须加快》，人民网，2013 年 4 月 27 日。

（三）可为监督者

发挥监督职能，始终是新闻媒体不容推卸的"天职"之一。监督社会舆论、监督救援执行力、监督资源调配、监督慈善机构捐款走向……这些都是记者在灾区行使监督权利的表现。新闻媒体应站在监督者的立场上来观察灾区、报道灾情，以专业化的操作方式做到监督的平衡，从而发挥其不可替代的社会作用。

（四）不可为新闻炮制者

汶川地震中，有媒体报道过一位用身体护住孩子的年轻母亲，孩子最终获救，母亲遇难。感人至深的细节是，母亲生前在手机上留下了一条写给孩子的短信："亲爱的宝贝，如果你能活着，一定要记住我爱你。"一时间，这条足以"感动中国"的新闻被人们广为传颂。然而，这条赚足了全国人民眼泪的新闻实际上是一条不实新闻。事实是，有网友受灾区群众自救事迹的感染，在自己的博客中虚构了这样一个故事，后经媒体以新闻形式爆炒，糊里糊涂就成了一篇感人至深的"新闻"了。这着实让人感到匪夷所思。①

（五）可为报道临时指挥者

按照操作惯例，总编辑是新闻报道的总策划。但当前方记者身处灾区现场，一切情况随机应变之时，事实却并非如此。中山大学传播与设计学院张志安教授曾撰文提到，"美国的主流报纸会对记者进行灾难报道的日常培训，一旦发生灾难后，第一个获悉信息的记者或编辑都可以成为临时指挥者，有经验的从业者可以及早开始分派任务，直至总编辑出现"②。因此，前方记者可在有效范围之内，充当灾难报道的临时指挥者，灵活调度，合理应对，从而极大提高报道效率，缩短发稿时间，争取更大传播效力。

（六）不可为新闻主角

在国际通行的新闻报道准则中，记者从来都不会是一则优秀新闻报道的主

① 王晓明：《炮制感人的假新闻就可以容忍么？》，《新闻记者》2008 年第 8 期。
② 张志安：《因为悲情，才更需要理性——由汶川地震谈灾难报道的理念与实践》，《南方传媒研究·第十三辑：灾难新闻》，广州：南方日报出版社，2008 年。

角。在报道之外，记者可依靠个人能力展现自己，从而获得人格的张力，获取最大的关注度。但从古至今，少见记者通过报道中对自身的刻画与包装，成为新闻的焦点。芦山地震中，一名穿婚纱报道震区灾情的女记者，自画面传播至互联网以来，迅速成为网络舆论的焦点人物。"最美女记者""最美新娘"，一时间各种称谓接踵而至。然而，关于记者"作秀"一说，也逐渐成为指责的主要呼声。穿着婚纱报道新闻，是否是敬业的表现，有待商榷，但既然选择面对镜头，就必须按照新闻报道的规则来完成使命。倘若情况紧急来不及卸妆，是否可以换套衣服，至少摘下婚纱上的头饰。所谓职业记者，首先要以报道新闻为己任，出镜也绝不能占据报道的核心位置。

总而言之，记者担当新闻主角，是新闻报道"作品与作者"的本末倒置。记者能亲赴灾难报道第一现场，是使命之光荣，是职业之幸事，是走向记者生涯制高点的捷径，"自我加冕"绝非成名之捷径。

2014 年

…… ……

年度重大传媒事件

一、《关于推动传统媒体和新兴媒体融合发展的指导意见》，舆论阵地领域的重要战略部署

事件回放：

2014 年 8 月 18 日，中央全面深化改革领导小组第四次会议审议通过了《关于推动传统媒体和新兴媒体融合发展的指导意见》。习近平总书记强调，要着力打造一批形态多样、手段先进、具有竞争力的新型主流媒体，建成几家拥有强大实力和传播力、公信力、影响力的新型媒体集团。

点评：

这是中央在舆论阵地领域作出的重要战略部署。这一不寻常的举动，彰显了国家高层重视通过媒体融合发展，重构国有媒体主流地位、提升传播影响力的决心。如果传统主流媒体介入新媒体领域不及时、不得法，将丢失话语权。国家打造新的舆论高地，传统媒体无论从社会责任还是自身生存发展考虑，都需要拓宽新的平台。传统媒体融合新媒体的转型势在必行。

二、新闻网站发放记者证，网络采编人员身份不再尴尬

事件回放：

2014 年 10 月 29 日，国家互联网信息办公室和国家新闻出版广电总局联合下发《关于在新闻网站核发新闻记者证的通知》，网站记者证颁发的范围为经国家互联网信息办公室批准的且取得互联网新闻信息服务许可一类资质并符合条件的新闻网站，包括中央地方重点新闻网站、全国性行业新闻网站等，数量逾 200 家。

点评：

正式推行新闻网站新闻记者证制度，虽是预料之中的理应之举，但网络媒

体人依然欢欣鼓舞，毕竟他们逾十年的期待实现了。有了国家管理部门认可的记者证，新闻网站采编人员因有采访权利却无合法身份而感到尴尬的状态至此结束。这与国家倡导的媒介融合意见一脉相承，是适应传媒格局变化的与时俱进之举。新闻网站可以以此为契机，抓好队伍建设，营造一支与互联网时代相适应的主流网络人才大军。

三、"澎湃新闻"上线，营造出了主流新媒体传播影响力

事件回放：

2014 年 7 月 22 日，上海报业集团成立后打造的重大项目"澎湃新闻"上线。澎湃新闻有网页、WAP、App 等一系列新媒体平台，主打时政新闻与思想分析，生产并聚合中文互联网世界中优质的时政思想类内容。"打虎记"反腐系列等作品，已在业内外产生比较大的影响力。

点评：

传统媒体融合新媒体转型主要受两个因素的驱动，一是为了在新的领域寻找传播影响力，二是为了获取良好效益。前者是根本目的，后者是支撑目标实现的物质力量。两者都做到了，融合才能真正成功。"澎湃新闻"已在传播影响力方面迈出了可喜的一步，期待在继续营造影响力的同时，在赢利模式方面进行积极的探索。传统媒体原有的运营模式不适合新媒体，应以互联网思维寻找商业模式。商业模式也不只是赢利的问题，其本身就包含了传播力。

四、新浪网总编辑陈彤辞职，融媒时代媒体人寻找更宽阔平台

事件回放：

2014 年 10 月 22 日，新浪执行副总裁、新浪网总编辑陈彤（微博名为"老沉"）在微博中宣布，由于个人原因辞职。他在发表的辞职感言中说："正是这样一个风云际会的时代，使我有幸参与了中国互联网的变革与进步，感谢！"

点评：

常听人说，传统媒体人辞职的不少。其实，新媒体人也在不断辞职。由于陈彤是中国互联网时代主管内容产品生产的标志性人物，他的辞职引起的社会反响自然不小。从现实来看，无论传统媒体人还是新媒体人都面临多种生存和

发展方式的挑战，有困境也有机遇，展现身手的平台愈来愈宽阔。无论往哪个方向走，大部分人与原来的职业素养相关，可看成是在新的岗位上的提升，是人才流动的正常现象。正如陈彤谈到他与新浪的情感时所说："我的脉搏仍将会随它一起跳动！未来是改变，不是告别。"

五、《新闻晚报》等停刊，纸媒结构性调整的举措

事件回放：

2014 年新年伊始，创立于 1999 年的原解放日报报业集团旗下的《新闻晚报》宣布停刊，它成为上海报业集团成立后首张休刊的报纸。随后，上海以及其他地方陆续出现一些报刊停办。

点评：

从表面上来看，《新闻晚报》停刊是行政力量起了很大作用，然而从报业大格局和报业的大环境来考量，也包含了市场因素。同城甚至同一家集团有多家同质化报纸不太正常。中国报刊太多，停掉一些报刊尤其是同质化的报刊属结构性调整。从立足全国的范围来看，《新闻晚报》的停刊，应是全国各地纸媒整合的开始。

六、《南方周末》等提价，"二次销售模式"遇上困境后的纸媒价值回归

事件回放：

2014 年，在报刊收订旺季到来的第四季度，《南方周末》每份价格由 3 元提至 5 元，成为中国最贵的报纸之一。其他地方和行业的相当一部分报刊也纷纷提价，出现多年来少有的提价潮。

点评：

纸媒长期以来靠广告维持生存，其经营模式就是"办出内容影响力，以影响力吸纳广告"。在新的环境下，曾推动纸媒快速发展的这种"二次销售模式"逐渐陷入了困境。当然，提价也不完全是为了摆脱困境，报纸的价值本来就被低估了，长期以来的低价运作不正常，提价应当作纸媒价值的回归。当然，提价也必须与纸媒品质提升相匹配，《南方周末》提价的同时在报纸形态和内容

方面进行了新一轮改革。

七、政府给传统主流媒体财政补贴，扶持不是回归老路

事件回放：

上海报业集团组建后，上海市财政局从 2014 年开始每年分别给予该集团下属的《解放日报》《文汇报》财政补助。接着，广东等地也给部分主流媒体发放财政补贴。

点评：

国家对走市场化道路比较艰难的主流媒体进行补贴，为的是确保其生存发展，维持其主流地位。值得警惕的是，补贴并不意味着回归"统收统支"的年代。媒体如果有了补贴就不思进取，或者管理者因为拨了款就无限制地强化"长官意志"，而不按新闻规律办报，那么造成的不良后果就不只是经济问题这么简单了，而是会失去受众和市场。失去了这两者，就等于失去主流媒体的地位，这便与政府对主流媒体经济扶持的初衷背道而驰了。

八、马航失联事件传播，说明微信勃兴后微博依然不可被替代

事件回放：

2014 年 3 月 8 日凌晨，马来西亚航空公司称，飞往北京的 MH370 航班与管制中心失去联系。3 月 24 日晚 10 点，马来西亚总理宣布，失联航班在南印度洋坠毁，机上无一人生还。飞机失联之后，网络上最早的一条权威消息由新浪微博用户"微天下"发布。此后，"央视新闻"和"人民网"微博跟进并发布。新浪微博对马航失联事件信息传播最快、最多，且始终呈现话题讨论热烈的状态。

点评：

勃兴中的微信被许多网民看成新闻到达率、分享率、传播效率较微博更高的平台，因此关于"微信取代微博"的声音也不绝于耳。然而，从历次重大事件后各平台的表现来看，微博仍是无法被其他平台替代的信息传递通道。在马航飞机失联事件中，微博更是成为获取、传递、辨别信息的主阵地。微博是更为开放的大广场，容易汇聚各类信息和各种观点。

九、《中国特产报》因新闻敲诈受惩处，新闻道德滑坡引发媒体人深思

事件回放：

2014 年 4 月 9 日，国家新闻出版广电总局通报了《中国特产报》新闻敲诈案。这家报纸通过发包专刊版从事有偿新闻活动，以"不给钱就曝光"为名要挟，还伪造申请材料为社会人员办理新闻记者证。这种新闻的敲诈目的性很强，报纸最终被停刊。

点评：

媒体职业操守的问题近些年呈现新的特点，从有偿新闻、有偿不闻到新闻敲诈，从个人行为发展到机构集体行为，从道德问题滑向犯罪深渊。从客观上来说，与传统媒体经营越来越困难和媒体人生存压力越来越大有关。随着媒体生态环境的变化，此类问题将变得愈加突出。然而，媒体人履行的是推进社会净化的神圣使命，经营的困境和媒体人生活的艰辛不应成为放弃新闻理想、抛弃道德底线的理由。

十、"东莞扫黄"报道引发热议，揭露社会丑陋现象的报道应把握好分寸

事件回放：

2014 年 2 月 9 日上午，央视对东莞市部分酒店经营色情业的情况进行了报道。此报道引发媒体人和社会方方面面的热议，产生的各类相关新闻近 10 万条。

点评：

客观地说，央视的报道对净化社会风气发挥了较好的作用。央视节目播放后的当天下午，东莞市委、市政府迅速召开会议，统一部署全市查处行动。9 月，东莞将扫黄纳入年度考核，涉黄单位一票否决。舆论反响如此热烈，也与多元社会多元观点的呈现有关。然而，各类媒体在报道中如何更好地把握分寸，也是值得注意的。从被人整理出并发在网上的直击东莞扫黄现场视频来看，有些镜头明显过于暴露。

十一、文章出轨事件传播，折射出纸媒内容供应商的尴尬

事件回放：

2014 年 3 月 28 日，《南都娱乐周刊》主编谢晓发布微博，暗指演员文章出轨。次日，该刊出品人陈朝华也发布微博，力挺杂志报道。3 月 31 日凌晨，文章登出婚外情道歉声明。当晚 10 点，文章点名叫板《南都娱乐周刊》。随后马伊琍父亲突然开通微博，不满《南都娱乐周刊》炒作。尽管 4 月 1 日下午 3 点左右，《南都娱乐周刊》在官方微博上发布声明否认"报私仇"的传闻，但依然被推向舆论的风口浪尖。

点评：

文章出轨事件炒得那么火热，网络平台是真正的推手，但它们没有招来舆论风险，却在幸灾乐祸中获取收益。作为内容传播供应商的纸媒《南都娱乐周刊》并未因此带来发行、广告的上升，却一度陷入舆论风波。两种反差，折射出新媒体时代纸媒内容供应商的尴尬。

传媒事件透视

透视关键词：纸媒休刊　媒体融合

透视之一：

　　纸媒休刊并非个案，务必完善退出机制
　　　　——从《新闻晚报》休刊说开去

　　2014年新年伊始，创立于1999年的原解放日报报业集团旗下的《新闻晚报》宣布休刊，它成为上海报业集团成立后首张休刊的报纸。尽管不算意外，但关系到人员的分流和对中国纸媒未来前景的影响，因此上海乃至整个报刊业界还是产生了震荡。

一、《新闻晚报》休刊是"偶然"中的"必然"

　　如果不是上海两大报业合并，《新闻晚报》休刊也许不会来得那么快。从这个角度来看，《新闻晚报》休刊有点"偶然"和"突然"。

　　上海两大报业合并之前，尽管业界对《新闻晚报》的经营困境有一些了解，但依然认为不会轻易休刊。这家报纸开办前期亏损比较大。2008年成立上海新闻晚报传媒有限公司之后，经营状况有所好转，主营业务亏损，但其他理财收入较好。就报纸自身而言，也得到了不少读者的认可。《新闻晚报》本身具有一定的影响力，如果拓展新的平台也许可以找到活路。许多媒体经营者都有不服输的精神，能撑下去就决不轻易放弃。因此，要是没有这次上海两大报业的合并行动,《新闻晚报》还会坚守。当然,能撑多久还得看最终能否找到出路。

有些人在探讨这一问题时,将《新闻晚报》的休刊,看成是"死"于行政力量之手,而非市场的作用。从表面上来看,《新闻晚报》休刊的确是行政力量起了很大作用,然而从报业大格局和报业大环境来考量,也包含了市场因素。这种"偶然"和"突然",其实也是"必然"的结果。我们看看都市类、晚报类报刊市场的变化,就可以看出这种"必然"。过去电视节目很少,更没有网络新闻,晚上看报成为很多人日常生活不可缺少的一部分,晚报因此应运而生。随着电视的普及以及报刊的多样化,受众选择余地越来越大,晚上并非一定要看晚报了。20 世纪 90 年代中后期,晚报已开始着手改为早上出版,比如《齐鲁晚报》就于 1998 年改为早上出版。到了 21 世纪初,全国的 147 家晚报绝大多数改为在早晨发行。这些晚报其实与早上出版的都市报的定位几乎一样,即便是仍在坚守的《北京晚报》《新民晚报》《羊城晚报》《扬子晚报》等,除了时差之外,也说不上与都市报有多少差别。一些受众已淡忘了当年的"晚报风格",把都市报、晚报都统归为都市类媒体,其目标读者都是城市市民,尤其是特定区域的中心城市市民。像广东的《南方都市报》《新快报》《信息时报》三家都市类媒体,都与《羊城晚报》一样,主攻广州乃至城市化进程快的珠三角发达地区,报纸内容是综合性的,可看作是城市区域的综合类媒体。报纸有点竞争才能创新发展,但中国许多城市同城有几家同质报纸在竞争,就有点不正常了。从中国报刊太多尤其是同质化报纸太多的现实,以及市场竞争法则的要求来看,停掉一些报刊当属正常。

从上海报业的状况来看,晚报、都市类的报纸有好几家,没有竞争力的报刊消失,同质化报纸在整合中退出,有其必然性。《新民晚报》与《新闻晚报》只有一字之差,从双方关注的内容来看不能说没有差别,但并没有明显差异。上海原本的两大报业集团谁也不甘示弱,不会主动将同质化的报刊停下来,除非已经到了完全活不下去的时候才会罢休。如今上海报业的两大集团合并了,情况就不同了。当分属不同单位管时,那是与他人"打架";现在两大报业合并后变成由一个"婆婆"管辖,如果同时存在,那是兄弟"打架",集团肯定不愿看到这种现象。《新闻晚报》与《新民晚报》间谁更该保留,这几乎不用去探讨。这两家报纸完全不是在同一个层次上。《新民晚报》创办时间早,不仅在上海而且在全国都有社会影响力,发行量和经济效益曾位居全国晚报之首。

虽然现在经济效益不如以前好，但依然能生存下去。相比之下，《新闻晚报》在全国几乎没有影响力，在上海虽然占有了一定的市场份额，但经营比较困难，尤其是报纸自身的主营业务长期亏损。按照"优胜劣汰"的法则，保"新民"舍"新闻"也就顺理成章了。

二、各地的报刊整合会持续下去

有人曾担心，把《新闻晚报》停了，没有一点竞争未必是好事。《新民晚报》《新闻早报》《东方早报》不也是综合类的都市类媒体吗？还有外来的一些都市类媒体。停了《新闻晚报》，上海报纸之间的竞争依然存在。允许这种竞争存在，也应各自发挥自己的优势，尽量办出差异，而不是越来越趋同。如果趋同了，还会有休刊的吗？完全有这个可能。如果从全国的范围来看，《新闻晚报》的"突然"休刊，应是全国各地报纸整合的开始。这不只是前面所说的同质化的问题，很大程度上与新媒体的挑战有关。

诚然，报纸作为一种在许多受众中根深蒂固的传播形态并不会像一些人说的那么快消亡，从中国的国情来看，会有更长远的日子。但报纸发行和经营效益的下滑，是无法回避的现实。从目前的经营情况来看，纸媒的"二次售卖"模式仍在艰难延续，也就是说第一次亏本卖出获取影响力之后，再通过获取客户投放的广告赢利。没有较丰厚的广告，报纸很难生存。然而，各种新的传播手段的出现，却抢夺了不少广告，像百度这种既通过"竞价排名"为消费者提供搜索服务，又使商家能够精准投放广告的互联网企业，其广告收入已有非常惊人的增长。2012 年百度广告收入达 222.46 亿元，比上一年增长 53.5%。有一家美容院的总经理告诉笔者，其美容院已将广告总量的 50% 投放给百度。即便像腾讯这样的不是主要靠广告投放赢利的互联网企业，2012 年的网络广告收入也达到 33.823 亿元，远远超过任何一家报纸的广告收入，比上一年增长 69.8%。与此相反，纸媒的广告收入却在下跌，各种传播手段的出现分薄了报纸的广告收入已是不争的事实。当然，纸媒可以通过改革创新求生存、求发展，比如，报纸可以在介入新媒体的转型中获得效益，或者开展多元经营以产业养报纸。一系列的突围之路，会使报纸生存下来，有的还会继续发展。但是，我们只要冷静思考就可以看到，这种突围之路是非常艰难的，基础较好、创新能力强的报纸做到了，不少报纸却无法做到。在这样的背景下，我们说新媒体的冲击会导致一批报刊关掉是有一定道理的。如果没有新媒体的挑战，也许会多容纳几家媒体包括同质化媒体的存在。

从国家管理部门的思路来看，也值得我们关注。国家相关部门早些年就对刊号严格管理，实行总量控制。这也是看到了报纸既然已经没有足够大的市场，就不应该让其盲目发展。原国家新闻出版总署也曾反复强调打造一批报业旗舰，这也会促成一些有影响力的龙头报业将一些报纸兼并，尤其是将一些同质的竞争对手兼并、消化。部分报刊休刊，大势所趋。

三、需有风险意识，务必完善退出机制

报业原来是一个阳光产业，蒸蒸日上，从业人员可以说是无后顾之忧。《新闻晚报》的休刊再次发出一个信号，"一报定终身"的局面将被打破，报业从业人员需要有心理准备，报业经营者也要有风险意识，完善相关的机制。

（一）报业从业人员要努力将自己培养成为适应新媒体时代发展趋势的人才

继续从事纸媒采编业务，要针对新媒体的挑战改革创新，做出报纸的特色。转型做新媒体，除了需坚守新闻理念，还必须在掌握新技术的过程中培育技术理念。媒体环境和媒体技术变化太快，报业从业人员要提升持续学习的能力，以适应新形势的变化。当然，如能将自己培养成为复合型人才则更佳。

（二）报业单位需建立利益共同体，完善各种保障制度

媒体单位在我国具有特殊的行业性质，而且随着政治社会生态环境的变化，管理方式也在不断变化中。在改革开放前的计划经济年代，报纸完全是事业单位的属性，如果是机关报更是按照党政机关的规定来管理。改革开放以后，媒体除了事业单位的属性，还有企业的属性，绝大多数媒体单位自负盈亏，相对应的用工机制已有极大的灵活性，聘用人员已占了大多数。目前，报业的现实情况是，许多纸媒依然执行着"事业单位，企业化管理"的体制，也就是说在许多方面依然参照公务员、事业单位的各项管理制度，而在经营上几乎是自负盈亏。这种"特殊"的身份，使不少报业从业人员既非传统意义上的靠财政支撑的事业单位员工，又没有完全按企业建立相关的保障体系给予保障。有的地方同一个单位用工制度也多样化，有的人员享受着比较好的保障，有的却有很

大的后顾之忧。可以预料，今后类似《新闻晚报》的报刊休刊会不断发生，即便不休刊也有人才流动的问题，矛盾和纠纷会不断发生。在完善社会保障制度的过程中，媒体的这一状况必须得到相关部门的足够重视。作为媒体单位要以对媒体人高度负责任的态度，根据国家有关规定，严格签好劳动合同，完善社保、医保等方面的制度。媒体关闭时须按国家的有关制度和本单位合同规定进行人员分流和补偿。

（三）积极应对的办法是拓展多元的平台，人员尽量内部分流、消化

报纸停刊后，人员分流肯定是个大问题。年轻的人员还有机会跳槽到其他报业或新媒体等行业，年纪稍大一点或技术专长欠缺者，再就业难度就大了。因此，从长远来看，媒体应开展多元经营，给员工拓展更多的平台和发展空间。解放日报报业集团和文汇新民联合报业集团是上海最大的两家报业集团，上海市场上绝大多数报纸都归属于这两大集团旗下。他们经营的主要报纸有《解放日报》《文汇报》《新民晚报》《东方早报》《外滩画报》《新闻晨报》《申江服务导报》等，而且也已有了往新媒体转型的平台。因此，在《新闻晚报》休刊的同时，上海报业集团的一些媒体包括新媒体已启动招聘广告，有些编辑记者已经开始报名在内部分流。如果许多员工能在集团内部通过全员竞聘，重新确定岗位，就不会引起太大的震荡。

透视之二：

纸媒核心竞争力重构的思考

新媒体的迅猛发展以及与传统媒体之间的激烈竞争使纸媒陷入了困境，上海《新闻晚报》于 2014 年正式休刊后，更是在业界掀起了波澜，引发讨论。纸媒同质化日益突出，无论出于主动抑或被动，在数量上做减法是必要的。问题是究竟让谁退出，纸媒原有的核心竞争力发生了哪些变化，新时期纸媒的核心竞争力如何营造？

一、在"内容为王"时代纸媒以内容创新为核心竞争力

维亚康姆集团总裁曾说过："观众真正想看的还是那些在传送系统上播放的东西，而不是电视台和传送设备本身。"不论是传统媒体时代，还是传统媒体与新媒体共存的新媒体时代，"内容"的地位和重要性是不容忽视的。在大众传播领域中，传播内容作为一个独立的对象和领域进入众多传播学者的研究视野中。

"内容为王"在媒介经营中占有重要地位。纸媒的二次销售法则，就是以内容为基础的。纸媒先把内容经营好，然后以低于内容生产成本的价格卖给读者，获得受众注意力，构成媒介的第一次销售。这次销售实际上就是通过引发受众的广泛关注，扩大纸媒的影响力，进而调动广告主投放广告的欲望，使纸媒获得利润，构成媒介的第二次销售。媒介的利润主要集中在第二次销售环节，而以高品质的内容激发受众注意力和提高媒介影响力是销售得以成功的关键。要想获得受众注意力，提高媒介影响力，必须生产出符合受众期待、满足受众需求的内容，因此内容的生产质量直接影响媒介的生存和发展。

新媒体到来之前，纸媒的竞争就是围绕内容创新而展开的，包括经营好副刊和社会新闻、扩版丰富报纸内容、开辟报料热线抢发独家新闻等等。好报道和品牌报纸的出现，无不与内容创新相关。尽管一个中心城市有好几家综合类

的纸媒和其他的专业类纸媒，但由于大家在内容创新方面各有自己的特点，因此各闯出了一片天地。比如，广州地区已有综合类的《南方日报》《广州日报》，但 1981 年《羊城晚报》复刊后，不跟随已有纸媒的办报风格，在言论方面独树一帜，在第一版开设了个人署名的"街谈巷议"专栏，短小精悍，有的放矢。《羊城晚报》"花地"和"晚会"专栏以"名、新、杂"三字为原则，进行副刊改革。经此改革，《羊城晚报》迅速占领市场，成为广东当时最抢手的报纸。20 世纪 90 年代中后期创办的《南方都市报》，以其新锐的内容、版式形态呈现在读者面前。类似孙志刚案这样的独家报道，把《南方都市报》的影响力推上了巅峰。而《南方周末》能维持那么长久的影响力和得到众多读者的追捧，靠的是它独到的见解和有深度的内容。

内容营造影响力，影响力带来纸媒良好的经营效益——这是信息传播不特别发达的年代纸媒营销的普遍现象。围绕"内容为王"的创新，曾是纸媒实实在在的核心竞争力。

二、信息传播快速的年代，纸媒不囿于"内容为王"，而以新的运营模式进行差异化经营得以生存发展

随着报刊越来越多、广播电视的普及以及信息传播的越来越便利，纸媒"内容为王"的地位受到挑战。如果纸媒只把眼光集中在内容创新上，其将陷入困境，必须有包括运营等方面的创新才能找到出路。

在广州同城市场，《南方日报》《广州日报》《羊城晚报》三大报业竞争异常激烈。在大家都难抢到独家新闻、纸媒同质化愈来愈严重的态势下，《广州日报》不囿于"内容为王"的思路，实施了营销创新的奇招。当大家都把注意力集中在内容创新上时，他们针对邮局"报信同时派送"影响纸媒发行时效之弊，以及广州人喜欢喝早茶的特点，提出"出好报不如出早报""广州日报比太阳还早"的口号。他们在广州地区率先自办发行，一大早将报纸送到报刊亭、茶楼酒家、家庭用户和各机关、企事业单位，其发行量和广告量大增。《广州日报》的成功是营销思路创新的典型。"渠道营销"创新，使其实现了新的突破。取得良好的经营效益后，《广州日报》又大规模扩版，丰富新闻内容，也就是通过迂回战术又回到"内容为王"的轨道上来。面对广州日报报业的崛起，南方报业提出媒体多品牌战略应对，创立"报系"概念，组建"南方周末报系"

"南方都市报报系"和"21 世纪经济报道报系"三大报系，实施"龙生龙，凤生凤"的滚动发展模式。

综上所述，在竞争环境发生大变化的态势下，纸媒原有的单一"内容为王"的竞争已经无法适应，必须辅以其他竞争手段。

三、进入全媒体信息大爆炸时代，纸媒应将强化自身的"用户黏度"作为核心竞争力才能在困境中突围

进入新媒体时代，信息大爆炸被推向了高峰。纸媒的同质化竞争愈加激烈，不只是内容的同质竞争，而且运营模式也在互相模仿；不只是传统媒体兄弟的竞争，更为严峻的是新媒体对传统纸媒的挑战。原有的"内容为王"的核心竞争力正在消减，必须适应互联网时代的变化，营造新的核心竞争力，在转型中让纸媒及其办的新媒体赢得生机。

既然看到了新媒体的挑战，而且纸媒也在强调往新媒体转型，那么纸媒经营者就得看看互联网究竟是怎么运营的。做得好的互联网站往往是"用户黏度"极高的网站，纸媒可借鉴它们的理念打造新时期的核心竞争力。纸媒要将原来的"读者观念"转变为"用户观念"，并改变企图把各类受众都争取的做法，切实从自身的受众定位出发，"粘黏"自身的用户群。纸媒及其办的新媒体有各自的"粘黏"用户，才能避免因互相恶战而走入死胡同。

这里以腾讯为例，分析一下它的营销方式和经营理念。创立于 1998 年 11 月的腾讯，其不断推出的新项目一直坚持以用户价值为依归的经营理念，以很强的粘黏度把用户吸纳在身边，实现良性、快速发展。在现实中，我们可以看到大部分网民无法接受付费信息，有的电子报由于收费致使大批受众不再收看，继而转向其他产品。在这样一个大环境下，腾讯既有免费产品，也有不少产品和服务是收费的。腾讯的策略就是先免费为用户贴心服务，当用户需要特殊的个性化服务时才开始收费。马化腾曾说："只有抓住用户的心，企业才有生命力。"无论是在产品设计、口碑树立还是运营管理等方面，用户需求都是其第一出发点。以微博、博客、播客、微信等为代表的新媒体，从内容创建的角度看，已突破了单纯的"内容阅读和欣赏"，而是"产品使用"。产品使用具有实用价值，在单纯的内容阅读和欣赏之外增添了吸引广大受众和用户的附加值，以独特的产品魅力吸引了大批用户，即某一种技术、产品、服务的使用者，且能依

靠产品附加值有效凝聚用户，形成品牌忠诚度和用户黏度。同样是做新媒体，为什么许多纸媒办的新媒体用户不喜欢，一旦收费就撤离，而对腾讯等却不离不弃，并心甘情愿付费？互联网上的受众不是传统纸媒习惯叫的读者，而是用户。"得用户者得天下"——腾讯快速占领地盘获取良好利润就印证了这一点。

媒介各自拥有自己与其他媒介不同的特质，腾讯等互联网企业的具体经验未必就能适合纸媒，但"用户理念"是可以借鉴的。纸媒无论是继续做传统报纸，还是延伸到新媒体领域，都要确立用户观念。在这个问题上有两点需注意：纸媒对外的共同应对和纸媒内部各自的不同应对。

其一，纸媒面对外部新媒体的共同应对。就继续做报纸而言，传统纸媒不可简单按原有的思维方式去理解"内容为王"，而应该站在受众的角度和立场做好内容。在网络信息大爆炸的环境下，受众不缺一般的信息，而是更关注专业的内容和分析。纸媒有专业的采编队伍，应以更专业的精神挖掘真实可靠的材料，在舆论沸沸扬扬的时候，以自己独有的视角、独到的观点将内容呈现在受众面前，提升内容品质，扩充产品的价值，以有高度、有深度的报道及言论吸引受众。至于纸媒介入新媒体，无论是与新媒体的互动，还是创办新媒体产品，则更应该强化用户观念。当然内容价值依然非常重要，但内容"为"王不应是"唯"王，应该从内容到渠道、从技术到服务等多方面多环节进行创新，方方面面考虑用户的需求和期待，抓住用户的心，形成用户黏度，铸造纸媒的核心竞争力。

其二，纸媒内部面对自身兄弟的不同应对。不同纸媒根据自己的特性和竞争环境，确立自己的用户之路。思考哪些群体是我的目标用户，这些用户真正的需求是什么，如何来满足用户的需求和期待？纸媒尤其是同城的综合类纸媒，容易同质化。如果能改变过去什么读者都想争取的泛大众化的做法，各家都从实际出发，确定纸媒及其创办的新媒体自身要争取的用户群，坚持"用户至上"，从内容到运营模式都围绕着提升用户黏度来做，就能在困境中找到突围之路。

透视之三：
传统媒体转型艰难，但势在必行

互联网的强大传播力给传统媒体带来机遇，也造成困扰。无论从机遇和困扰并存的生存状况，还是从国家占领舆论制高点的角度看，传统媒体转型都势在必行。习近平总书记于 2014 年 8 月 18 日主持召开中央全面深化改革领导小组第四次会议，审议通过了《关于推动传统媒体和新兴媒体融合发展的指导意见》，这是从国家层面推动传统媒体与新兴媒体融合转型的强烈信号。

一、转型动因：自身生存与国家使命

长期以来，传统媒体是我们国家的重要舆论阵地，尤其是党委机关报、广播、电视，更是国家主管部门确认的主流媒体。然而，进入互联网时代之后，党和政府直接控制的主流媒体出现弱化现象，网络上的各类传播平台随时随地将信息送达用户，足量的信息已到了让用户眼花缭乱的地步。良好的体验及用户可多渠道与他人互动局面的形成，逐渐使传统媒体受众的注意力旁移到新的传播平台上。早在 2003 年，中国人民大学喻国明教授就提出："中国的传统媒体处在拐点，面临转型。"2005 年京华时报社社长吴海明进一步将"纸媒拐点论"具体化，认为中国报业已进入严冬。许多传统媒体人起初不以为然，因为现实与论断往往会有时间差，尔后的几年纸媒并未出现明显的拐点，有的甚至还继续风光了七八年。直至近几年，新的传播形态以更多样化、更快的速度发展，传统媒体中的很多人才深切感受到报业危机的来临。面对传统媒体的萎缩，又有人将 2012 年说成是拐点的真正到来。拐点的时间点姑且不论，客观地说，纸媒越来越困难却是事实，广播、电视亦然。

传统媒体陷入困境，应从两个方面来考量。其一，内容传播影响力的困境。传统纸媒的发行量在下滑，有的主流媒体在"动员令"下的订阅量可能上升，但实际读报时间和传阅率在下跌，过去那种"一家机构或一人订报，众人阅

读"的局面已不复存在。其二，赢利能力的困境。传统媒体延续多年的"内容做出影响力，用影响力带动广告"的二次销售模式受到严峻挑战。由于自身平台传播影响力下降，拉动广告的力度当然变弱了。这只是问题的一个方面，更为重要的是新的传播手段越来越多，有的传播手段比传统媒体推介产品更精准，服务更周到。客户旁移，必然分薄了传统媒体的广告蛋糕。大多数的传统媒体经营都比较单一，对广告的依赖度极高，陷入经营困境是必然的。

各级政府一直支持传统媒体坚守，起初对推动传统媒体往新媒体的转型不太在意，后来也慢慢发生变化。现在不只是推动传统媒体转型的问题，政府自身也积极利用和参与到新的传播平台中。各级政府的信息发布，从原本的单纯传统媒体渠道变成多渠道利用新的传播平台，从政府网站进行政务信息发布、晒出"三公"经费、公布便民服务项目，到直面网民的微博、微信开通，与民众互动，化解舆论危机。各种新的传播平台上，已可以看到政府的身影。比如，"公安部打四黑除四害"微博于 2011 年 8 月 28 日分别在新浪和腾讯开通，三周年当天即 2014 年 8 月 28 日，笔者从新浪微博上查到其三年来发出的微博有16 000多条，粉丝量已超 1 000 万。尽管传统媒体也办新媒体，在政府部门心目中也是主流媒体，但大多并未做强做大。于是出现了这样的尴尬：有些地方政府冷落自己掌控的新媒体，而热衷于在商业互联网的平台上寻找传播阵地。这也不奇怪：发布信息的目的就是要扩大影响力，谁有影响力就会找谁。然而，如果国有媒体办的新媒体总处于落后状态，无论对媒体业界还是政府来说，都是一块心病。正因为传统媒体融合新媒体的转型不只关乎传媒业界的生存发展，也涉及国家是否占领舆论制高点的重大问题，于是就有了《关于推动传统媒体和新兴媒体融合发展的指导意见》的出台，传统媒体融合新媒体转型的话题从来没有像今天这样热门起来。

传统媒体中最为重要的是国家管理部门认定的主流媒体，也就是党委机关报、广播、电视。这些媒体都由各级党委、政府直接掌控，具有优越的政治地位并享受政府特殊资源的待遇；从话语角度看，也与党和国家的重大决策保持一致，承担传播主流社会正能量的责任。因此，党委和政府毫无疑义地把这些媒体当作主流媒体。在新兴媒体尚未到来之前，民众了解信息主要从报刊、广播、电视中获取，那样的背景下，注定了党委机关报、广播、电视不仅在官方管理部门的视野中，而且在民众的心目中都是主流媒体。进入全媒体时代之后，主流媒体的判断标准变得复杂了。当商业门户网站设置的一个平台拥有几百万、几千万甚至几个亿用户时，你还能说人家不是主流媒体吗？从管理者的角度看可以不承认它是主流媒体，但传统媒体的传播力已被覆盖，原有的主流地位受到严峻挑战是残酷的现实。传统媒体尤其是主流媒体应该有危机感，消极地"严防死守"原有的阵地是没有出路的，应在融合新媒体中拓宽传播平台。新领域有强大的传播影响力，这才是真主流。

二、"不转等死，早转早死"的困境是怎样产生的

传媒业界和学界流行着这样一句话："不转等死，早转早死。"这并非只是调侃，现实中已有不少这样的案例。

不主动转型，诚然是一种消极的做法，等到原有的传播形态难以支撑时再去转型就会很被动。然而，从这些年融合新媒体转型的案例看，成功的案例很少，即便较好的也只是相对而言罢了。我们一谈到传统媒体，闭着眼睛都可以说上几家有影响力的，但传统媒体办的新媒体哪怕瞪大眼睛也很难找到有影响力的，尤其是影响力下形成的市场模式、赢利模式更难觅见。

传统纸媒在往新媒体融合转型的过程中，开始仅停留在将纸媒的元素移植到网上，或者在网上简单地将新媒体的元素生搬硬套过来。最早出现的就是报网融合互动，主要表现为三种形式：一是电子版将报纸的内容照搬到网络上；二是将电子版升级为数字报，即报纸网站，网站内容相比报纸内容更加即时；三是报业集团内的多家报刊联合组建信息平台，打造区域性新闻网站。然而，经营机构巨额的投入却未得到有效回报。《人民日报》数字报从收费到取消收费的过程，折射出中国报纸数字化赢利模式的困境。不少新闻机构的实践表明，新媒体从免费到收费之后，用户流失达98%。

传统媒体介入新媒体的赢利模式一开始就陷入了困境。传统媒体的"内容做出影响力，用影响力带动广告"的二次营销模式，几乎都照搬到了新的领域。传统媒体完全依赖这种模式已出现困难，新媒体再接过来更是水土不服。

在国外，靠内容影响力得以发展的新媒体有案例，比如英国《金融时报》。《金融时报》介入的新媒体分免费阅读和付费阅读两种，并以此设立付费墙。2012年上半年之前，《金融时报》网络付费订阅量与纸质版订阅量差不多，6月份之后网络订阅量超过纸质版订阅量；到了2013年第二季度，其网络版订阅达343 408份，比纸质版发行量多10万份。网络的付费订阅超过纸质的订阅，这

应该成为介质转型的一个重要量化标准。对于这种转型运营模式的成功，曾任《金融时报》中文网总编辑的张力奋这样描述："传统报业是以广告驱动为赢利模式，当时我们就做了这样的选择。我们必须在新媒体的生态下，将我们的整个结构尽快从销售广告到销售内容转变，重新建立一种新的内容赢利模式。广告销售已经退居到第二位。"也就是说，他们不再坚守原有的二次销售模式。然而，关键的问题是用户为什么愿意付费？这是因为《金融时报》的内容品牌影响力。我们的许多报刊也称为品牌媒体，之所以出现收费就把用户赶走的困局，说到底其实还是品牌价值有限，报刊同质化严重。像《金融时报》那样，受众对内容到了不离不弃的程度很不容易做到。在西方国家除了《金融时报》，还有《华尔街日报》《纽约时报》和《泰晤士报》等取得了成功，但总体成功的案例不多。其实，他们都还在探索中，未来怎么样还说不准。不管怎样探索，首先要确立新的理念，即具有互联网思维的理念和运营模式。其实不少互联网企业也经历过经营的痛苦折磨，如果网易等不是进军网游业，将许多用户吸纳在身边，至今也许是惨淡经营或者倒闭。

强大的互联网公司长期实践积累的互联网思维、理念，是支撑它们长远发展的基础。传统媒体介入新媒体，必须先确立新思维、新理念。传统媒体的服务对象，报纸叫读者，电视叫观众。媒体机构提供什么就读什么、看什么，服务对象始终是比较被动的。互联网面对的对象叫作用户，以用户需求为中心，先让用户免费体验，让受众变成参众。用户在使用和参与中找到了自己的价值，一旦激发了兴奋点，就会有特殊服务的要求，这就要收费了。增值服务正是不少先免费为用户服务的互联网公司赚钱的门路之一，比如腾讯 QQ 免费，用户在使用中会被红钻、黄钻等吸引住，超级会员、QQ 秀、大型网游、道具等收费项目应运而生。我们从中可以看到它们的经营理念：吸纳流量，做旺人气，"我为人人，人人为我"（我为每个人服务，人人帮我赚钱）。无论是免费还是收费，都在为用户创造价值，用户自然紧紧黏住这些平台。产品黏住用户，用户不断升级的需求反过来驱动产品，形成良性循环。

我们的传统媒体经常讲"内容"，而互联网思维是"产品"，即便有强烈内容色彩的也叫"内容产品"。传统媒体介入新媒体的转型如果不按照互联网的思维方式去运营就很难成功。

三、成功的路径在哪里

传统媒体融合新媒体的转型怎样才算成功？成功的路径应该是怎样的？这是转型中十分现实的问题。

衡量传统媒体介入新媒体的转型是否成功，至少有两个方面是不能忽略的。其一，形成强大的传播影响力。这是国家和人民赋予媒体的职责，也是有理想的新闻人追逐的目标。如果转型后的媒体传播力极弱，国家还要这些国有媒体干什么；同样，如果做不出影响力，新闻人激情消减就会纷纷跳槽转行。所以，营造传播影响力始终是传统纸媒转型的题中应有之义。不只是从纵向看自身的影响力有无增强，更为重要的是要与那些传播力极强的商业门户网站对比。如果国有媒体始终无法盖过商业门户网站的影响力，它们在公众心目中的主流地位就会大打折扣。其二，找到支撑媒体转型的商业模式，也就是赢利模式。媒体不管往哪里转型，要生存和发展就必须有起码的物质基础作保障。如果找不到赢利模式，就不可能进行有效的资本运作，没有足够的资金也很难吸引人才和进行技术改造。没有一支新兴的具有互联网思维的人才队伍，没有强大的技术平台，抢占舆论制高点只能是一句空话。

至于路径问题，目前可以说没有固定的模式，大家都在探索中。如果从体制、机制的创新来看，有内生型和外生型两种转型的路径。

一条路径是继续保持传统意义上媒体属性的转型，可称为内生型转型。比如，南方报业传媒集团下属的《南方都市报》全媒体集群，它们设想对业务流程进行全面的升级改造。其先从集成平台入手，把各种方式采集的资讯集中在统一平台之上，完成对资讯的调配、组合；然后通过各种介质传播，派生出多种满足不同用户需求的资讯产品，最大化利用资讯。提出"建立全媒体的生产能力、形成全介质的传播能力、提高全方位的经营能力"，目标是"建立现代型信息集成商、全媒体数字信息运营商、媒体和信息的混合运营商"。《南方都市报》的这种内生型转型，希望从内部流程改造开始，通过技术手段倒逼工作习惯的改变，从理论上来说是一种设计相对完美的转型，但自我的改变总是非常痛苦和艰难的事，涉及整个治理结构的调整和现有利益格局的彻底打破。这种转型有一个非常重要的前提条件，那就是体制、机制要适应市场化转型。

另一条路径是以浙江日报报业集团为代表的泛媒体转型，可称为外生型转型。浙报集团启动新媒体创业孵化基地"传媒梦工场"，实行为期 5 年的全媒体战略行动计划，收购属于泛媒体范畴的游戏平台。与此相配套，浙报集团完成了经营性资产整体上市，从媒体经营向资本经营转变，适时提出了"传媒控制资本、资本壮大传媒"的发展理念。浙报集团的这种外生型转型，属于在原有流程之外重起炉灶，起用新人做事，然后倒逼传统流程的改造。由于游戏用户群非常大，介入游戏能把传统媒体即将流失的用户留在身边并将已流失的用户请回来，且不断发展壮大，然后通过一定方式提供新闻信息，比如边锋互联网电视盒子、云端悦读、边锋新闻专区、新闻弹窗等。当然，除此之外，它在介入其他的新媒体中，也有新的理念。至 2014 年，它有新媒体产品 200 个，核心圈、紧密圈 20 个，计划三年内新媒体产品发展到 500 个，其中核心圈、紧密圈 100 个。浙报集团这种创新，一方面会在介入的新媒体中找到传播影响力，获取经济效益；另一方面有了资金也可反哺传统媒体的发展。这种拐个弯做强做大媒体的创新，与国家强调的传统媒体融合新媒体的转型方向是一致的。当然各地、各类机构的情况千差万别，必须依据自己的实际和客观条件寻找转型之路。

透视之四：
以互联网思维的商业模式做强媒体

2014 年，传统媒体与新媒体融合话题因《关于推动传统媒体和新兴媒体融合发展的指导意见》出台而变得更热门起来。综观这些年传统媒体融合转型的结果可知，其面临的最大困境之一就是商业模式问题。从国家出台的意见来看，国家已关注到这个问题。笔者认为，融合如无商业模式，媒体做强做大的目标则无法实现。

一、媒体的传播力与商业模式是做强做大的关键

意见除了继续强调导向、传播力之外，还强调了要强化互联网思维，坚持一体化发展，在内容、渠道、平台、经营、管理等方面深度融合，着力打造一批形态多样、手段先进、具有竞争力的新型主流媒体，建成几家拥有强大实力的新型媒体集团。从意见中可以看出，这是一个具有长远战略意义的重大部署，彰显了国家高层重视通过媒体融合发展，重构主流媒体地位，将媒体尤其是主流媒体做强做大的决心。

衡量媒体的强大实力应包括传播力和经济实力两方面。这既是国家的要求、民众的期待，也是媒体的职责和自身生存发展所必需的根基。

（一）营造强大的传播力，是媒体融合的最重要目标

国家经常强调"阵地意识"，离开了传播力就无法巩固和拓展"阵地"。现实表明，新的传播形态有极其强大的话语影响力，如果只停留在传统媒体的话语权上，那么国家的话语体系就是极其不完整的。尽管传统媒体办的新媒体也不少，但办得到位的并不多，且其与商业互联网的信息传播相比差距甚大。一些传统媒体及其办的新媒体如果被边缘化，其原来占据舆论高地的平台就会变得越来越窄。所以，意见强调，整合新闻媒体资源，推动传统媒体和新兴媒体

融合发展，是落实中央全面深化改革部署、推进宣传文化领域改革创新的一项重要任务，是适应媒体格局深刻变化，提升主流媒体传播力、公信力、影响力和舆论引导能力的重要举措。

（二）经济实力，是支撑强大传播影响力目标实现的重要物质基础

要强化传播力，当然与内容有关，要及时有力地传播国家重要的决策，充分反映人民群众的要求，对社会热点及时介入进行深度挖掘和分析。而内容的传播和接收，又需要强大的平台、渠道相配套。这一传播的系统工程，需要有吸纳人才、更新设备、提升技术等方面的资金支撑。然而，一些传统媒体面对自身内部的竞争和新的传播形态的挑战，吃着老本艰难度日，靠原有的积累提升新媒体档次难度很大。如果媒体融合后不能找到商业模式，不能形成良性循环，连基本的生存条件都难保障，讲发展谈何容易。当然，有个别重要的主流媒体有可能享受一些扶持的待遇，然而这种扶持也是有限度的。无论靠自身投入，还是政府的适当扶持，那也是为了"造血"，构建商业模式，最终实现自我滚动发展。没有传播影响力和经济效益，"守阵地"只能成为空泛的口号。

二、商业模式直接关系到传播影响力的强弱

从直观的角度去理解，新媒体的商业模式无非就是体现在经济效益上。其实，从互联网的特性来看，商业模式也直接体现了实实在在的传播力。

新媒体的运营与传统媒体的运营已不是同一个操作模式，商业模式下的经济效益与传播影响力的关联度极高。在新媒体未兴起的年代，一般来说，传统媒体受众量大、市场占有率高，广告就会多，经济效益、社会效益并举。然而也有不少媒体包括发行量大的主流媒体市场占有率不小，但未必有良好的经济效益。究其缘由，除了经营思路出现的问题之外，其发行量也并不是靠市场规律打拼出来的，所以其经济效益并不尽如人意。

新媒体时代的互联网公司强调的是流量、用户拥有量，而且不能用行政手段去"要流量、找买主"，它完全要靠市场行为才能发展起来。因此，流量、用户拥有量大的往往发展势头比较强劲，其经济效益自然也跟着上去。以腾讯公司为例，QQ 用户量很大。2013 年即时通信服务月活跃账户数达到 8.08 亿，即时通信服务最高同时在线账户数达到 1.8 亿，"QQ 空间"月活跃账户数达到

6.25 亿，"QQ 游戏"平台最高同时在线账户数为 850 万。吸纳流量、做旺人气，然后通过增值服务取得良好效益，2013 年营业收入 604.37 亿元，赢利191.94 亿元。[①] 虽然大量用户未必是冲着看新闻信息进入腾讯平台的，但到达平台后会看到腾讯的许多新闻信息。在微信平台上，我们就可以看到腾讯弹出的重要新闻。腾讯的商业模式，将传播力与经济效益已经紧密联结在一起。当然，也有互联网公司传播信息有影响力，但经济效益并不见得好，问题可能出在沿用传统媒体的运营模式去运营新媒体。

商业模式之所以与传播力有直接关系，是因为凡是能获取良好商业利益的媒体，大多都拥有高流量和众多用户。在新媒体时代，黏住了用户才有市场占有率，才能让传播者传播的信息落地，而不是搁置在空中楼阁。当一个平台拥有几百万、几千万甚至几亿用户，并经常从平台上传播新闻信息时，我们还能不被其强大的传播力所震撼吗？商业模式越强，市场接受程度越高，传播影响力就越大，支撑传播影响力的基础也就扎得越牢。因此，寻找商业模式，并非就是一个单纯的经济问题，也直接关系到传播力的强弱。

三、强化互联网思维，探索多样化商业模式

强化互联网思维，既要遵循新闻传播规律，又要适应新兴媒体发展规律。不能顺应互联网传播移动化、社交化、视频化的趋势，就随时会被用户抛弃。因此，商业模式能否找到，重要的一点就是有无确立互联网思维。

传统媒体与新媒体有其内在的联系，但在许多方面有很大的不同。比如，传统媒体都依托于某一个机构，由管理机构任命的团队进行规范的管理，包括组织采编、审定稿件和版面，这是有组织的传播。新媒体中的自媒体人往往是"我的媒体我做主"，随时随地进行自主传播。传统媒体的传播对象强调的是读者、听众，而读者、听众是被动地读和听。互联网强调的是用户，"用户是上帝"并始终处于主动状态，因此不仅要服务好用户，还要让用户有良好的体验。传统媒体介入新媒体平台上所讲的"内容"也与传统媒体上呈现给读者的"内容"的说法不同，新媒体上讲的"内容"往往被称作"内容产品"，强化了产

---

① 《腾讯 2013 年全年营收 604.37 亿元同比增 38%》，腾讯网，http://tech.qq.com/a/20140319/019852.htm，2014 年 3 月 19 日。

品观念。用户对内容产品的需求比较强烈，而且有相当多的内容产品供用户免费使用，直至用户体验到满意且寻求更特殊的服务时才要付费。大家都在做同样的内容产品，方便使用者的内容产品就会胜出。对产品不满意或产品好服务不好，用户则会离弃。围绕用户的需求，内容和技术、渠道平台并举才能成功。以上说的，都是互联网思维的具体化表现。

传统媒体介入新媒体多年了，要做好不容易。不成功，与未接受互联网思维有关。比如经营模式，传统媒体实行的是"做出内容影响力，以内容影响力带动广告"的二次销售模式，这种模式曾给传统媒体带来良好的效益；但在新媒体时代到来之后，这种模式受到了挑战，因为新的传播手段对信息的传播及时且覆盖面广。而且，新的传播形态越来越多，以同样的方式分割着传统媒体的广告"蛋糕"，因此传统媒体的二次销售模式已陷入困境。在这样的环境下，还将传统媒体的经营思维搬到新媒体上，等于将传统媒体已有的困境再移植到新的平台上，困境必定更大。只要环视一下前期由传统媒体发展起来的网络版乃至新闻网站，可发现大多都采取这一模式。

从众多互联网公司、商业门户网站的实践来看，商业模式的路径是不一样的。新浪、腾讯、百度、网易等互联网公司，都有各自的特色。具有互联网思维的媒体融合的商业模式，也应有各种不同的选择。比如，从用户群来说，有的强调大量地吸纳用户，不管什么样的用户都吸纳过来，强大的互联网公司腾讯的庞大 QQ 群，就包揽各种各样的人；有的是用"精准内容"定位于精准的分类人群，当然这类人群的拥有量也要上规模才行。从目前来看，两方面都有成功的。

不同的媒体集团有不同的基础和环境，比如浙报日报报业集团上市后便有了强大的资本运作支撑，但许多媒体并不具备这一条件。因此，如何选择，媒体还需从自身的实际出发。

2015 年

…… ……

年度重大传媒事件

一、习近平接受《华尔街日报》书面采访，国家高层主动参与国际传播有利展示中国国家形象

事件回放：

据新华社报道，在对美国进行国事访问前夕，国家主席习近平于2015年9月22日接受了美国《华尔街日报》书面采访，就中美关系、两国在亚太及国际地区事务中的合作、两国人民交往、完善全球治理体系、中国经济形势、中国全面深化改革、外国企业在华投资、中国互联网政策和反腐败等问题回答了提问。

点评：

接受有国际影响力的媒体采访，通过它们传达中国的声音，有利于扩大中国的话语权和展示中国的国家形象，提升中国在世界舞台上的地位。习近平主席此次接受《华尔街日报》书面采访的答问和访美时发表的演讲，引发国际社会和舆论的高度关注，就是一个很好的注脚。

二、"互联网＋"概念被写进《政府工作报告》，网络新技术助推传统产业转型上升为国家发展战略

事件回放：

2015年3月5日，李克强总理在全国人大会议上作《政府工作报告》时，将"互联网＋"的概念首次引入报告。

点评：

李克强在2015年上半年的六次考察中就有四次提到"互联网＋"的概念，与此相关的"网速"从总理口里说出之后也成为大家热议的话题。7月21日至23日在北京举行的第十四届中国互联网大会也被定调为"互联网＋"，以"产

业融合互联共享"为主题。工信部积极落实"互联网＋"行动计划，推动"互联网＋协同制造""互联网＋创业创新"的发展。从一系列的举措来看，许多传统产业已与互联网、云计算、大数据、物联网等相结合，网络新技术助推传统产业转型上升为国家发展战略。

三、新一轮新闻客户端纷纷启用，走不同路径避免同质化才是正道

事件回放：

2015 年 6 月 8 日，"新华社发布"被整合升级后的新华社同名新闻客户端上线。10 月 23 日，南方报业传媒集团举全集团之力打造的拳头产品"南方＋"客户端上线。10 月 28 日，四川日报报业集团华西都市报社与阿里巴巴集团组建封面传媒，以新闻客户端为主打，以 Thecover. cn 网站为基础，涵盖微博、微信、视频、数据、论坛和智库等，逐步推出多个垂直细分范畴的产品矩阵。

点评：

新华社客户端连接覆盖全国 31 个省、市、区县，构筑 1 200 多家地方党政企客户端网络，其独家优势是其他媒体难以复制的。"南方＋"试图打造融"新闻、服务、社交"于一体的平台型移动互联网产品。封面传媒强调"个性化定制"。早期的新闻客户端普遍存在同质化问题，新一轮新闻客户端的一个显著特点就是试图走一条与别人不同的成功之道。

四、媒体转型中纷纷组建"中央厨房"，探索中应多点理性思考

事件回放：

以"中央厨房"式新型全媒体采编发空间揭幕和一批新技术系统的启用为标志，新华社全媒报道平台于 2015 年 7 月 7 日正式启动运行。在此之前和之后，各地许多媒体也建立了"中央厨房"。

点评：

新华社此举被视为国家通讯社积极推进传统媒体与新兴媒体融合发展的"关键一步"。新华社建造这样的平台，有强大的技术、畅通的渠道、优质的人才乃至资金等支撑。各地各媒体探索中应多点理性思考，不能一哄而上。而且，还要看到把同样的信息包装成适合不同媒体的产品一物多用，虽可以相对节省

成本，但如何避免同质化，如何满足当今用户迫切需要的与他人不同的定制产品，也是一个亟待解决的问题。

五、微信活跃用户急增，成就众多用户也成就了自己

事件回放：

至 2015 年 6 月，微信拥有 6 亿月活跃用户。据当年 9 月份的统计，微信拥有日活跃用户 5.7 亿，已开的公众号上千万，第三方开发者达 20 万，有 20 种外语版本，涉及 200 多个国家及地区。

点评：

微信 2010 年 11 月启动研发，2011 年 1 月 21 日正式上线。几年间能如此快速发展，就是坚持了以创造用户最佳体验为导向，把连接人的工作做到位，让众多的用户不断获取微信提供的创新服务。用户因微信而改变了自己，微信也在成就更多人中成就了自己。正如腾讯公司董事会主席兼首席执行官马化腾所说："腾讯自己只掌握'半条命'，而另'半条命'依靠更为广泛的社会各界以及合作伙伴。"

六、腾讯财经借助机器人协同写稿，将引发新闻生产模式的变革

事件回放：

2015 年 9 月 10 日，腾讯财经发表的《8 月 CPI 涨 2% 创 12 个月新高》一文，是由腾讯财经开发的机器人写出来的。文章声明："本文来源：Dreamwriter，腾讯财经开发的自动化新闻写作机器人，根据算法在第一时间自动生成稿件，瞬时输出分析和研判，一分钟内将重要资讯和解读送达用户。"

点评：

目前机器人写出的文章是对网络已有的数据和材料进行抓取后，加工处理写就的。从文章来看，数据罗列较强，分析能力较弱，不可能普遍取代人工写稿。当然，未来的写作机器人将更加智能化，分析能力会提升。不管怎样变化，机器人在网络的汪洋大海中抓取数据的能力肯定比人工强，未来的媒体人会充分利用机器人协同写稿，这将引发新闻生产模式的变革。

七、今日头条推出"千人万元计划",自行孵化部分优质内容

事件回放:

2015 年 9 月 8 日,今日头条创始人兼 CEO(首席执行官)张一鸣宣布推出"千人万元计划",即在未来一年内,今日头条平台将确保至少 1 000 个头条号创作者,单月至少获得 1 万元的保底收入,且重点扶持 100 个以上"群媒体",单月至少获得 2 万元的保底收入。

点评:

头条号发布的包括资金扶植、自媒体孵化器、产品支持等一系列针对优质内容的扶持举措,是为了破解汹涌而至的侵权起诉困局。通过给创作者输送利益以聚拢优质内容,既提升内容传播影响力,又给自己构建起了"防护墙"。不过,"千人万元计划"即便实现,也不可能支撑今日头条的内容运作,如何协调与其他媒体的关系依然是无法回避的问题。

八、中国传媒大学新增数据新闻专业,适应时代人才需求趋势的深谋远虑

事件回放:

2015 年 4 月 9 日,中国传媒大学招生负责人做客北京城市广播《教育面对面》节目时,谈到中国传媒大学将新增三个专业。其中,新闻学数据新闻方向主要培养专门从事数据新闻报道、挖掘、分析的高级人才。

点评:

大数据时代下的新闻生产和报道方式都发生了巨大的变革,但能从事这方面工作的人才奇缺,作为培养新闻传播人才的新闻院校毫无疑义要承担这一重任。中国传媒大学新增数据新闻专业,顺应了新时代人才需求的趋势,深谋远虑,前景看好。对这类人才应重视跨学科培养,才能达到良好效果。

九、湖南报业与湖南广电分别进行整合，在资源配置优化和产业结构调整上迈出重大一步

事件回放：

2015 年 6 月 12 日，湖南省属国有文化资源整合重组交接仪式在长沙举行，潇湘晨报社和长株潭报社由湖南出版投资控股集团整体划转至湖南日报报业集团。7 月 2 日，湖南广播影视集团有限公司举行挂牌仪式，该集团由已经完成转企改制的湖南广播电视台与芒果传媒资源整合成立。

点评：

2014 年底，湖南省《深化省管国有文化资产管理体制改革方案》出台，此次湖南报业与湖南广电的分别整合，标志着湖南省媒体在资源配置优化和产业结构调整上迈出了重大一步。当然，重组之后如何谋划，如何将原有的优势通过规模经营形成良好的效益，真正打造出"媒体航母"，依然任重道远。

十、阿里斥资 12 亿元入股第一财经，聚合相互优势实现共赢

事件回放：

2015 年 6 月 4 日，上海文广集团与阿里巴巴集团联合在沪宣布，阿里巴巴将投资 12 亿元参股上海文广集团旗下第一财经，战略入股第一财经 30% 股份。

点评：

阿里巴巴是强大的商业数据公司，第一财经主打财经新闻，其对数据的设备、专业的团队依赖程度相当高，而阿里巴巴正好具有这方面的优势。第一财经作为具有专业化内容生产能力的财经媒体集团，其长期积累的财经资讯生产、编辑、处理经验和能力是阿里巴巴最为看重的价值。双方合作可构建强大的高品质商业大数据服务平台，有希望打造成较强大的投研资讯服务商。这种合作除了自身的努力，还需要外部环境的优化。能否打造出"中国版的彭博社"，仍需拭目以待。

十一、《中国传媒投资发展报告（2015）》发布，资本手段推动行业发展有新进展

事件回放：

2015 年 7 月 10 日，《中国传媒投资发展报告（2015）》新闻发布会在北京举行。该报告由中国建投集团旗下专注于文化传媒领域投资的建投华文传媒投资有限责任公司发起并策划，联合中央财经大学文化与传媒学院、国家新闻出版广电总局广电发展研究中心、中国新闻出版研究院等学界和业界力量共同编著完成，是国内第一部公开出版的全面反映中国文化传媒业投融资的研究报告。

点评：

《中国传媒投资发展报告（2015）》对 2014 年传媒投资状况进行了总体描述，并对 2015 年中国传媒投资进行预测。2014 年中国传媒投融资总额超过 4 000 亿元，其中，来自传媒业外的投资超过 1 000 亿元。该报告表明，以资本手段推动行业发展有新进展，投资已成为推动传媒产业整合创新的重要力量。

十二、《上海商报》等休刊，即将卷入倒闭潮的媒体应及早做好应对准备

事件回放：

有着 30 年历史的民生财经类报纸《上海商报》自 2015 年 10 月 1 日起休刊。之前的 7 月 1 日，有着近 17 年历史的云南《生活新报》休刊。9 月 21 日，发行了 1 454 期的湖南《长株潭报》休刊。

点评：

报纸休刊历来都有，但自 2014 年上海《新闻晚报》休刊后，接二连三的报纸休刊似乎形成了从未有过的倒闭潮。这也不奇怪，在新媒体冲击下，报纸的影响力在弱化，竞争力弱的退出市场是必然的。中国报纸本来就太多，压缩规模势在必行。这一倒闭潮预计不会很快结束，各报业应有足够的心理准备，采取积极措施应对。

十三、媒体人转型趋势加剧，借助原有身份延伸更有成功可能

事件回放：

2015 年 6 月 7 日，《第一财经日报》总编辑秦朔在其微博中透露，在新闻一线奋斗 25 年后，内心有种强烈的驱使，希望转向以人为中心的商业文明研究，推动中国商业文明的进步，并进行自媒体的新尝试。央视名嘴张泉灵、赵普也相继离职。4 月，微信公众号"黎贝卡的异想世界"主理方夷敏从《南方都市报》辞职，全力经营她的"异想世界"。

点评：

转型的媒体人中，有内容型的、经营型的和管理型的，像方夷敏就属内容型的媒体人转型。她原本是《南方都市报》的文化娱乐记者，2014 年 10 月创建微信公众号"黎贝卡的异想世界"，其内容主要为穿衣搭配技巧、消费购物指南、时尚潮流趋势等，引发明星和明星粉丝的关注。方夷敏说：平台虽然改变，但做的工作仍然是内容生产。这表明，在转型中借助积累的资源和将原有身份延伸更有成功的可能。

十四、《南方都市报》记者卧底替考组织，引发关于卧底行为法律边界的讨论

事件回放：

2015 年 6 月 7 日是全国高考的第一天，《南方都市报》的新媒体推出《重磅！南都记者卧底替考组织　此刻正在南昌参加高考》，立马成为舆论关注的热点。在获得大量赞扬声的同时也有批评意见，对记者的这种采访方式是否违法展开了热烈的讨论。

点评：

卧底揭黑方式，是出于某种舆论环境的无奈选择。虽然这种方式当下仍有必要，但不可滥用，见好就收。从报道效果来看，《南方都市报》卧底替考组织的报道带来了良好社会效益，国家有关部门加大了对高考中违法犯罪行为的打击力度，维护了社会的公平正义。从采访方式来看，如果事先已与有关方面协调过不应成为问题；如果未协调，就有一个如何把握好度的问题。在边界比

较模糊的情况下，以维护国家和人民利益为最高准则就具有其正当性。

十五、编造或故意传播虚假信息最高可判七年有期徒刑，严惩不法之徒有利于网络净化

事件回放：

2015 年 11 月 1 日起，《刑法修正案（九）》正式施行，在第二百九十一条中增加了一条规定：编造虚假的险情、疫情、灾情、警情，在信息网络或者其他媒体上传播，或者明知是上述虚假信息，故意在信息网络或者其他媒体上传播，严重扰乱社会秩序的，处 3 年以下有期徒刑、拘役或者管制；造成严重后果的，处 3 年以上 7 年以下有期徒刑。

点评：

虚假信息传播严重扰乱社会、涣散人心，尤其是在网络上传播具有广泛性，因此也具有更大的危害性。《刑法修正案（九）》正式施行，有利于净化网络环境。"严重扰乱""故意""严重后果"等关键词，彰显很强的政策性、法律性、程序性，在执行中如何拿捏很有讲究。

十六、全国政府网站第一次普查，失信于民的僵尸网应关停

事件回放：

2015 年 3 月，国务院办公厅发布《关于开展第一次全国政府网站普查的通知》。对于没有保障能力、运转不佳的政府网站，陆续进行"关停并转"。

点评：

截至 2015 年 7 月 7 日，全国各地区、各部门通过全国政府网站信息报送系统上报的政府网站共 85 890 个，其中地方 82 674 个，国务院部门 3 216 个。政府网站的其中一个功能就是要及时回应民众提出的问题，但一些政府网站明显存在"不及时、不准确、不回应、不实用"等问题。僵尸网失信于民，给政府声誉造成影响，倒不如关掉好。

传媒事件透视

透视关键词：媒体智库　用户体验

透视之一：

"用户体验"引爆《智取威虎山》

新旧年交接之际上映的由徐克执导的《智取威虎山》，于2015年火了一把。将旧题材重新包装竟然也有良好的票房，称得上是个奇迹。传统电影行业也曾有过像传统媒体行业当今这样的整体经营滑坡，但在左冲右突中慢慢摆脱了困境。《智取威虎山》产生的传播效果，更使人看到电影行业的出路，当然也引发了传媒人对"内容为王"陷入困境之后如何突围的思考。

《智取威虎山》上映时我本不太在意，这些年我极少到电影院看电影。后来听看了这部电影的亲友说，场景拍得很精彩、技术呈现很吸引人，于是我也买票去看了。在电影院看这部电影的人老中青少都有，观看时都很专注，看得出不同层次的人都喜欢。如果要对观众进行简单分类的话，可分为两类人，一类是年龄小的，另一类是年龄稍大的。

年龄小的人群原本对《智取威虎山》的人物、故事情节并不太了解，也就是对媒体人经常说的"内容为王"所指的"内容"并不了解。因此，对这类人群来说，能打动他们的除了3D技术，还有内容情节。站在他们的角度来看，这部电影的成功既是"内容为王"的成功，也是"技术为王"的成功。站在用户的角度，是良好的"用户体验"引爆了《智取威虎山》。

像我们这类六七十岁的老年人，却非被内容所打动。我们年轻时不止一遍看过小说《林海雪原》，还不知看了多少遍电影《智取威虎山》和搬上剧场的现代京剧。作为新拍的采用 3D 技术的《智取威虎山》电影，从其内容来看并没有太大变化，正面人物、反面人物，剧情的发展，与老电影和现代京剧大体相同，就连"天王盖地虎""宝塔镇河妖""脸红什么""精神焕发""怎么又黄了""防冷涂的蜡"等"黑话"都耳熟能详，听了上句就知道下句要说什么了，看了上个情节就知道下个情节会发生什么。所以，在观看的过程中，剧情对我们老年人来说并没有太大的吸引力。然而，我还是全神贯注地把这部电影看完了，不是自己提神看完，而是让人感到震撼的技术把我的精神提起来了。尽管媒体事先对这部电影做过不少宣传，但口耳相传所起的作用更大。观看者作为文化消费的直接用户以切身的体验告诉别人值得看，于是票房也就红火了。

当然，技术、内容相辅相成才能相得益彰，最终有了口碑好、票房高的结局。如果没有 3D 技术的支撑、没有对题材内容的良好把握、没有到"内容"所展示的情景现场去深入调研考察，只是简单地把技术"贴"上去，必然达不到传播的效果。徐克导演说："拍摄这部电影最重要的是从感情下手。"这说明把握好题材内容的真情实感，是渗透 3D 技术的前提。正因如此，徐克不仅认真研读了《林海雪原》这部著作和相关资料，还看过老版本的《智取威虎山》电影和京剧，最终以 3D 技术做出"情节紧张又惊险"的效果。徐克认为，3D 只是为电影内容服务的技术。为了拍出一些惊心动魄的场面，技术团队先去东北做测试。正式开机之前，这部电影前期的调研、筹措等工作就花了 5 年之久。正因为这样，才拍出了观众所评价的"好莱坞大片的气势"。

透过《智取威虎山》的传播效果，再思考一下媒体同行经常争论的"内容为王"的话题。"内容为王"的路径曾使媒体、电影走向辉煌，但在文化传播手段越来越多、技术越来越先进的背景下，"内容为王"受到前所未有的挑战。"内容"依然具有重要地位，围绕"内容"的深入调查也是必不可少的。我们的媒体要完成传播任务，当然也必须选准内容题材，深入现场捕捉材料，把内容经营好，这是前提和基础。但是，内容"为"王不是"唯"王。不同的环境、不同的场景下，不同的人群也会有所不同，《智取威虎山》电影对我们这代人的吸引力就不是靠"内容为王"，而是被"技术为王"所感染。然而，从总体上来说，"内容为王"要与"技术为王""平台为王""渠道为王""服务为王"等相结合。就这部电影而言，如果放在年轻人身上，就是"内容为王""技术为王"等相结合吸引了他们。当然更为重要的是技术带来的效果，这是所有观看者的共识，大多评论是对技术的大加称赞。这说明，无论电影还是媒体，只有不停留在原有的"内容为王"的思路上，才能找到现实的运营思路。

既然内容和技术等同等重要，那么能否用一句话来概括互联网时代媒体要取得传播效果应以什么为"王"？国家行政学院高级经济师郭全中博士的说法是"用户体验为王"，有一定的道理。笔者认为，以此可以把"内容为王""技术为王""平台为王"等几方面都包括进去：其一，内容对我有吸引力，我想看；其二，技术很强大，能将内容提升；其三，接收平台、渠道畅顺，方便观看。如果还是过去那种老式的电影院，肯定不会有那么多观众。观看时如果不戴上 3D 眼镜，效果也出不来。互联网时代，无论电影还是媒体，能给用户带来良好体验才能生存和发展。

透视之二：
媒体智库：因时而动，也应顺势而为

2015 年 9 月，国内首家以现代化治理研究为宗旨的南风窗传媒智库宣告成立。互联网的快速发展，既给传统媒体带来了前所未有的困境，也为媒体的创新发展提供了机遇。构建媒体智库，就是媒体在互联网背景下重拾传播价值和寻求新发展的路径之一。然而，以办传统媒体的思路去办智库肯定行不通，务必转换思路和创新发展模式。

一、"媒体 + 智库"动因：互联网浪潮下传统媒体转型路径选择

所谓媒体智库，就是把传统新闻的生产方式转变成以深度研究为核心抓手的资源平台，其重心在于转变产品理念，即如何围绕资源聚合设计信息产品。

继南风窗传媒智库宣告成立后，2015 年 10 月 16 日，羊城晚报报业集团与百度、国双科技签署战略协议，开展大数据业务合作，打造羊晚智慧信息研究中心。之前，国内的瞭望智库、南方报业传媒集团的南方舆情以及国外的彭博社等都是正在进行积极探索的媒体智库，其中彭博社已经有了比较成熟的做法。

由于互联网的快速发展，传播渠道变得越来越多，导致传统媒体面临两大困境：一是用户大幅度减少造成自身传播平台减弱的困境，二是经营的困境。这两种困境是相互联系的，用户减少必然带来经营的困境。媒体除了要对传统的做法进行变革创新之外，毫无疑问要开辟新的领域来拓展新的用户，并寻求新的商业模式、赢利模式。

其中，"媒体 + 智库"模式已经成为传统媒体寻求转型的新尝试。过去许多媒体被称为大众化媒体，面对的受众比较宽泛。在信息泛滥的年代，原有的市场空间被分流和切割，媒体做泛市场的可能性已经不大，受众不缺一般的信息，缺的是符合自己需求的内容产品。这就要求媒体要以用户为导向，在专业上下功夫，用专业的精神进行信息采集，并以专业的视角进行分析、论证，做

出令用户满意的定制产品。媒体智库正好承担了这种功能。媒体拉手智库就如同站在了巨人的肩膀上，不仅可以提升新闻产品的深度，增强其对政策的影响力；还能强化媒体的社会责任形象，增强用户黏度和美誉度。媒体寻求与智库的合作，常常以约稿、访谈、连线、会客室等形式就某些话题让专家学者发表看法，凭借专家效应来放大传播效应。一些智库学者也会主动联系媒体将自己的研究成果以新闻产品的形式输出。

以上所说的只是媒体智库其中的一种功能，还有就是除新闻之外的其他服务功能，比如数据分析，包括跨界的专业数据分析。

涉及跨界的智库，可以发挥媒体机构和其他专业机构各自的优势。资深媒体人不仅具备敏锐的洞察力，并且在多年的工作中练就了超强的调查分析和研究问题的能力。他们不仅可以写出有深度、高度和力度的研究报告，还能够主持行业内重大的政策研讨会，可以从媒体人过渡为具有较高素质的研究员。不懂的专业方面的数据可以去购买，也可以与专业公司合作完成。

其实，非媒体单位的智库在操作的过程中，也深感成功的智库一定离不开传播。不少智库的评估项目已经将媒体的传播能力作为衡量智库建设水平高低的重要标准。曾有人说过，智库与媒体是一对天然的孪生姐妹，成功的智库尤其重视有效的传播。智库如果缺乏媒体的参与，就是不完整的。因此，媒体做智库理所当然地会引起社会各类机构的重视，也会引发非媒体的智库机构的高度关注。媒体与别的机构的智库共建平台也成为一种趋势，可能是媒体的智库加入它们的行列，也可能是它们被吸纳进媒体的智库。从目前来看，媒体和智库合作的形式有：媒体型智库、智库型媒体、智库媒体一体化以及智库—媒体合作互补四种类型。不管哪种类型，媒体都不可能单打独斗，都应与别的机构在合作中实现共赢。比如阿里巴巴进入第一财经就可将其做大数据的优势与第一财经善于从专业角度分析财经现象的优势结合起来，这样就完全有能力打造出影响力强大的财经类智库。

互联网背景下的全媒体时代的到来，为做新型的智库提供了更大的可能性和新的机遇。过去，从上到下的决策机构往往都会设立智囊团之类的参谋机构，通过智囊人物提供决策依据。智囊在当下依然需要，但在互联网态势下情况已有很大变化。在话语权重构的浪潮下，推动决策的力量由原来的少数人变成了分散到各类网络讨论人群中的多数人，微博、微信等平台的粉丝意见已被当作民意的重要组成部分，粉丝量也成为智库影响力的重要依据。正在积极打造网络影响力的媒体集团，已具备了做智库的良好的基础条件，应顺势而为。2015年1月，中共中央办公厅、国务院办公厅印发的《关于加强中国特色新型智库建设的意见》中明确表示，要加强智库建设整体规划和科学布局，重点建设50～100个国家亟须、特色鲜明、制度创新、引领发展的专业化高端智库。意见中提出中央重点新闻媒体开展高端智库建设试点。在媒体加速转型发展的当下，媒体更应当抓住机遇寻求适合自身发展且具备行业特色的智库模式，有效发挥媒体在传播上的优势，增加智库产品的输出形态，使智库成果更好地实现其应有价值。

二、"媒体＋智库"着力点：应做到"四转"

做智库与做传统媒体毕竟不同，岗位从业人员不是简单的身份改变，而必须更新观念，以新的思路转变传统新闻的生产模式。总体来说，要做到"四转"：

（一）从业者由"媒体人"向"研究—媒体复合型人才"身份转变

智库所发布的科学、权威决策是为了更好地影响、服务社会，因此智库团队建设需要汇聚一批强有力的、高质化的、多元化的专业人才。专业人才团队离不开社会招募，更离不开媒体内人才的适度转型。管理者要有针对性地对媒体人进行系统的学术培训，增强其研究分析的能力；以往的媒体人应当朝着"研究—媒体复合型人才"身份过渡。不管媒体自身怎样转型，内参部和评论部都必须加强。这些部门本身都带有非常明显的智库特点，应该在媒体转型中进行内部优化配置和资源整合，强化其研究分析能力，赋予其更多的智库任务，突出其智库功能，使其成为智库新军。南方舆情旗下拥有舆情分析师、特邀舆情分析师等"内脑"团队，也拥有专家委员会等"外脑"团队，研究力量覆盖政务、政法、商业、教育科研等各舆情领域。除专职舆情研究团队之外，大部分舆情分析师分布在南方报业传媒集团旗下各媒体、部门，扎根在广东各地及全国重点城市，实现了内脑与外脑、理论与实践的高度融合。

（二）产品运营完成"新闻生产"到"价值创造"的成果转化

智库要想拥有长足的发展，必须完成由"输血"到"造血"的转变，真正做到将研究上升到其核心工作范畴。在媒体智库建设的过程中，要继续巩固媒体调查研究、深入基层、挖掘一手资料的优良传统，在分众化的细分市场下，找准定位打造特色化的"新闻＋科研"智库产品。比如《中国经济周刊》立足刊物打造的"中国经济论坛"，每年的论坛上都会聚集财经领域的专家学者，他们通过高端对话、圆桌会议等形式为中国经济的发展建言献策，将智库成果转化为专题报道、专访等新闻产品并进行广泛传播。我国的媒体涵盖了政治、经济、农业、工业等各个领域，在媒体人、专家库、业务范围和产品链等多方面都有着自己鲜明的特色。因此在打造专业特色化媒体智库时要充分挖掘媒体自身资源，并借助先进的科技手段推动智库成果影响决策的有效性，如南方舆情借助南方传媒的优势资源打造舆情产品的权威品牌，财新传媒专一经营财经类资讯产品等。只有做到产品链的延伸，创造出有高度且能够辅助决策的深度产品才算得上真正意义上的智库，否则跟传统意义上的媒体并无本质区别。

（三）管理模式由"新闻媒体"向"智库机构"转换

当前新的传播格局下，媒体做新闻的市场空间被分流和切割，各大媒体纷纷探寻转型发展路径。一些媒体依托智库权威、科学的研究成果转变新闻生产模式，在更专业的信息采集、调查分析的基础上进行探索，给客户提供定制产品，大胆向"智库机构"转变，取得了卓有成效的业绩。现今，媒体发展的主流路线就在于更加注重用户体验，根据用户需求走专业化、细分化、定制化的小众化路线。而媒体智库恰好可以根据受众的需求制定内部研究的课题或项目，再由媒体将成果转化成新闻产品后进行有效传播。媒体还能借助智库大数据、云计算等高新技术手段进行精准传播，在大数据视角下做更加精确化的新闻。

要实现智库机构化管理还需要有全媒体战略，全媒体战略是自身需求也符合中央传媒改革的题中之义。南风窗传媒智库就是一个全媒体形态的智库，其产品形态是多媒体的，而且"传媒"两个字也强调了其新媒体特征。南风窗变革了传统意义上"新闻＋广告＋发行"的运营老套路，今后将把发行、广告、线下活动以及整合营销这四个方面作为其利润的主要来源。

（四）功能效应由"解读政策"向"发表独立见解"转换

研究课题制和承揽项目制是媒体智库发展较为成熟的模式。媒体可以围绕智库承揽的研究课题来生产新闻产品，而课题或项目可以延伸出圈群、报告、封面报道和论坛，甚至形成一些新的媒体。《财经国家周刊》所创办的瞭望智库聚合新华社优质资源，所开设的"国家的远见——对话省部长"专栏对 70 余位省部长进行专访，成为该杂志的品牌栏目，并在智库基础上延伸出了新媒体产品犀牛财经网，经常承接一些部委关于财经的重要课题，建立了"研究产品—新闻产品—会议产品—新媒体产品"的一条龙生产流程。

相关领域的智库特别注重对社会公共决策咨询服务的项目化构建。项目化同样适用于媒体智库的发展。媒体智库可以按照受众的需求和关注的某个领域有针对性地进行项目设置，并根据实际情况招募专业人才入库工作，打造小而精的智库团队，通过调研和数据分析生产出兼具时效性和适用性的策略建议。在国外，部分媒体智库通过内部强有力的研究团队，根据特定的项目需求发布行业报告。这些报告囊括行业数据、行业排名、趋势预测等，为行业的发展提供可行的参考。

智库的使命在于将创造的智慧成果传播变现，因此需要很大的独立性。目前我国智库发展总体处于低水平的初级阶段，诸多官方智库和民间智库受到了政策的严格限制，其研究成果并不能很好地付诸实践。媒体现状是，一脚踏在体制内，一脚踏着市场化，其独立性是有限的。构建媒体智库应该尽可能地放大这种独立性，通过邀请不同层面的专家完成研究报告，依托先进的传播技术和有效的传播方式使得智库成果尽可能规避利益集团的干扰。

三、"媒体＋智库"前景：挑战与机遇并行

在传统的意识里，媒体和智库这两件事很难联系到一块。媒体是"讲故事"的，把新近或正在发生的事情用最好的方式传递给受众，而研究者的任务是尽量回避那些讲得太好的故事，因为太好的反而不具有代表性，它可能会和研究所要面对的一般性问题相悖。研究报告更追求逻辑规范，有条条框框，很多时候有八股文的味道。而媒体虽然也有逻辑和论证的存在，但更希望以好的叙事方式去吸引眼球。因此，在智库产品的生产过程中如何拿捏，既保证研究报告的科学严谨性，又能够增强受众的关注度，考验着每位智库成员。

此外，多数在传统媒体摸爬滚打多年的资深媒体人的确拥有一定的研究思辨能力，但是要想达到与智库标准相匹配的研究能力并非是一件一蹴而就的事情。媒体人向"研究—媒体复合型人才"过渡的过程中，必定会充满挫折和

挑战。

媒体之间本身存在一种竞争关系，那么我们必须考虑到，其他媒体会不会因为研究成果源于竞争对手而拒绝传播。如果这样，智库产品的受众岂不是会缩小？此外，如何找到一条适合自身发展的"新闻＋科研"智库产品的生产流程？如何使得管控体制更加宽松？这些都是媒体智库建设过程中所要面临的现实问题。

当下，媒体智库俨然已经成为媒介转型备受欢迎的一种模式。既然要转型就要做到理念、体制机制、运营模式、人才梯队等全方位的配套转型，管理者要在充分看清自己的基础上再进行最终决策。在新媒体初兴之时众多传统媒体纷纷冲进新媒体浪潮，试问完全成功的又有几个？转型渠道有很多，适合自身发展的才是最好的选择。智库建设并非是一把开启媒介转型大门的万能钥匙，一定要想清楚自己做智库的条件具备了没有，即便上马了的也要经实践进一步检验。

长远来看，媒体智库还应该建立、健全多元化的筹资机制。只有充足的资金支持才能广泛地开展研究，才能吸纳高层次人才的加入，最终保证成果的权威性。

透视之三：

破解传统媒体"小而微"困局，大传播中大有作为

2015 年 6 月 7 日，高考第一场考试开始后的 10 点 49 分，《南方都市报》记者将采写的内容发布在其新闻客户端和官方微信公众号上，《重磅！南都记者卧底替考组织　此刻正在南昌参加高考》的题目和相关内容，迅速引发大量转发，阅读量很快突破 10 万。互联网时代的信息流通给传统媒体人带来了新的挑战，网络传播的快速和覆盖面广，使传统媒体人似乎变得"小而微"了。然而，只要充分利用多平台传播，将打造品牌媒体与提升传统媒体人价值相结合，传统媒体人在新的媒体环境中也能大有作为。

一、"小而微"的心理阴影，源自主流地位受到冲击

传统媒体人是专业媒体人，曾为"无冕之王"的桂冠而感到自豪，如今却似乎风光不再，觉得难有作为了。传统媒体人"小而微"的阴影，是整体媒体环境的变化造成的。媒介环境学派的雅克·艾吕尔认为，技术本身已经成为一种环境，并代替了旧的环境。后继者麦克卢汉进而提出了媒介环境的三层含义，他认为媒介本身是环境的一部分，媒介会重塑环境，但媒介环境具有隐匿性，媒介变迁之际是最容易识别新旧环境的时机。在各种新兴媒介迅猛发展的今天，媒介的更迭使我们身处的社会环境发生了很大改变，人类的传播活动也随之有了极大的变化。计算机和互联网的出现使计算、通信、存储成本大幅下降，原本需要耗费大量时间和精力才能实现的一对多的传播活动，如今个人只需轻点鼠标、敲击键盘即可高效完成。随着互联网技术的普及，越来越多人进入网络公共领域参与传播活动。公民新闻报道、人肉搜索、网络"扒粪"、网络监督等行动部分履行着以前传统媒体人的职责，以微博、微信、移动客户端等新媒体为媒介的"微传播"成为一种主流传播形式。媒体人正是在这种新生态环境的包围下，觉得身处传统媒体领域已经变得"小而微"了。

　　尽管传统媒体人通过做调查性报道、深度报道等，试图保持传统媒体的主流地位，但报道成果很快被新媒体平台所占有。而且，似乎网上碎片化的信息就能拼凑出事件的原貌，网上不同的消息来源互相印证就能得出所谓的真相。在这种情况下，不少记者自我认同感下滑。传统媒体人如何重拾职业身份认同感，在新闻传播实际操作上"破局"，被提到了议事日程上。

　　从另外的角度看，在新的多平台传播的媒体环境下，传统媒体人的价值其实是提升了。这需要厘清内容传播与平台传播的关系。只站在自身所在传统媒体平台的传播力角度看，传统媒体人会觉得"小而微"；从内容传播的角度看，如果内容被广泛传播出去形成了影响力，传统媒体人的价值就提升了。

　　平台只是内容呈现的场所，要实现良好的新闻传播效果，最重要的还是生产出优质的内容。一旦有了优质的内容，借助多平台传播就能形成强大的影响力，这种状态并非"小而微"，而是"大而强"。《重磅！南都记者卧底替考组织　此刻正在南昌参加高考》的题目和相关内容一发出，微博"大V"、许多网站的官方微博和网友等都相继转发，话题关注度居高不下。不到一小时，《人民日报》、央视网、人民网等多家主流媒体的官方微博也跟进转发、报道。

　　对这次卧底报道，《南方都市报》调查组作了周密部署和安排，就报道过程中的各种可能性准备预案，派记者前往湖北、江西、山东三地协同作战。调查组成员始终与卧底记者保持沟通，在确保其安全的同时，根据传回的信息以及核实到的细节，组织成稿；除此之外，安排另一组记者从北京前往山东，调查被替考人员的情况；而在广州本部，编辑和制图人员连夜处理稿件。扎实的采访安排和调查，使最终的新闻信息真实可靠、完整丰富，并且可读性、可视性强。

　　像这样的大型调查性报道，单凭个人的力量是难以完成的。稿件借助多个新媒体平台在第一时间发布，并且实现了在网络中的病毒式传播，不再拘泥于报纸生产流程而错失传播良机，既发挥了传统媒体机构在人员配置、调动，组织大型报道活动，完成"大内容"上的优势，也发挥了多种传播平台在新闻传播和扩散上的优势。而且，这一报道引发了国家有关部门的重视，加大了对替考组织的非法活动的打击力度，进一步规范了高考考试制度。传统媒体人的价值不只体现在传播影响力上，还体现在激浊扬清推动社会进步的社会责任感上。

　　过去要通过看电视或看报纸才能看到的内容，如今可能在玩游戏时或正在进行网络社交时突然就看到了弹出来的新闻。经成千上万人的转发和各种渠道的立体式传播，传统媒体人的成果得到了社会的广泛认可，何来微不足道？有些记者觉得自己百无一用，实际上很有用，不能无视自己的价值。

二、打造品牌媒体与提升传统媒体人价值相辅相成

既然传统媒体人的报道成果得到了广泛传播，为什么还会有"小而微"的感觉呢？主要是传统媒体人习惯于将自身价值与所在媒体机构的价值捆绑在一起来思考，将内容传播影响力与机构传播影响力混淆了。互联网带来传播渠道的多姿多彩，一方面使传统媒体人的内容传播影响力扩大，另一方面使其自身所在媒体机构的传播影响力弱化。要解决这一矛盾，就要将打造品牌媒体与提升传统媒体人价值结合起来。

随着新媒体的发展、传统媒体的衰退，传统媒体自身平台的传播影响力和赢利模式都受到了前所未有的冲击。与媒体机构同呼吸共命运的传统媒体人，看到自身的成果在自身机构的平台传播力弱了，因此就觉得难有作为了。其实这种尴尬的状况，是机构传播影响力"小而微"的困局。过去没有互联网的时代，一家媒体机构写出了有影响力的新闻尤其是独家新闻，该媒体机构很快就会成名，影响力越来越大，受众越来越多，经营也越来越好。传统媒体人与所在媒体机构共荣共存的理念，会使其因自身作品的影响力和机构的影响力并举而振奋。如今，出现传统媒体人的成果被各类媒体机构拿走并传播的状况，只要署上作者的名字就不会减弱传统媒体人的影响力，而是强化了，减弱了的是传统媒体人所在媒体机构的影响力和经营能力。

记者当然会为自身媒体机构的经营困局而焦虑，但走出这一困局更多取决于机构的高管和经营团队的思路。一家传统媒体机构内部有严格的分工，各司其职，记者就是记者，其责任、使命并没有变。记者依然要以敬业、执着的追求去经营好每一篇新闻作品。记者真正做出了精品，不仅随着作品内容的广泛传播，个人价值得以提升，也为媒体机构铸造了良好的品牌。新闻内容并不能产生直接的经济效益，但内容营造出来的品牌影响力是可以得到回报的。

媒体机构创新商业模式、赢利模式，并非要放弃内容的创造力。打造品牌媒体与媒体人经营的内容紧密相关，也与媒体人价值的提升是相辅相成的。媒体机构只有打造好品牌并延伸品牌价值，为传统媒体人提供一个良好的环境，他们才能最大限度地发挥自己的作用。传统媒体人因自身价值的存在而忠诚于

媒体机构，媒体才能在良性循环中生存发展。今天，行业的边界不断消融，行业版图逐渐重组，媒体正处在一个"无界"时代，需要重新定义自己的内涵外延，直到逐步形成新的边界。

在这一不断尝试和改变的过程中，维护好媒体品牌，聚拢受众注意力资源以减少受众流失显得尤为重要。面对众多勃兴的新媒体，传统媒体原有的用户减少是必然的趋势，必须开辟新的领域以弥补自身的不足。还是以《南方都市报》卧底高考替考事件传播为例，该报记者经营出了有影响力的内容，但广告客户关注的是这一内容是从哪里传播出去的，《南方都市报》得想办法找到能让广告客户认可的平台。《南方都市报》通过自身创建的新媒体平台进行传播，三天内阅读人次达 1 146.37 万。有了众多的用户，开展纸媒和新媒体线上线下的联动才可能会带来一定的广告；也可以将用户分类，为特定的用户群体定制他们需要的产品。

当今媒体单纯靠广告已很难维持运营，因此要利用好纸媒与新平台渠道形成的合力，打造媒体的品牌影响力。品牌的树立有利于在媒介融合、媒体急剧增加、信息传输渠道多元的大背景下，实现受众在同一媒体的不同媒介形态之间流动；这反过来会进一步强化媒体品牌，并使媒体凭借品牌影响力延伸至新的产业从而获取收益。

品牌是具有经济价值的无形资产。记者的个人品牌是指受众对记者本身及其传播内容的认知程度，对记者个人品牌的认可将增益媒体产品的传播效果。记者在转型期要提升自身的价值，也必须群策群力将所在媒体打造成品牌媒体，以获得社会认可。打造个人品牌意味着记者要有强烈的个人风格和人格魅力，通过长期积累，树立个人的身份标志，将个人品牌打造为内容的质量保证，甚至通过品牌包装走向"明星化"。过去在传统媒体中积累的良好口碑和品牌价值灌入新的媒介产品中，受众随之流动，从而彰显记者个人的品牌价值。

记者在大的传播格局之下，施展拳脚的空间进一步扩大了，借助媒体品牌和个人品牌价值的传播和延伸，仍然能为推动社会变革贡献光和热。

2016 年

…… ……

年度重大传媒事件

一、习近平主持召开党的新闻舆论工作座谈会，其重要讲话是指导做好新形势下党的新闻舆论工作的纲领性文献

事件回放：

2016 年 2 月 19 日下午，中共中央总书记习近平在人民大会堂主持召开党的新闻舆论工作座谈会。在听取了《人民日报》等中央媒体负责人和编辑、记者、主持人代表发言后，习近平总书记发表重要讲话，提出新时代条件下党的新闻舆论工作的职责和使命。

点评：

习近平总书记关于党的新闻舆论工作的职责和使命归纳为：高举旗帜、引领导向，围绕中心、服务大局，团结人民、鼓舞士气，成风化人、凝心聚力，澄清谬误、明辨是非，联接中外、沟通世界。强调党和政府主办的媒体是党和政府的宣传阵地，必须姓党。① 同时指出，随着形势发展，党的新闻舆论工作必须创新理念、内容、体裁、形式、方法、手段、业态、体制、机制，增强针对性和实效性。这一重要讲话是指导做好新形势下党的新闻舆论工作的纲领性文献。

二、国务院办公厅要求重大事件 24 小时内发布，有利于提高政务舆情回应实效

事件回放：

2016 年 8 月 12 日，国务院办公厅发布《关于在政务公开工作中进一步做好

---

① 南方日报评论员：《牢记新闻舆论工作职责和使命》，新华网，http://www.xinhuanet.com/politics/2016 – 02/21/c_1118107606.htm，2016 年 2 月 21 日。

政务舆情回应的通知》，该通知强调对涉及特别重大、重大突发事件的政务舆情，要快速反应、及时发声，最迟应在 24 小时内举行新闻发布会，对其他政务舆情应在 48 小时内予以回应，并根据工作进展情况，持续发布权威信息。

点评：

在转型期社会矛盾错综复杂和传播形态千姿百态的背景下，涉及政府的舆情事件频发多发，因此做好政务舆情回应已成为政府提升治理能力的内在要求。然而有的地方政府重视不够，把握回应时机等措施不力，小风波闹成了大风波。国务院办公厅的这一通知，进一步明确了各级政府及其部门的政务舆情回应责任，要求把握需重点回应的政务舆情标准，尤其是强调了回应的时间。各地随后按照这一要求强化舆情队伍的培训，这将会大大提高政务舆情回应实效。

三、新华社全媒平台上线，三大服务功能助推各媒体融合发展

事件回放：

2016 年 8 月 30 日，新华社全媒平台在新华社新闻大厦正式发布上线，邀请各媒体签约入驻，第一批已有 42 家中央和地方主流媒体签署协议入驻，覆盖各省、自治区、直辖市。入驻之后，各成员单位将协力打造融内容生产、渠道分发、版权追踪等功能于一体的新媒体平台。

点评：

媒体正在纷纷转型，各自探索不同的发展路径。在这一过程中，各媒体也需要进行资源的整合，协同打造有利于优势互补、共进共赢的大平台。新华社经过几年的探索，已构建了集新闻采集与加工、生产与传播、反馈与分析于一体的现代化新媒体运行系统。现在将内部运行的新媒体系统升级为可以便捷接入、高效利用、效果可期的开放的全媒体平台，其所具备的内容生产、渠道分发、版权追踪三大服务功能，将助推各成员媒体融合发展。

四、直播服务管理规定出台，互联网直播"双规定"引关注

事件回放：

2016 年 11 月 4 日，国家互联网信息办公室发布《互联网直播服务管理规定》，对网络直播平台的管理责任、服务范围、安全保障机制等工作提出明确要求。

点评：

2016 年多姿多彩的直播在丰富用户精神生活的同时，其乱象频出也给社会带来消极影响。相关管理部门正是根据行业的特点出台了这一管理规定，其中要求直播平台应具备相应资质，对互联网新闻信息直播内容实施先审后发管理的"双规定"尤为引发关注。

五、东方明珠新媒体实施股权激励，对国有传媒上市公司有借鉴意义

事件回放：

2016 年 9 月 19 日，作为国有传媒类上市公司龙头股的东方明珠新媒体发布了股权激励计划。该计划对国有控股的要求、管理层股权的比例、员工持股设定、持股方式等，都有明晰的规定。

点评：

传媒业要做强做大必须进行包括上市在内的资本运作，也需要对管理层建立激励机制。然而实施起来并不容易，这是因为传媒业具有很强的意识形态属性，不能像其他产业那样来做，需要有传媒业自己的范本。因此，东方明珠新媒体实施股权激励，对国有传媒上市公司有借鉴意义。当然，也可以预料实施过程中仍会碰到诸多现实的问题。

六、魏则西根据百度搜索求医上当，百度竞价排名模式被推到风口浪尖

事件回放：

患有滑膜肉瘤晚期的大学生魏则西，于 2016 年 4 月 12 日在咸阳家中去世。之前，魏则西在网上发布过求医经历。他用百度搜索滑膜肉瘤治疗方法，排在搜索结果首位的是北京武警二院"生物免疫疗法"。然而，魏则西治疗后却没有效果。有人指出此疗法因为效率太低，国外在 20 年前的临床阶段就将其淘汰了。在"五一"节日期间，百度等相关单位被舆论推到了风口浪尖。

点评：

国家互联网信息办公室会同国家工商总局、国家卫生计生委成立的联合调

查组要求百度整改，百度也宣布了落实整改的措施，对竞价排名模式进行调整。网络公司毫无疑问会在商业推广领域追逐经济利益，但必须恪守商业道德，推介服务项目应讲诚信，坚守对用户负责的原则。

七、"雷洋案"一波三折，各方舆论关注是为了寻求真相

事件回放：

北京昌平警方公布，2016 年 5 月 7 日，在查处足疗店过程中将"涉嫌嫖娼"的雷某控制并带回审查期间，雷某突然身体不适经抢救无效身亡。警方还通过媒体为自身行为辩解，而光明网、《人民日报》和新华社等媒体则发声追问真相。随后，检察机关公布尸检报告，涉案警务人员受到一定的处理。办案过程中，警方家属、部分中国人民大学校友也通过自媒体平台表达了看法。北京市人民检察院第四分院分别约见了"雷洋案"双方律师，听取意见建议。

点评：

"雷洋案"发生之后，无论相关事件的各方当事人、亲朋好友，还是社会各方面人士，都通过各类传播平台发声。各种不同声音的较劲，有利于找到真相。最终结果公布后，虽然还有一些争议，但争议会使大众越来越贴近真相，而且对本来就有较大分歧的案件要求完全一致也不易做到。

八、微博商业运作呈上升趋势，"草根经济"现象值得研究

事件回放：

据新浪科技讯：2016 年 10 月 18 日，在美国股市前一个交易日的交易中，微博股价在盘中上涨至 53.12 美元，市值达 113 亿美元，一度超过推特，成为全球市值最高的社交媒体。微博 2016 年第二季度利润增长 225%。

点评：

许多"大 V"的活跃身影从微博转到微信，而各种草根千姿百态的行为与话语出现在微博视频直播上。"大 V"淡出，草根进驻，微博的效益更好了。这种"草根经济"现象值得研究。

九、专题片《永远在路上》获广泛关注，热议反腐话题乃民心所向

事件回放：

2016 年 10 月，中央纪委宣传部、中央电视台联合制作的八集专题片《永远在路上》播出。专题片选择了一批典型案例，包括因严重违纪违法而落马的省部级以上官员，并由专家学者、纪检干部对典型案例进行点评剖析。

点评：

该片释放出我国坚定把反腐进行到底的决心，而且选择的案例为人们所关注，经过专家学者和纪检干部对典型案例的剖析，具有强烈的警示作用。专题片不仅观看的人多，而且成为人们茶余饭后热议的话题，可见反腐乃民心所向。

十、女排精神力压王宝强婚变"狂欢"，媒体传播正能量方是正道

事件回放：

2016 年里约奥运会期间全民正在关注奥运赛事，突然王宝强婚变并自爆家丑的事件在社交平台上引爆舆论，多家媒体跟随关注，出现全民少有的围观明星家事的现象。然而，女排以顽强拼搏精神夺冠之后，舆论很快转向对女排的关注，王宝强婚变"狂欢"退潮。

点评：

各类媒体都高调报道女排精神，具有权威性的机关报和有市场影响力的市民化报纸不仅大篇幅报道，还纷纷发表社论、评论，广播电视台也进行突出报道，许多商业互联网站和社交媒体也大力推送，网民互动点赞热烈。这说明正能量的传递有强大的社会影响力，媒体应多发现并大力传播正能量以影响社会舆论。

十一、快播涉黄案宣判，对网络从业人员具有警示作用

事件回放：

2016 年 9 月 13 日，快播涉嫌传播淫秽物品牟利案宣判，快播公司创始人王

欣被判三年六个月。当事人从被抓到审理过程中，有责与无责、罪与非罪两种声音此起彼伏。在 1 月 7 日、8 日两天的公开审理中，庭审内容甚至演变成网络"狂欢"。

点评：

同情也罢，鞭挞也罢，既然已进入法律程序最终应由法律说了算。网络具有开放性，但并非法外之地。从事网络运营的从业人员应把持好自己，防止掉进法律的陷阱，相信此案具有警示作用。

十二、"九江地震"等假新闻迅速传播，有资质的专业媒体更应防止失真

事件回放：

2016 年春节期间，"上海姑娘吃完第一顿饭便逃离江西农村""霸气媳妇回农村掀翻桌子"等在社交平台广为流传，有的传统媒体办的新媒体也信以为真予以转载。之前的 1 月 4 日，"九江 6.9 级地震"的乌龙新闻，也是有采访资质的网站较早推送出来的，而国内具有权威性和高知名度的一批官网也集体中招。

点评：

一般人对自媒体人在网络上的传播往往难辨真伪，因此需要官方媒体去求证，他们有这个责任也有这个能力。如果连权威媒体都被卷进虚假传播中，其造成的严重后果绝不只是媒体自身的公信力缺失问题，还直接关系到国家层面的主流舆论引导的问题。

十三、澎湃新闻 CEO 邱兵辞职，媒体人内容创业风生水起

事件回放：

担任《东方早报》社长、澎湃新闻 CEO 的邱兵，于 2016 年 7 月 29 日通过个人朋友圈宣布辞职，澎湃新闻管理团队的骨干也跟随其出走进行内容创业。

点评：

在邱兵辞职前已有一批媒体人辞职进行内容创业，今后还会陆续有一批媒体人加入这一行列。内容创业之"内容"与新闻内容不一样，微信上被追捧的文章、美妆达人上传的化妆视频、直播里美女主播唱歌给用户听，都属于内容

创业。内容创业能否成功，要解决的关键问题就是语境与连接。用特殊的语境与用户连接上了，才有成功的可能。

十四、东方网总裁因公众号"新闻早餐"被封叫板马化腾，网络的开放与监管分寸如何把握需积极探索

事件回放：

因东方网旗下的微信公众号"新闻早餐"被人举报而封号七天，东方网总裁徐世平于 2016 年 11 月 4 日发表公开信叫板腾讯 CEO 马化腾，认为腾讯借助公司资源挤压媒体人。腾讯回应后，徐世平再发第二封公开信。支持与反对的讨论异常热烈。

点评：

这里不去判断谁是谁非，就封号而言并非个案。互联网管理本来就错综复杂，既要营造其开放的良好环境又要抓好管理，这是一个难点。具体运营机构当然要对此进行积极的探索，但毕竟这是整个媒体的生态问题，所以更为重要的是各相关监管部门应共同协调探索出有利于互联网健康发展的机制。

传媒事件透视

透视关键词：内容生产　内容价值

透视之一：
内容型报人应毫不动摇专注内容生产

当下，内容型报人（专指采编岗位负责内容生产的报人）不能全身心地做好新闻内容生产的问题突现，这是纸媒面临经营困境之后出现的新情况和新问题。新华社于 2016 年 1 月 15 日至 16 日召开工作会议，强调将采编、经营"两分开"的体制性改革列入 2016 年的四大改革重点之中。作为纸媒，如果没有一支坚强的做内容的队伍，不仅会削弱主流舆论阵地的影响力，还会因采编与经营混岗而滋生腐败。同时，也不能从根本上摆脱纸媒的经营困境。

一、内容型报人不应承担经营指标

纸媒单位员工根据各自的分工，其中有专做采编工作的新闻工作者，他们属于内容型的报人。顾名思义，内容型报人就是要把精力专注在新闻内容的生产上。然而，有些纸媒单位的内容型报人不专注内容生产的情况却比较突出，尤其是在纸媒衰退给报业带来困境之后，此问题尤为明显。

在新兴媒体还未兴起的"内容为王"时代，有许多市场化程度高的纸媒坚持"采编与经营两分开"的原则，其内涵主要是指做采编的报人不能染指广告经营等业务，不能成为既采访又拉广告的混岗人员。采访中，如果有人谈到广告业务，那也只能通知广告经营部门去对接。那时，只要专心做好内容，纸媒有了社会影响力就自然会获得广告客户的认同，从而产生良好的经营效益。相当一部分都市类媒体就是这样做的。当然也有一部分纸媒定位不准，市场化程度太低，经营效益不好。在这样的困局下，有的不是从内容创新去改变局面，而是消极地将经营指标分解到各部门，包括采编部门也要承担经营任务。针对这种"采编与经营混岗"的状况，国家有关管理部门提出实施意见，规范了采编和经营的行为。之后情况曾有所好转，但并未从根本上解决问题。到了互联网勃兴和各类传播平台越来越多的当下，纸媒经营的困境越来越大。有的纸媒单位试图给采编部门下达经营指标去解决困境，就连原本市场化程度较高的某些纸媒也这样做。有的纸媒单位还出现了整体新闻采编经营化，甚至由广告等经营部门主导采编，哪些稿件该发、哪些不该发，得征询经营部门的意见。这种混岗现象，实际上把经济效益置于社会效益之上，违背了新闻工作的基本原则。

内容型报人介入经营无法从根本上解决纸媒经营的困境，更为重要的是会带来两方面的极大伤害。一是对纸媒质量的伤害。把经营指标分解给从事内容生产的采编部门，内容型报人会因经营的压力而分散新闻采编的精力，直接影响纸媒的质量，削弱纸媒的品牌价值。二是对职业道德的伤害。内容型报人直接介入经营，就有可能将利益与版面挂钩，在新闻题材选择和版面安排上被利益圈子里的人所左右。在这样的氛围中，内容型报人的道德将会严重滑坡，有偿新闻、有偿不闻等有违新闻职业道德的问题很容易发生，甚至还会出现新闻敲诈等严重违法乱纪的问题。2014 年 4 月 9 日，国家新闻出版广电总局通报的《中国特产报》新闻敲诈案，就是一个典型例子。这家报纸曾有过定位准确、倾心打造内容品质的良好时期，后来设立了采编与经营不分的专刊部，给专刊部人员下发承包经营指标，专刊成为与经济利益挂钩的有偿新闻版。只要有人给了钱，赞扬稿可发出，批评稿可撤下，不给钱则以曝光为名要挟。事发后，该报纸被责令停刊。

二、内容与经营的互动必须有边界

内容型报人不能与经营人员混岗，并非意味着他们不关心新闻产品的市场，但这种关心必须在良性互动中把握好边界与尺度。

一张报纸的采编、印刷、发行、广告经营等业务，是一条完整的产业链，一环扣一环。每个环节都要尽职尽责，力求做得尽善尽美。作为内容型报人，有必要了解几个环节的操作状况，尤其要了解市场和受众、客户对内容产品的接受程度。各环节协同行动，才能做出受市场欢迎的新闻产品。

然而，这种互动与混岗在本质上是不同的。良性互动主要表现在以下三个方面。其一，明确内容产品的市场定位，经营出更加贴地气的产品。作为内容型报人，肯定要经常了解新闻产品的市场和受众、客户的认可程度，还要定期或不定期请经营部门通报经营情况，甚至参加市场的调研活动。这样做，是为了让内容型报人能更准确地把握市场需求的变化，不断创新内容产品。其二，创建联动机制。包括建立采编、经营联席会议制度；强化协调部门的职能；经营和采编会议互派人员参加，以掌握各个环节的变化，及时采取相应的措施。其三，会展、论坛等线上线下的经营活动，需要采编配合时，也可以吸纳内容型报人参与。比如，到会介绍报纸的定位、新媒体内容平台建设和传播力度等情况。通俗来讲，就是由采编与经营部门共同打造媒体的品牌影响力。

不管是哪种方式，都不是下达经营指标的方式。对此国家层面也有明确规定。2015 年 9 月 15 日，媒体报道了中共中央办公厅、国务院办公厅印发《关于推动国有文化企业把社会效益放在首位、实现社会效益和经济效益相统一的指导意见》，该意见强调正确处理社会效益和经济效益、社会价值和市场价值的关系。当两个效益、两种价值发生矛盾时，经济效益服从社会效益、市场价值服从社会价值。越是深化改革、创新发展，越要把社会效益放在首位。该意见还提出，党报党刊、电台电视台、通讯社、时政类报刊等新闻单位，可以依法依规开展有关经营活动，但必须做到事业与企业分开、采编与经营分开，禁止采编播人员与经营人员混岗。这个指导意见是有明确指向的。事实上，有些报业为摆脱困境，已将本是分属不同部门的采编和经营合并，既做内容，又要承担营销任务，并与收入、奖金挂钩。这种混岗必然会将经济活动放在重要位置上，做优质内容的动力会减弱。

针对这些问题，许多媒体正按指导意见精神落实措施。比如新华社在这方面就下了很大的决心。据媒体报道，新华社党组会议审议通过《关于国内分社从体制上实行采编经营"两分开"的实施方案（试行）》，提出六项具体措施，进一步明确采编业务和经营业务两分开，采编人员不得参加经营活动，经营活动应由经营部门负责，严格抵制商业取向影响新闻报道公正性而滋生腐败。实施方案出台之后，新华社 2015 年第 4 轮巡视工作派出 4 个巡视组对 8 个单位进行巡视时，把检查采编经营"两分开"落实情况当作一项重要内容。2016 年 1 月 15 日至 16 日，新华社召开工作会议时又强调，将采编、经营"两分开"的体制性改革列入 2016 年的四大改革重点之中，着眼于履行中央赋予新华社的主要职能，从体制上将国内分社采编、经营工作彻底分开。上半年先在 6 个分社试点，下半年在各分社铺开，推动分社集中力量抓好新闻内容报道。

总之，从管理上采取必要措施确保采编与经营不混岗，是媒体公信力、权威性的内在要求，也是有效阻止有偿新闻和采编人员以权谋私不良行为的制度保障。

三、传播力和商业模式都离不开内容价值支撑

无论从巩固主流舆论阵地的角度来看，还是从文化产业发展的要求来看，媒体务必做强做大。做强做大目标的实现，应体现在具有强大的传播力和良好的商业模式之上，而这两者都离不开内容价值的支撑。

从传播力来看，内容型报人生产的重大新闻，依然有强大的影响力。泛媒体时代的到来，使纸媒出现了前所未有的萎缩，读者少了，发行量下跌，报纸平台自身的传播力和影响力也就下降了。报人缺的是自身媒体制作平台的传播力，也就是说，大量的受众并不是从报人从业的纸媒平台上看到内容型报人写出的新闻稿。不过，内容型报人不要只考虑自身的纸媒有多少人看，还要考量本单位的新媒体平台以及外单位的各种公共传播平台、自媒体平台有多少人在阅读、点赞和转发。有了体制内、体制外各类传播平台的综合传播，内容传播力自然也强大了。

从国家层面来看，就是要打通两个舆论场，让主流声音能最大限度地传播出去。今天，我们从内容生产的角度来看可以发现，至今纸媒等传统媒体依然是新闻原创内容的主要生产者之一。别看自媒体人也生产和传播了大量信息，但总体上来说依然是碎片化的，且缺乏权威性和公信力。民众对自媒体的传播当然也很感兴趣，但最终还要看权威专业媒体怎么说，受众会经过认真比较之后得出自己的看法。从这些年来看，尽管新媒体发展很快，自媒体的庞大队伍也非专业媒体队伍可相提并论，但国家的重大决策和活动、社会上的重大事件的核心信息、重大民生等问题，都是传统媒体及其办的新媒体中的内容型媒体

人报道的。因此，纸媒等传统媒体在内容生产方面占据了舆论高地。如果内容型报人和广电新闻工作者不精心去做内容，谁去承接占领舆论高地的责任和使命？内容型报人不能因为本单位纸媒平台传播力弱了和碰到经营困境，就自我矮化，削弱内容生产能力。

从商业模式来看，困难重重的纸媒正在以多元经营的方式转型突围。不管是哪种方式的改革，完全像过去那样一味依赖"内容为王"肯定是行不通的，但内容虽不是转型的全部，却是基础性的工程。务必有专注内容的报人，才能打造出纸媒的品牌价值，并实现多元经营的延伸。内容价值对纸媒多元经营的积极影响包括以下几方面。其一，对传统的广告经营的新方式的影响。尽管"内容为王"时代那种"经营好内容，以内容引发客户注意力"的二次销售模式已受到前所未有的挑战，但并非完全中止了传统的广告模式，在别的多元路径还未成熟之前，广告依然是其中比较大的一笔收入。当然广告经营要创新，比如开展线上线下的活动，扩大影响力。然而，无论是在版面上继续吸纳一定的广告，还是通过开展各类营销活动获取广告投放或项目经费的支持，都必须依托有影响力的媒体平台，而支撑其影响力的正是内容创造的价值。其二，内容打造会在向新媒体转型中构建商业模式时发挥重要作用。纸媒往新媒体转型中构建商业模式依然在探索中，这种探索并非是抛开内容的盲动。如果内容做不好，转型中形成的新媒体平台缺乏内容产品核心资源的支撑，新媒体平台也将难有作为。纸媒构建的新媒体平台正在试图通过开展智库建设和为用户提供定制服务等方式，寻求商业模式的突破。这些都离不开内容的支撑。其三，有专人专注于内容打造，可使纸媒产生价值并形成品牌效应，在延伸到别的产业时才有底气。一个连什么声誉都没有的纸媒，难以获取社会资源，也很难延伸到多产业领域。浙江的《萧山日报》，2015 年主营收入才占 33%，而多元产业收入却占 67%，利润有 3 800 多万元，比上年增长 46%。《萧山日报》的做法主要是靠其机关报的影响力来拓展资源。他们提出新闻创造价值，价值支撑产业的理念。

知名的纸媒靠新闻内容去打造声誉和品牌影响力，然后以声誉、品牌影响力实现多元经营的延伸，再通过多产业的收益反哺纸媒及其新媒体平台的发展，这是相当一部分纸媒单位当今和未来的发展路径。

透视之二：
转型新媒体传播平台后的内容变现分析

在互联网尚未形成大气候的年代，传统媒体的"打造内容影响力，以影响力引发客户注意力而获取广告"的二次销售模式产生了良好效益。随着互联网的迅猛发展，传统媒体的这种经营模式陷入了困境，但有些商业平台或自媒体却有很强的内容变现能力。于 2014 年 10 月创办的公众号"黎贝卡的异想世界"，到 2016 年 6 月其粉丝数已达 80 万，在今日头条上的单篇阅读量基本稳定在 20 万左右，多次跻身当年公众号影响力排行榜单前列，推送内容常被各大门户网站转载。当然，其变现能力也强。传统媒体在转型中需要明确什么内容才能变现，是单一直接变现，还是拐弯多途径间接变现。

一、不应因二次销售模式困境而放弃内容变现

二次销售模式困境，不是内容的过错。新媒体传播平台的商业模式仍需优质内容支撑，然而需要弄清新媒体传播平台是为怎样的用户对象建立的，哪种内容才适合特定的对象和能获取特定资源，包括广告资源以及其他能带来营销效果的资源。

纸媒在二次销售模式的年代，曾经把内容作用下的发行量当作制胜的法宝。内容越好，发行量越大，则获取的广告投放就越多。后来主要看报纸的"区域优势"，即某种报纸在某个区域发行量大就很受广告客户的青睐，因为广告往往是按某个区域的消费习惯来投放的。再后来，还要看核心读者是谁，也就是广告客户认可的精准读者。一时间，精准投放成为广告经营的流行语。可以看出，上面这几个阶段依然是内容在起决定性作用。

互联网的快速发展和各类新媒体传播平台的兴起，不仅拓宽了广告投放渠道，而且一个个更精准的广告投放平台也取代了原有的平台。虽然出现了一批不是靠内容去拉动广告的传播平台，但也依然有与内容有关的能转换成商业模

式、广告模式的平台。一个公众号可以招来很多广告，是因为有足够的用户，但也并非用户越多就越能争取到广告。有效用户，才是硬道理。要能圈住实实在在进行营销活动的用户，还得靠内容去打动。从传统媒体跳槽转入公众号的方夷敏进行内容创业就获得了成功。其公众号"黎贝卡的异想世界"之所以有那么多的粉丝量和阅读量，靠的是能黏住用户和广告投放者的内容。当今社会有相当一部分人在穿着打扮等方面喜欢追逐新潮流，而生产厂家和销售商也看中了这一群体的消费市场。所以，"黎贝卡的异想世界"做内容时，一开始就着力于穿衣搭配技巧、消费购物指南、时尚潮流趋势等相关内容。其推送的首篇内容是"丝巾的使用方法"，她将该文章发给了 6 位好友，后台的阅读数很快突破1 000；第三篇谈林青霞的穿衣之道的文章被推送后，阅读量超过了 10 万。还有一篇"情侣怎么穿才能天生一对"的主题吸引众多眼球，加上行文时有温暖如春的表达，还配以亲昵的照片，正在谈情说爱的年轻人或新婚夫妇自然认真浏览了这篇文章和图片，而商家也会相应地投放广告。长期推出类似的文章和图片，用户就会从阅读者变成铁杆粉丝，而商家也会对其形成良好的印象，增加广告的投入。这只是从内容的直接变现来看，如果未来这个公众号再以内容传播去连接某领域的上下游产业和产供销各个环节，必然会将商业模式延伸到更加宽广的领域。

二、直接广告变现需内容技术平台三者"一体化"

从新媒体传播平台的经营来看，直接的内容变现方式并非单一的，应包括个人和机构用户对内容的直接购买、商家对内容的赞助或因对内容感兴趣而引发的广告投放。

从内容的直接购买来说，传统媒体办的新媒体可将生产出的优质内容进行付费阅读；与商业门户网站等签合同，将内容整体打包卖出去；利用自身的专业能力拍片卖给视频网站等。

就广告而言，如今的内容不能直接改变拉动广告变现的困境，这不只是内容不适应，还有技术、平台等因素的制约。只有把创新的内容与技术、平台三者"一体化"，才能实现良好的效益。

这里还得先分析一下，传统媒体过去行之有效的二次销售模式为什么现在难以奏效。首先看一看内容影响力。传统媒体及其办的新媒体的专业媒体人才有采访资格，国家和社会上的许多重大事件都会由他们介入采写，生产出来的内容如果是优质的一定会产生强大的影响力。然而，其影响力得益于各类商业网站、社交平台、自媒体平台的立体式的接力传播。也就是说，这种内容传播形成的强大的影响力是因互联网的发展将官方媒体和民间新媒体两个舆论场打通了。有别的平台助力传播主流声音是好事，然而从经营的角度来看，可能就是一种困境了。因为原创者尽管生产出有很大影响力的内容，但众多的用户并非从原创者拥有的平台上获取内容，而是从其他新媒体传播平台上得到的。广告投放者看中的不是谁创造了内容，而是内容在哪个平台上传播最广和最有影响力。所以，传统媒体将原有的二次销售模式延伸到影响力并不是很大的自身的新媒体平台上自然难以成功。

当今的广告投放渠道越来越多，但内容吸纳广告也并非完全失效，问题是广告客户要考量在哪个平台投放广告最有效。大到用户足够多的今日头条广告费在大幅度上扬，小至一个公众号也能吸纳数千万元的广告。今日头条作为资讯类的 App，2015 年的广告实收额已超越了报纸最辉煌年代广告最多的一家报纸的实收额。这与今日头条的内容、技术、平台的一体化有关。从技术上来说，他们用一种搜索引擎的方式做资讯搜集，用智能机器抓取文章后分类管理并推送给各自有需求的用户，这本身就涉及用什么内容来吸引用户。在内容操作中，把用户喜欢哪些分类内容、喜欢内容中哪些关键词告诉作者，来辅助生产。为强化内容的原创性，还推行"千人万元"的作者计划。标题也很有讲究，一篇文章两个标题发出去，点击率高的会取代点击率低的，从而让阅读量提高。所有内容都可以成为其分发的对象，因此他们提出打破传统的内容界限，"我们认为只要你能创造有用的信息，我们不介意机构的类型。如果有一个机构，甚至包括广告商也是我们媒体平台的入驻机构，只要创作的内容对读者有意义，我们都欢迎入驻"。他们将面向大众与定制服务小众并举，内容宽传播与窄传播相结合，使其平台能聚拢各种各样的人群，名气越来越大。有了内容、技术、平台和影响力的统一，自然会引起广告客户的注意。而且，一方面由于有足够的大众化的用户，通用的消费品广告会投到这里；另一方面又由于形成了分门别类的某个领域的窄众群体，特殊人群消费品的广告也能获取。所以，今日头条的成功是根据新媒体传播平台的特点经营适合内容的成功，也是内容、技术、平台一体化的成功。

笔者认为，新媒体传播平台的内容黏住用户并能产生广告效益的内容变现模式有三种：一是有足够大数量的用户，大众都需要用的产品广告会往这里投；二是某一消费群体的产品广告会投向被内容聚拢在一起的某一传播平台上；三是垂直媒体传播平台，通过内容将上下游产业相关人员圈定，用户不一定很多，但只要能将相关人员圈在一个群体里，依然能实现营销的目的。

三、拐个弯的间接内容变现已成为常态

现在，不能靠单一的广告或付费阅读、内容打包出卖等直接的内容变现方式，内容创业变现已渗透到多领域、呈现出多方式，拐个弯进行间接的内容变现已成为常态。

以健康传播为例。许多患者想到医院看知名专家门诊却苦于排不上队，而医生也想利用业余时间为病者服务并从中获取报酬。服务与被服务的愿望在两者之间都存在时，这就需要有一个连接他们关系的平台，比如微信公众号平台。平台易找，但如何将服务者与被服务者请到这个平台上才是硬功夫。当今人们的观念中就是"服务为王"或者"渠道为王""体验为王"，这都有道理，是需要让服务者觉得这个平台、渠道方便自己用业余时间施展才干，当然涉及收益的交易也要方便；而被服务者也要让他们觉得这个平台好用，交这个钱值得。这些都是基本常识问题，无须多言，重要的是在创建平台初期如何用内容去黏住服务者和被服务者。长期运转中平台会越滚越大，加入进来的人会越来越多，这也需要建立能打动用户、凝聚人心的话语体系。因此，连接服务者与被服务者的要素除了技术、平台，就是内容的创建了。一般来说，不会由医生去亲自创建，他们有医疗技术，但未必有内容运营的经验。从这几年的情况来看，有不少原本做传统媒体内容的人才，在为服务者和被服务者之间架设平台，并用良好的话语体系去吸引用户，最终成功了。这是因为他们原本就是做内容的佼佼者，明白用什么内容去吸引人。当然，从过去的传统媒体转到新媒体上，表达方式是不同的，固守传统的话语体系已然行不通。有的传统媒体及其办的新媒体在做类似的业务时不能成功，就是因为内容及传播方式未创新。但是我们不能看到他们没有成功，就认为内容不行了。

"万物互联"就是在技术平台上运用新颖的内容去连接，连接得好自然就有商业模式。平安好医生、春雨医生、好大夫在线等问诊类的 App，就是在这样的背景下应运而生。很多人都知道的春雨医生的公司在健康传播方面是做得

不错的。该公司创立于 2011 年 7 月，上线首创"轻问诊"服务，接着到上线疾病智能搜索引擎、"空中医院"，再到上线医疗咨询开放平台建立等，通过 4 年的积累，到 2015 年 9 月，春雨医生平台已拥有 30 多万医生、8 600 万用户，平均每天解答 27 万个问题，成为强大的移动医患交流平台。2016 年上半年医疗 App 排行榜，春雨医生居榜首。创始人张锐本身就是一个善于做内容的高手，曾担任《京华时报》新闻中心主任、网易副总编辑。春雨医生首席内容及品牌官万静波，曾任《南方人物周刊》副主编。当春雨医生出现"倒闭传闻"后，张锐对"春雨模式行不通、开线下诊所是黔驴技穷的表现"等说法作出了较好的回应。创办之初，先推行"轻问诊"模式，要将医生拉到线上，也要将需要诊断咨询的用户拉到线上，这得有做内容的技巧，并以适合语境的表达把医生与患者聚拢在一起。人气有了，以怎样的专业信息去引导也非常重要，这也涉及内容。正如张锐所说，"要让医生和患者之间建立起点对点、长期持续的、稳定的信任关系"。获得更多的下载激活用户量和有了庞大的医生资源的支撑，其平台变现能力会越来越强，进行"健康电商淘宝"的商业化探索就有可能成功。

微信公众号等新媒体传播平台，借助优质内容聚集大量粉丝所形成的间接变现路径正越走越宽。因为创办公众号是低成本甚至是零成本的，所以只要有适合用户的优质内容就能吸引用户。新媒体传播平台可以先借助内容圈住特定用户群，有了足量的用户基础后再向用户群提供产品服务，就会引来购买流。如各类时尚潮流微信公众号利用时尚潮流的内容聚集大量粉丝，再通过链接直接为涉及时尚潮流的电商网站导流。此外，有了用户群还能开展线上线下的一系列活动，将商业模式延伸到某些产业中。

这种拐个弯去寻找商业模式、赢利模式的方式，说到底还是要发挥好优质内容在营造社群、凝聚用户中的重要作用。

2017 年

…… ……

年度重大传媒事件

一、众媒聚焦党的十九大，合力传播提升报道影响力

事件回放：

无论是在喜迎党的十九大的过程中，还是在党的十九大开幕之后，全国各类媒体都利用各自的优势和特点，多角度、全方位地对党的十九大进行报道。除了传统媒体常用的报道手法之外，多媒体传播和新闻产品创新异彩纷呈。新闻网站成为报道大会的主阵地，各大网站集纳新闻、评论等多种报道方式以及图片、视频等各样表现形式，形成了强大的视觉冲击力。尤其是由 15 家中央主要新闻网站组成的十九大报道"国家队"，在新闻报道中承担了主力军的角色，成为众多网民关注的焦点。

点评：

党的十九大的报道，除了受到传统媒体及其创办的新媒体的高度重视，还受到商业互联网公司创办的传播平台、各类社交媒体和自媒体的高度关注。特别引人注目的是，用户量极大的今日头条联合人民网、新华网、央广网、光明网、中国新闻网、《解放军报》融媒体、中青在线、大众网、《大河报》、浙江新闻、《长江日报》等 40 多家主流媒体，打造了十九大报道专题页面"喜迎十九大"。权威性极高的主流媒体与用户量极大的资讯客户端合作，综合音频、视频、图文等多种表现形式，使权威的内容通过鲜活的表现形式及时精准地传递给用户，使报道更接地气、更富成效，大大提升了党的十九大的影响力。

二、中央主流媒体领衔构建"中央厨房"，各媒体"特色小厨"推进媒体融合

事件回放：

2017 年 1 月 5 日，中宣部负责人在推进媒体深度融合工作座谈会上发表讲话，强调要抓好"中央厨房"建设这个龙头工程，推进媒体深度融合。1 月 16

日人民网创办 20 周年座谈会之际，人民日报社社长表示《人民日报》不但要做新闻宣传的排头兵和领航者，而且要成为媒体融合的标杆和示范，借助"中央厨房"机制，用好深度融合枢纽。2017 年，《人民日报》着力推动"中央厨房"与媒体智库融合转型；新华社"中央厨房"全媒体报道平台扩容升级，初步建成了资源整合、融合加工、舆情监测、业务管理、影响力评估、远程指挥等六大功能。

点评：

在中央权威主流媒体的带动下，各类媒体纷纷打造有自身特色的"中央厨房"。2017 年全国两会召开之际，《中国青年报》"中央厨房"工程——"融媒小厨"正式投入使用；湖北广电集团"长江云"自 2016 年开始改革，2017 年全面升级为"新闻＋政务＋服务"的综合云；南方报业传媒集团以"重组、再造、融合"三大关键词打造"中央厨房"。各媒体结合自身特色，打造个性化"中央厨房"，融通采、编、发环节，促使传统媒体更加有效地统合新媒体，使新闻信息的交互传播焕发新的活力。

三、主旋律大剧《人民的名义》收视破纪录，反腐倡廉的导向凝聚民心

事件回放：

电视剧《人民的名义》于 2017 年 3 月 28 日在湖南卫视"金鹰独播剧场"播出，该剧以检察官侯亮平的调查行动为叙事主线，讲述了当代检察官维护公平正义和法制统一、查办贪腐案件的故事。这部长达 52 集的作品，创下了省级卫视近十年来国产剧最高的单集收视率。

点评：

在互联网快速发展、各类传播平台大量吸纳用户的背景下，《人民的名义》能将全民的目光聚焦至电视机前，并形成良好的口碑，实属不易。《人民的名义》一经播出，便引发全民追剧的热潮和全社会的热烈讨论。《人民的名义》刷屏传递主流价值观，剧中台词"当官不为民做主，不如回家卖红薯"迅速走红网络。电视剧和新闻媒体反腐倡廉的舆论导向凝聚民心，为国家反腐工程打造舆论高地。

四、《战狼2》刷屏各大媒体，媒体报道抒发爱国情怀，强化国家形象

事件回放：

现象级电影《战狼2》于 2017 年 7 月 27 日在中国首映，上映短短 24 天，票房便突破 50 亿元人民币，电影中的经典台词"犯我中华者，虽远必诛""中华人民共和国公民：当你在海外遭遇危险，不要放弃！请记住，在你身后，有一个强大的祖国！"刷屏各大媒体。《人民日报》、中央电视台、新华社多次点赞《战狼2》，给予其高度评价。

点评：

媒体的宣传报道是《战狼2》大受欢迎的重要推手。电影所表达的热烈情感与媒体全方位、多视角的宣传报道和舆论引导相得益彰，传递了浓浓的爱国情怀，点燃了中国观众内心强烈的民族荣誉感和自豪感，在精神层面满足了人民日益增长的美好生活需要。同时，彰显了中国负责、开放、热爱和平的国家形象，向世界宣示——"中国的发展是世界和平力量的壮大，是传递友谊的正能量"。《战狼2》在国内外的广泛宣传实现了国家政府、社会大众、电影自身和新闻媒体的多赢。

五、《刺死辱母者》报道引发社会反响，权威媒体介入启发社会深度思考

事件回放：

在 11 名讨债人员长达 1 小时的对自己及母亲苏银霞的极端凌辱之后，山东聊城 22 岁的青年于欢拿出一把水果刀乱刺，导致 4 人受伤，其中一人失血过多死亡。2017 年 2 月 17 日，山东省聊城市中级人民法院一审以故意伤害罪判处于欢无期徒刑。3 月 23 日，《南方周末》发表了《刺死辱母者》一文，经各类传统媒体、新媒体转发传播后，迅速引发社会热议。5 月 27 日，该案二审公开开庭审理。6 月 23 日，山东省高级人民法院认定于欢属防卫过当，构成故意伤害罪，判处于欢有期徒刑 5 年。

点评：

这是 2017 年最具社会影响力的报道之一，无论是专业主流媒体还是社交媒体都在跟进、关注这一事件。媒体在报道的过程中不仅仅关注事件本身，对事件中涉及的法律、伦理等方面也进行了讨论和评议。3 月 26 日，《人民日报》发表评论《辱母杀人案：法律如何回应伦理困局》称，回应好人心的诉求，审视案件中的伦理情境，正视法治中的伦理命题，才能"让人民群众在每一个司法案件中都感受到公平正义"。《人民日报》等权威媒体对该案进行系统梳理，引发社会大众的深度反思，起到了良好的舆论引导作用。

六、深化新闻单位人事管理制度改革，不断增强新闻队伍事业心、归属感、忠诚度

事件回放：

2017 年 2 月 6 日，中央全面深化改革领导小组第三十二次会议审议通过了《关于深化中央主要新闻单位采编播管岗位人事管理制度改革的试行意见》。会议强调，要深化中央主要新闻单位采编播管岗位人事管理制度改革，统筹配置编制资源，开展人员编制总量管理试点，深化人事薪酬制度改革，完善考核评价和退出机制。各省、自治区、直辖市党委宣传部和有关部门要参照意见，结合本地实际，研究制订深化地方主要新闻单位采编播管岗位人事管理制度改革的方案。

点评：

在各类传播平台快速发展的当下，专业媒体碰到了许多新情况、新问题，新闻队伍的建设要适应新的形势的变化。对新闻队伍的建设制定意见，深化中央主要新闻单位采编播管岗位人事管理制度改革，是加强新闻舆论工作队伍建设的又一举措。它将增强新闻舆论工作队伍的事业心、归属感与忠诚度，为新闻事业长远健康发展提供坚实有力的人才支撑。

七、质疑"算法"引热议，过分依赖或视而不见都有偏颇

事件回放：

2017 年 7 月 6 日，《人民日报》发表《新闻莫被算法"绑架"》一文。随

后，人民网先后发表了《不能让算法决定内容》《别被算法困在"信息茧房"》《警惕算法走向创新的反面》三篇文章，从内容"看门人"、算法创新等角度对今日头条的算法进行全方位的质疑。今日头条回应称："正视机器学习技术目前整体发展的不足，勉力改进。"

点评：

《人民日报》及其管辖的人民网连续对今日头条算法进行的质疑，给过分追捧算法的狂热者打了一针清醒剂，文章提出的一些观点值得深思。各种观点的争论中，其中有一种观点认为，对算法既不能视而不见，也不能过分依赖和追捧。暨南大学新闻与传播学院执行院长支庭荣教授针对大数据和人工智能技术浪潮中今日头条、一点资讯等基于用户兴趣图谱的"算法型内容生产"（AGC）的崛起，提出了媒体作为信息发布的专业筛选者，算法作为用户、媒体、用户多重连接的大众化筛选者，"内容＋"与"算法＋"相向而行的"双＋"融合观。认为"千报一面"与"千报千面"的并存是满足用户现实与虚拟需求的一体两翼；专业媒体与智能引擎的相互激发赋予用户更大的权能去触摸、理解和判断；内容和算法在服务用户中竞争合作，创造出"智媒时代"更大的消费者剩余。他的观点是在思考了各种不同意见之后的一种比较平衡的观点。

八、VR、AR、MR 各显神通，中国政府积极打造产业创新发展生态圈

事件回放：

VR（虚拟现实）、AR（增强现实）、MR（混合现实）生态圈正成为全球热门话题之际，中共中央办公厅、国务院办公厅于 2017 年 1 月印发了《关于促进移动互联网健康有序发展的意见》，其中谈到"加紧人工智能、虚拟现实、增强现实、微机电系统等新兴移动互联网关键技术布局，尽快实现部分前沿技术、颠覆性技术在全球率先取得突破"。尔后，各部委纷纷出台指引新产业发展的举措。

点评：

VR、AR、MR 产业近年来发展迅速，引发各方人士的高度关注。马化腾说："未来会有什么产品颠覆微信？VR！"可以预料，VR、AR、MR 将极大改

变社会大众的信息交互模式，减少信息与用户之间的必要媒介和感知理解障碍。中国政府营造良好的生态圈，将推动这一新的技术产业和相关产业的发展。

九、南方报业打造主流网红，强化新型媒体平台影响力

事件回放：

2017 年 4 月，南方报业传媒集团再推 25 名"主流网红"，加上在这之前启动的"南方名记培育工程"推出的 15 位南方名记者，该集团集结了 40 位颜值高、有气质、专业素养强的"主流网红"。他们推出的脱口秀节目《武松来了》的点击量突破了 1 亿，此外，他们还推出了一批单篇阅读量"100 万＋"的高质量融媒体作品。广东省委宣传部总结推广了他们的经验。

点评：

说起网红，人们常常将其与作秀、搞笑挂钩。为了正确引导舆论、为网红赋予积极内涵，南方报业率先探索打造"主流网红"，在全国产生强烈反响。网红不是作秀者的"专利"，正因为网络平台上网红良莠不齐，正确的价值观得不到充分的传递，所以打造"主流网红"不是要不要的问题，而是应如何做好并尽快占领这块阵地的问题。有针对性地培育"主流网红"，体现了主流媒体的社会责任感和使命感，对强化新型主流媒体平台的传播力乃至巩固和发展主流舆论阵地，具有重要的现实意义。

十、国家新闻出版广电总局频出新政，旨在落实"内容品质提高年"决策

事件回放：

2017 年，国家新闻出版广电总局频出新政：2 月，对涉"韩"影视节目进行调控；5 月，责令腾讯网视听节目深入整改；6 月，印发《关于进一步加强网络视听节目创作播出管理的通知》《网络视听节目内容审核通则》；8 月，发布《关于把电视上星综合频道办成讲导向、有文化的传播平台的通知》。

点评：

2017 年被国家新闻出版广电总局定为"内容品质提高年"，围绕"价值、文化、品质、创新"着力提高影视作品内容质量。几项新政策的出台，正是围

绕内容品质而展开的，旨在营造健康积极向上的影视文化氛围。新政执行的同时也要考虑到影视作品和各类媒体的未来发展趋势，及时调整相关规定，在政策、市场以及观众中取得平衡。

十一、网络安全法正式实施，网络空间治理有法可依

事件回放：

2017 年 6 月 1 日，《中华人民共和国网络安全法》正式施行，内容包括总则、网络安全支持与促进、网络运行安全、网络信息安全、监测预警与应急处置、法律责任以及附则。其中对国家的责任与义务，有关部门和各级政府的职责划分，网络运营者的责任与义务，网络产品和服务提供者的责任与义务等均作出了规定。

点评：

互联网的影响已经渗透我们生活的方方面面，近些年"互联网＋"的概念也蓬勃兴起，对于国家、社会以及公民个人而言，网络发展亟须国家从法律上给予安全保障。《中华人民共和国网络安全法》是我国第一部全面规范网络空间安全管理问题的基础性法律，是我国网络空间法治建设的重要举措。在此基础上，针对网络空间管理的各方面规定将有法可依，这对于依法治网、化解网络风险具有现实意义。

十二、财新传媒全面收费，探索媒体内容直接变现运营新模式

事件回放：

2017 年 10 月 16 日，财新传媒发出公告，称其自 11 月 6 日起，将启动财经新闻全面收费。除目前《财新周刊》、"数据＋"和财新英文（CaixinGlobal）继续收费，财新网的主要新闻内容也将实行收费或分时收费（48 小时内免费，然后转入收费）。同时，财新传媒将通过"四通"产品——"财新通""周刊通""数据通""英文通"来满足不同用户的阅读需求。财新传媒的收费过渡已于 10 月 17 日开始。购买《财新周刊》数字版（298 元/年），可立即成为用户，并在三周后平稳过渡为"财新通"用户（498 元/年）。

点评：

摸着石头过河，财新传媒探索建立新闻付费墙的勇气和改革创新新闻内容运营模式的尝试值得鼓励。一提到新闻付费，人们往往想到美国的《华尔街日报》和《纽约时报》，这两家媒体经过对新闻付费墙长时间的艰难探索和改革实践，取得了一定的效果。但是，中国的信息传播环境与美国存在相当大的差别，要走的路更长。中国读者习惯于获取免费的信息资讯，也有能力通过各种各样的渠道来免费地获取信息资讯，正如财新掌门人胡舒立所言，"培育一个收费市场是非常难的事"。不管如何，总得有人去试。

传媒事件透视

透视关键词：强化平台　媒体坚守

透视之一：

打造主流网红，强化新型媒体平台影响力

说起网红，人们常常将其与作秀、搞笑挂钩，但其实当今的网红有多种类型。可喜的是，南方报业传媒集团在全国率先启动"南方名记培育工程"，致力于将名记打造成一批有责任、有担当、有别于一般网红的主流网红。开展这一计划以来，这些网红记者创作了一系列具有广泛传播力的爆款内容产品，取得了良好的效果。2017年4月，南方报业传媒集团再推25名主流网红。打造主流网红对强化新型主流媒体平台传播力乃至巩固和发展主流舆论阵地，具有重要的现实意义。

一、网红不是作秀者的专利

南方报业传媒集团提出构建主流网红培育工程之后，在社会上引起一定的反响，网络上点赞者有之，喝倒彩者也有之。看来，需要为网红正名。

有人将网红当负面的词语来看待，是因为有些网红确实创作了价值观有问题的作品。提起网红，人们往往想到的是网络直播间里的俊男靓女以及他们卖萌要怪式的表演。那些充满"作秀""搞笑""恶作剧"的内容及伴随着互联网平台成长起来的网红，受到许多网友的追捧，"圈粉"无数。一时间，网红污

名化的标签也就被贴上了。久而久之，网红给人的印象就是与主流价值观相违背。

主流传统媒体及旗下的新型媒体肩负传播正能量的重要职责，是比较严肃的、有权威性和公信力的媒体，打造网红，岂不与自己的职责和使命相违背？其实，这是一种误解。

我们必须正视一个现实，不管你认不认可，网红争取用户的能力极强，且拥有大批粉丝。我们还要正视的另一个现实就是，用户在哪，传播力的落脚点就在哪里。当一批人围着网红转，而网红不断用动作语言吸纳用户时，会对青少年的价值观形成产生很大的影响，也会将主流的声音淹没。因为网络平台上网红良莠不齐，正确的价值观得不到充分的传递，所以打造主流网红不是要不要的问题，而是应如何做好并尽快占领这块阵地的问题。我们应该为网红正名，网红不是作秀者的"专利"。

当今的网红有三种：其一，传播不正确的价值观，如传播金钱至上、极端利己主义、消极的人生观等；其二，无益无害，属于比较中性的；其三，传播正确的价值观。在网红领域里，有针对性地培育主流网红，体现了主流媒体的社会责任感和使命感。

观念上的误区使得主流传统媒体在进军新媒体领域时踌躇不定，这也相对形成了一个"真空期"。南方报业传媒集团抓住了这一空档和机会，在全国党委机关报集团中率先启动"南方名记培育工程"，提出在新媒体时代既要做"纸红"更要做"网红"，要符合有"颜值"、有素质、有气质，腹有诗书、心有用户、肩有担当的标准。名记可以打破部门界限，挑兵选将，组建工作室，鼓励创新，宽容失败。工程实施以来，这些网红创作出了一系列人们喜闻乐见的优秀作品，被形象地称为"网红界的一股清流"。丁建庭工作室推出一批重磅评论，多次被《人民日报》、新华社转载；主持快评栏目《叮咚快评》，针对每天热点事件推出热评，扩大主流评论声音在网络上的影响力。主流网红靠个人影响力吸引一大批粉丝，发挥意见领袖的作用，他们在新媒体平台上第一时间发出主流声音，能够让中国好声音传播得更远、更嘹亮。

名记、名嘴有了更加广阔的施展才能的平台，可以更好地利用自身的专业素养和社会影响力创作出优质的新媒体产品，在网络上发挥大浪淘沙、激浊扬清的作用，发展壮大主流舆论阵地。

二、主流网红提升内容价值强化平台影响力

培育主流网红既是提升主流媒体的内容价值，也是凭借这一价值强化主流媒体创办的新型媒体平台影响力的重要途径。

采编人员历来以做新闻内容为荣，并把它当作安身立命的根基。然而，在主流传统媒体碰到困境的状态下，有人对做内容发生了动摇。我们需要重新认识做内容的价值，要明白做怎样的内容、怎样做内容和如何传播内容才能实现价值的最大化。

新闻的内容价值包括两个方面：一是社会价值，二是商业价值。从内容传播的社会价值来看，不管是谁，包括传统媒体、新媒体、自媒体、网红生产出的优质内容，都能形成强大的传播影响力，产生良好的社会价值。当下，有人对做内容的价值产生怀疑，是因为混淆了内容传播价值与平台传播影响力、社会价值与商业变现价值的区别。传统媒体时代，内容传播价值与平台传播影响力、社会价值与商业价值是一致的。也就是说，当时没有新媒体的竞争，一家媒体机构记者经营出来的新闻内容，一定先在自己的媒体平台上传播，尤其是独家新闻。内容价值与其平台的影响力是一致的，因而媒体经营也比较好做，广告客户会往这样的媒体投放广告。现在内容价值与平台影响力两者之间撕裂了，传统媒体生产出来的有影响力的内容，很快被别的新媒体平台广为传播，而自己的平台影响力较弱，因而造成商业价值变现比较困难。官方主流媒体借用民间舆论场进行传播是好事，但长期依赖对巩固主流舆论阵地是不利的，而且媒体平台困境带来的经营困境也很难摆脱。所以，有必要将主流媒体创办的新型媒体平台的影响力做大，也有必要打造一支能生产优质新媒体内容产品的队伍。

传统媒体时代，许多媒体靠名记、名编将一家报纸、一个电视频道支撑起来。打造主流网红，实际上是打造新型主流媒体平台上的网络名记。在主流网红的培育上，南方报业传媒集团在重点报、刊、网、端开辟专门栏目，制作"南方名记×××工作室"统一标识，形成品牌。名记成为主流网红，成为品牌的代言人，对用户具有拉动作用，一个主流网红、一个爆款新媒体产品就能吸引并留住一批用户。以赵杨为例，他带领团队制作的反腐题材短视频《武松来了》拉动"南方＋"下载量达"100 万＋"，成为名副其实的"吸粉神器"。

这不仅提高了客户端的用户规模，而且提升了南方报业的影响力。重要的是借助名记的影响力创作出适合移动终端的新媒体产品，可以用产品留住用户。主流网红通过创作优质的内容产品，形成具有影响力的个人品牌，发挥"名人效应"，从而重塑媒体平台的传播力。

南方报业传媒集团构建"南方名记培育工程"，不只是体现了媒体人的社会责任感和使命感，也是摆脱困境的一条路径。现在，有些媒体很迷茫，经营出现了困境，为了节省成本就放弃优质内容生产。南方报业舍得花本钱去培育网红记者，让他们集中精力做好内容传播，值得肯定和倡导。媒体首先考虑社会价值，至于解决经营困境要靠别的途径去实现，而不是通过削弱内容价值去解决。

强化新媒体的队伍建设，打造好内容价值才能更好地摆脱媒体的困境。理由有四个。一是媒体不转型肯定没有出路，转型中内容价值是基础。虽说当下多数传统媒体也建立了综合的多样化的新媒体平台，但由于起步晚、互动性差，内容也是简单地从传统媒体搬运或改写到新媒体平台上，导致用户数量少、用户黏性差。所以，通过主流网红打造优质内容，成为传统媒体实现突围的途径之一。二是网红不只是传播新闻，还通过连接平台提供服务，服务是可以获取商业价值的变现的。南方主流网红中有一个服务项目就是"南方名医帮"，用特殊语境将用户（病人）与医生相连接。我们相信连接得好，将来可以在健康传播的产业中获得效益。三是传统媒体与新媒体互动开展线上线下的活动，能带来收益，而这种活动往往是有影响力的媒体才能开展得起来，而影响力靠内容打造。四是媒体的发展得靠多产业支撑，而延伸产业首先是品牌影响力的延伸。只有打造好内容，才能提升媒体品牌价值。传统标准的优质内容不适应新的传播平台，内容传播力和平台传播力出现分裂，这就需要将优质的内容和媒体自身的平台"绑定"起来，让优质内容产品化，打造成媒体的一个品牌、一张名片。

三、培育主流网红的三个着力点

培育主流网红是一个系统性的工程，一是团队的建设，名记是团队的核心；二是优质内容产品的创作，高水平产品是打造主流网红的方向；三是渠道的配合，多媒体渠道的联合是打造主流网红的重要环节。打造主流网红离不开这三个方面的紧密配合。

以名记为核心，发挥团队价值。在纸媒盛行的时代，名记可以说是"纸红"，报纸上刊登出的高质量稿件使记者知名度迅速提高，成为读者心中的"无冕之王"。以往，记者工作相对独立，基本是个人作战，负责自己的新闻线，把稿件发给编辑部就完成了任务。新媒体时代，对记者能力的要求更高，要学"十八般武艺"，懂新闻、懂技术、善管理、会策划，做的是采、写、摄、录、编等一条龙的工作，因为他们服务的媒体已经发生变化，是一个集合报纸、电视、网站、手机 App 等多种媒介形式的综合平台。显然，个人的力量是有限的，团队合作是必不可少的。培育主流网红，绝不能是名记个人在战斗。名记是深耕某一报道领域的专业人才，在内容生产上具有权威性、专业性和公信力，但个人的技术本领并不一定过硬，其身后离不开一个跨媒体的团队或工作室。南方报业允许名记打破部门界限，根据需要跨媒体、跨部门抽调摄影摄像、直播、新媒体制作、动漫设计人才等组成以名记为核心的团队。名记是团队的领导者、决策者、运营者，拥有更多自主支配的权力。由单打独斗到团队作战，有了强大的团队支撑，也形成了多样化可持续的产品生产力。名记可以游走于各个不同的媒体平台，发出有价值的主流声音，成为有持久生命力的主流网红，而不像一般网红那样昙花一现。

以产品为方向，树立品牌意识。优质内容一直是传统媒体权威性和公信力的保证，但在媒体融合发展的道路上，如果把以往的优质内容简单搬到新媒体平台上，会出现"水土不服"的现象，因为新媒体平台有着不同于传统媒体的特质，有着不一样的语态和属性。传统媒体想生存，就必须适应这种变化，打造有自己品牌特色的新媒体产品。打造主流网红其实也是一个打磨精品、塑造品牌的过程。打造主流网红要以产品为突破口，以全媒体融合为核心，集中精力抓重大项目、栏目、节目，创造出一系列具有广泛影响力的内容产品。

以渠道为出口，联结多渠道终端。优质的内容产品要有相对应的发布渠道，"酒香也怕巷子深"，全媒体时代平台和渠道的力量变得无比强大。如果没有畅通的渠道出口，再好的作品也可能会淹没在纷杂的信息海洋里。在打造主流网红的过程中，切不能忽视渠道的作用。主流网红生产的作品要根据不同渠道的特点深度加工，分门别类。作为主流网红依托的媒体机构要调动整合全媒体资源，重点推介名记和产品，将名记生产的优质内容产品由集团的报纸、网站、微博、微信、客户端等全媒体进行集中推广，形成传播的合力。

网红只是打造内容价值队伍中的一支，内容也只是支撑媒体转型的一个方面。转型要成功，需要培养一批能从事新媒体的骨干队伍，也需要内容、技术、平台、渠道一体化发展。新媒体时代，媒体的运营方式已改变，单靠好的内容无法支撑起新媒体平台。面对这种新的情况，经营者还要考虑用户的体验，即用户能够以最便捷的方式看到内容，而且在分享的过程中有愉悦感，也就是有良好的体验。因此，管理者不仅要给网红提供做优质内容的环境，还要让网红经营出来的内容快速、便捷地传播出去，以引发网民的关注，形成强大的平台影响力。

透视之二：
新环境下都市报市场化道路的思考

颇有影响力的都市类媒体《京华时报》，从 2017 年 1 月 1 日起告别了纸质版。都市报是伴随着中国市场化的进程而崛起的，因此都市报也被称为市场化的报纸。然而，在互联网快速发展，"万物皆媒"的今天，似乎市场化愈高的报纸愈难生存。但是，都市报不走市场化的道路，难道还有其他路可走？答案是否定的。既然要继续走市场化的道路，那么在新环境下应走怎样的市场化路径，值得我们思考。

一、"强者愈强，弱者愈弱"的市场规律的失灵

过去常听到一种说法："强者愈强，弱者愈弱。"这是市场的一般规律，许多强势企业正是越做越强大。当人们以为媒体也遵循这个规律时，想不到称雄一时的都市报竟一下子变成了弱者。事实上，即便是未关闭的都市报，大多已经风光不再。

如果从现象来分析，其实道理很简单：都市报一路走来，为了占领市场，攻城略地，开拓新领域，不断扩版，发行也急剧上升。相应地，广告也大幅度增长，全国有几家都市报的广告年实收额曾超过 10 亿元。有的都市报每天版面超百版，发行量过百万份，每张报纸成本两三元，报价才一元。由于广告量上得快，也能有几亿元的丰厚利润。然而，现在广告量发生了断崖式下滑，版面多、员工多的都市类报纸一时难以承受，于是纷纷减版、裁员或者员工自动跳槽。这形成了恶性循环，陷入越来越困难的局面。

如果从深层次去分析，则是市场定位、读者定位变化使然。都市报的市场定位在城市尤其是中心城市，比如广东省会城市的几家都市类媒体都是主打以广州、深圳为中心的珠三角城市群，而且明确将读者定位为活跃在各行各业第一线的主流人群，尤其是比较年轻的人群。有的都市报明确地说：我们的报纸

是城市市民报纸，是中青年人爱看的报纸。在都市报的经营者心目中，这些人是消费力强的人，其中也有有权拍板投放广告的人。这样的市场定位、读者定位把都市报推向了辉煌。然而，今非昔比，媒介发展的新环境已对都市报原有的市场定位、读者定位形成了冲击。与其说"强者愈强，弱者愈弱"的规律失灵，不如说是市场定位、读者定位失灵。

二、都市报的市场化定位不能适应传播格局发展的现实

面对都市报出现的经营困境，如果看到发行不行就下力气抓发行，广告不佳就集中精力抓广告，这样被动地解决表象问题，自然无法奏效。笔者认为，对都市报市场化的困境不能停留在表象，而必须从深层次去分析。

纵观都市报走过的道路，其市场化主要体现在市场定位和读者定位。原有的定位把都市报推向了辉煌，而当今延续的这种定位则与现实发生冲突。

现在谈都市报的困境，不是否定过去的市场定位和读者定位。当时之所以这样定位，是看中了城市的巨大市场潜力。都市报创建最早的时间是 1995 年，《华西都市报》当年创刊，而《南方都市报》也在当年以内刊形式创办，到了 1997 年拿到刊号后正式创办。当时我国 100 万人口以上的特大城市已经达到了 32 座，50 万 ~ 100 万人口的大城市达到 41 座，市民阶层日益扩大，对住房、医疗、求职等信息的渴求更加急切。在这样的背景下，天然具有环境监测功能的大众传媒，自然要担当起这个使命来。但是当时，我国的综合性报纸市场上主要是机关报和晚报，远远无法满足人们对于信息的需求。另外，由于机关报的特殊职能，难以走市场化道路，需要创办新的报纸推进中国报业的繁荣发展。市场化定位和市场化管理成为当时传媒业的新思路，部分报业开始向市场化经营转型。从当时来看，《华西都市报》整体的设计和发行都具有创新性，其内容和版面选择都将重心放在现代都市生活上，经营模式有市场化趋势。《南方都市报》响亮提出"办中国最好的报纸"的口号，在市场化的道路上快速发展。《华西都市报》创刊第一年发行 10 万份；第二年翻了一番，达到 24 万份；第三年计划发行 35 万份，到 7 月下旬已达到 40 万份，年底突破了 50 万份，成为西部地区发行量最大的报纸。之后，大批省委机关报创办都市报，到 1999 年，连西部边远省区也参与其中；再之后，市级城市也开始出现都市报，形成了蔚为壮观的都市报集群。

因此，在当时新媒体及各类新的传播平台还没有发展起来的年代，都市报的市场定位和读者定位无疑是正确的。现在都市报也依然要走市场化道路，但如果依然固守原来的市场定位和读者定位，经营困境就无法摆脱。

过去都市类媒体在竞争中靠优质内容和拼发行量、拼版面、拼时效性取胜。现在版面再多、发行量再大也多不过互联网的海量，靠自办发行提高时效性也拼不过网络"无时不有，无处不在"的快速。在新媒体技术特别是移动互联网技术冲击下，报纸陷入发展困境，发行量日益缩减、广告经营额度加速下滑、社会影响力持续减弱。作为最贴近市场的报纸，都市报在当前的报业低谷中首当其冲；而作为大部分报业集团的经济支柱，都市报在当前的报业困境中的转型压力也最大。

最为致命的是，如今越是发达的中心城市，越是年轻的人群，越是从网络、社交平台、移动终端获取信息，越会把报纸边缘化。这正好与都市报原有的市场定位、读者定位冲突。如果不认真去思考市场定位、读者定位，就不能从根本上解决问题。

三、都市报选择市场化新路径才可能摆脱困境

都市报是从市场化发展起来的，未来的发展问题也依然要靠市场化去解决，关键是要根据新媒体时代传播格局的变化寻找新的商业模式。具体来说，要从以下几个方面去思考。

（一）中心城市的市场定位和主流人群的定位还要不要坚持？如何坚持？

中心城市和主流人群使用媒体的频率肯定比其他地方、其他人群高，如果从媒体的运营和长远发展来看，抓住这个市场和人群并没有错。问题在于，在各类新媒体、各种传播平台尚未大规模占据上述市场与人群之前，可以比较宽泛地确定主流人群的"口味"，也就是让都市报迎合这一人群共有的"口味"就行了。然而，互联网大发展，各类新媒体、各类传播平台把共同"口味"撕裂了。同一个城市活跃在第一线的主流人群，对信息各有各的需求，越来越个性化。所以，我们不是轻易去否定都市报原有的市场地位和读者定位，而是在新形势下，要将"大众化"变为"窄众化"，将"读者"观念变为"用户"观念。

（二）如何运用多种传播手段打造垂直化平台连接用户？

如果还像过去那样，对广告客户说，"我用最好的版面、最好的设计给你登广告"，广告客户是不买账的，广告客户最看重的是"怎么将我看中的人群组织到平台上来"。都市报应该学会做加法，"内容＋服务＋技术＋平台"。除了报纸的广告之外，还要通过打造包括垂直公众号、论坛、会展等一系列传播平台，将上下游产业、将用户连接起来。比如，打造垂直到社区的平台。有的都市报及其新媒体平台将重心下移到社区，通过深耕社区的方式深挖社区报业资源，甚至让记者入驻中高档社区业主群，努力使自家报纸成为本地最大的社群聚合平台；有的都市报通过掌握市民的详细信息，根据其不同需求细分新媒体市场，从传统报刊发行的"订单驱动式"转向数字时代的"客户驱动式"，实现新闻产品的多层级、多平台、"千人千面"的传播与营销。《钱江晚报》联合咪咕数字传媒有限公司推出了手机新闻客户端"浙江 24 小时"，细分市场，直面浙江本地受众，为用户提供交通、就医、养生等与生活密切相关的服务功能，追求有用、有趣、有温度。自 2015 年 10 月上线以来，"浙江 24 小时"引起较大反响，成为浙江人的互联网移动社区。

（三）如何将打造内容价值平台与提供资讯服务平台相结合，实现直接变现与间接变现？

优良传统不能丢，同时又要创新发展模式。报纸还是要办好，要更加重视内容价值的打造。有了内容价值，才能形成报纸的品牌价值。报纸的自身经营比较困难，但内容打造形成的品牌价值可以在延伸出去的领域中实现间接变现。然而，仅办好报纸不行，新媒体等新传播平台光传播新闻也不行，还要打造资讯服务平台。这种服务可以实现直接的变现。

都市报非常重视为市民提供优质的新闻内容，做市民的"环境瞭望者"。现在还要强化另一个重要的功能，即都市报的服务功能。如今，面对新媒体、新技术的冲击，通过服务来增强用户黏性就显得非常重要。都市报要将自己的定位从"内容提供者"调整为"内容供应商"，将内容产品化。

不论传播形态和渠道发生何种变化，新闻优质内容的生产依然是核心竞争力。都市报记者应该运用专业的技能，为市民消除信息的不确定性。以《新京报》为例，它的深度报道、舆论监督报道大放异彩，相关建制部门也坚持下来，报道内容拥有很大的影响力、公信力和传播力。重大事件发生时，他们力求第一时间奔赴现场，不只是一两个部门参与，而是将社会新闻部、深度报道部、全媒体编辑部、评论部等采编力量都投入现场，进行全方位的报道。尽管其纸媒的传播平台影响力在下降，但通过自身的新媒体和社会各类商业传播平台、自媒体平台的合力传播，在网络舆论空间经常回荡着《新京报》不同寻常的声音。《新京报》不仅在传播形态、平台建设方面不断突破，还尝试种种可能的生存方式。除了继续坚持影响力营销，利用内容优势打造品牌，然后开展线上线下的活动获取收益之外，还积极借助新打造的新媒体产品集群，与产业和资本对接。所以，尽管他们与其他纸媒一样碰到了经营困境，但仍维持着正常运转。2016 年的经营形势比上一年好。

互联网技术虽然号称打破了时空的限制，但"人以群分"的道理仍然没有变。抓住这个机会，拓展都市报的服务功能，重心下移，增强用户黏性，方能在互联网技术的冲击中站稳脚跟。

透视之三：

传统媒体：为何还要坚守？如何坚守？

曾有人问：既然新媒体快速发展了，传统媒体越来越困难了，连原本经济效益不错的《京华时报》也于 2017 年 8 月停办了，传统媒体为何还要坚守？如何坚守？这些问题非常值得思考和探索。

一、传统媒体之"痛"

传统媒体的困境已说了好多年了。2003 年，喻国明教授依据严谨的科学分析提出中国传媒业的发展面临"拐点"的论断，预见了传媒业未来发展的趋势。

到了 2005 年，京华时报社社长吴海民以业界视角把"拐点"具体化，认为纸媒进入了漫长的严冬，好日子一去不复返。当时吴海民所在的《京华时报》还处在上升期，在一次论坛上有人打趣地说："吴海民一方面说纸媒进入严冬，另一方面自己的报纸却'偷偷'在赚钱。"台下发出一片笑声。结果还是不幸被吴海民言中了，其曾任社长的《京华时报》从 2017 年 1 月 1 日起告别了纸质版，全面转型新媒体。8 月 14 日，《京华时报》又宣布停止更新其新媒体内容，将其经营的京华圈等资源加以整合并入北京日报社新媒体矩阵，集中力量打造一个服务北京市民的新媒体大平台。虽然报社还申请继续保留京华时报刊号，但想死而复生几无可能，保留刊号也只能另作他用。个案并非一定能解释整个行业的实际状况，但事实上《新闻晚报》《东方早报》等报纸的停办已说明纸媒停刊并非个案，而且这几年几乎每年都要关闭一批，也没有停下来的迹象。

当然，"拐点论""严冬论"提出后，纸媒还风光了几年。2012 年是纸媒危机真正到来的起点，支撑媒体生存的广告量出现了断崖式的下滑。有的报纸原本一年逾十亿元的广告收入竟下滑至几亿元，也许还未到谷底。

二、坚守的意义

传统媒体生存这么艰难，却依然要坚守。理由有两条：

（一）国家需要打造和用好有别于其他传播平台的舆论高地

在一次论坛上，有人提出既然传统媒体没有多少影响力了，停下来集中力量把官方新媒体做强大就行了。其实，两者是不能互相代替的。互联网思维下的各类传播平台，都有一个共同特征，即开放性和互动性，不能开放和互动也就失去了互联网的基本功能，根本不可能形成有效的用户群。既然是开放和互动的，用户发布的信息难免鱼龙混杂，即便是级别很高的官方新媒体也很难不出现谣言及其他不良信息。虽然有把关队伍，但面对几百万、几千万，甚至几亿的用户，靠几十人乃至几百人的把关队伍，要建立起毫无疏漏的"防火墙"难度极大。而且，不良信息删了又有可能再传上来。

传统媒体则不同，从采访开始到编辑、主管领导审稿，再到终审，经层层把关，新闻产品才能出来，其权威性和公信力是新媒体无法比拟的。虽然也有因采访不深入或其他原因出现虚假新闻的情况，但毕竟不是一种普遍的现象。当然，由于自媒体人分布非常广，他们会随时随地上传传统媒体未发布的许多真实而有趣的新闻，这是新媒体的优势。传统媒体和新媒体各有各的优势，发挥各自的优势才是正道。

（二）传统媒体的内容传播依然有强大的影响力

传统媒体的困境是平台传播的困境和经营的困境，也就是许多人不看报纸和广播电视了，尤其是年轻人。由于平台影响力小了，广告客户也就不太愿意投放广告了，因为他们看中的不是谁生产了内容，而是内容在哪个平台上传播最广，最能聚拢用户。然而，传统媒体作为新闻内容的重要生产者，其所处的地位不容置疑。至今为止，只有传统媒体及部分权威主流媒体所办的新媒体才有采访资格，国家的重大活动、重要的社会事件现场只有持证记者才能进入采访。因此，我们可以看到尽管自媒体人发布了很多信息，但许多重大、重要的新闻仍然是由掌握了核心信息源的记者发布的。可见，无论从公信力还是从权威性的角度来看，传统媒体仍然发挥着重要的作用。

三、坚守中提升传播力和创新经营模式

坚守并非目的，最重要的是要将重要的新闻传播出去以影响人。因此，还要考虑创新经营模式，做大做强传媒业。

从提升传播力、达到更好的传播效果来看，要把利用他人平台与创建自己的平台相结合。尽管传统媒体的传统平台在弱化中，但几乎所有的传统媒体都创办了新媒体。传统媒体生产的新闻会放到自己的新媒体平台上，只要是有影响力的新闻，各类社交媒体就会纷纷转发。也就是说，传统媒体与新媒体形成合力的立体式传播，扩大了传统媒体生产的新闻内容产品的影响力。

不仅在国内，在对外传播中也很明显。传统媒体时代为了做好对外传播，我们就创办海外版，甚至到海外去办报；还有就是办外文版的报纸、用外语对外广播，以及电视在海外落地。这些措施虽然取得了一定的效果，但并不理想。如今"万物皆媒"和移动媒体时代的到来，各类机构或自媒体人在社交媒体平台上，每天都生产或转发大批内容到海外。其中，相当多涉及国家重大决策和重大活动的新闻经传统媒体报道后，被新媒体传播到了海外。如今，已有 200 多个国家和地区，运用 20 多种外文通过微信传播信息，并与海外用户互动，大大拓宽了对外传播路径。

当然，一味依赖民间传播并非长远之计，各传统媒体需要创建自己强有力的新媒体传播平台。比如，人民网以及《人民日报》和新华社的官方微博、官方微信公众号都拥有众多用户，在传播主流声音、引导舆论方面发挥了重要的作用。中央主流媒体领衔构建"中央厨房"，各媒体"特色小厨"也纷纷推进媒体融合转型。2017 年 1 月 16 日，人民网创办 20 周年座谈会上，人民日报社社长杨振武表示，《人民日报》不但要做新闻宣传的排头兵和领航者，也要成为媒体融合的标杆和示范，借助"中央厨房"机制，用好深度融合枢纽。2017年，《人民日报》着力推动"中央厨房"与媒体智库融合转型；新华社"中央厨房"全媒报道平台扩容升级，初步具备了资源整合、融合加工、舆情监测、业务管理、影响力评估、远程指挥等六大功能。在中央权威主流媒体的带动下，各类媒体纷纷打造有自己特色的"中央厨房"。2017 年全国两会召开之际，《中国青年报》"中央厨房"工程——"融媒小厨"投入使用；湖北广电集团"长江云"全面升级为"新闻＋政务＋服务"的综合云；南方报业传媒集团以"重

组、再造、融合"为关键词打造"中央厨房"。各媒体结合自身特色，打造个性化"中央厨房"，融通采、编、发环节，促使传统媒体更加有效地统合新媒体，使新闻信息的交互传播焕发新的活力。

坚守的前提是解决生存与发展的问题，因此创新媒体经营的模式迫在眉睫。传统媒体本来就陷入了经营的困境，而转型发展新媒体又要大量资金投入，如果不改善经营不良的局面，不仅传统媒体难以为继，而且转型也会因没有足够的资金投入而很难成功。同时，经营困境必然会影响媒体人的收入，没有良好的待遇，还会有大批有本事的媒体人跳槽。要解决媒体生存和发展问题，需政府扶持与媒体自身强化经营创新相结合。

从政府层面来看，站在国家舆论安全的角度考虑，必须对传统媒体尤其是传统主流媒体进行扶持。扶持当然需要资金支持，但并非最为有效。重要的是出台有利于传统主流媒体及其办的新媒体发展的政策措施，并进行资源的配置，为主流媒体的良性发展构建良好的生态环境。

传统媒体及其创办的新媒体也要明白，政府的扶持是有一定限度的，提升自身的创新能力才是出路。传统媒体机构要打造两支强有力的队伍，一支是强有力的采编队伍，生产出高质量的新闻产品，在承担社会责任、传播主流价值观的过程中，将自身的传统媒体及新媒体打造成优质品牌，得到社会认可，并从中获取社会资源；另一支是多元经营的队伍，尤其是对相关的多元经营有运作能力的队伍。内容创业就是其中的一种，这里讲的内容指的不是新闻内容，而是以特殊的话语体系连接各类机构或产业，打造一批垂直的，连接特定领域或特定产业的服务平台。不少内容创业者在互联网平台上获得成功，就是一个很好的借鉴。专业媒体有做内容的能力，有社会资源支撑，可以在这方面闯出一片新天地。

2018 年

....

年度重大传媒事件

一、中央审议通过《关于加强县级融媒体中心建设的意见》，极大提升地方媒体的传播力引导力影响力

事件回放：

2018年11月14日，中共中央总书记、国家主席、中央军委主席、中央全面深化改革委员会主任习近平主持召开中央全面深化改革委员会第五次会议，会议审议通过了《关于加强县级融媒体中心建设的意见》。

点评：

县级媒体资源不多，如果分散运营则不利于媒体发展。早在2018年8月21日召开的全国宣传思想工作会议上，习近平总书记就指出，要扎实抓好县级融媒体中心建设，更好地引导群众、服务群众。根据中央的部署，组建县级融媒体中心，将县级媒体资源加以整合，加上政府的积极扶持，有利于做强做大地方主流媒体。《关于加强县级融媒体中心建设的意见》出台，可看成是提高地方媒体的传播力、引导力、影响力，巩固壮大主流舆论阵地的重要举措。

二、中央三台合并，构建适应转型融合发展的新型传播体系

事件回放：

2018年3月21日，中共中央在印发的《深化党和国家机构改革方案》中提出，整合中央电视台（中国国际电视台）、中央人民广播电台、中国国际广播电台，组建中央广播电视总台，作为国务院直属事业单位，归口中央宣传部领导。撤销中央电视台（中国国际电视台）、中央人民广播电台、中国国际广播电台建制。对内保留原呼号，对外统一呼号为"中国之声"。

点评：

电台、电视台的机构改革进行过多次，今后还会有，分分合合都有其理由，

那就是与时俱进进行变革。在媒体融合转型的大趋势下，中央三台通过对组织架构、制作流程和资源配置等的变革，建立"全流程融合"共享机制，实现三台"直播流"全平台共享和"采编播发"媒介资源深度融合，开创了"台网融合"的新型传播体系。从根本上来说，这次改革是为了更好地巩固和发展主流舆论阵地。

三、国家广播电视总局发布片酬限薪令，维护行业生态秩序，强化正确价值取向

事件回放：

2018 年 11 月 9 日，国家广播电视总局公布关于进一步加强广播电视和网络视听文艺节目管理的通知，要求坚决遏制追星炒星、泛娱乐化等不良倾向，严控片酬，坚决打击收视率（点击率）造假行为。通知要求，各电视上星综合频道 19：30—22：30 播出的综艺节目，每个节目全部嘉宾总片酬不得超过节目总成本的 40%，主要嘉宾片酬不得超过嘉宾总片酬的 70%。每部电视剧网络剧（含网络电影）全部演员片酬不超过制作总成本的 40%，主要演员片酬不超过总片酬的 70%。

点评：

限制高价片酬，不只是为了解决相关行业制作成本过高、运作困难的问题，更为重要的是要解决价值导向的问题。高片酬滋长了拜金主义，误导青少年的价值取向。因此，通过片酬限薪等措施，能更好地维护行业秩序，遏制追星炒星、过分娱乐化，并以正确的价值导向引导青少年健康成长。

四、世界人工智能大会在上海举办，对更快更好推动智能化发展具有积极的意义

事件回放：

经国务院批准，由国家发展改革委、科技部、工业和信息化部、国家网信办、中科院、工程院、上海市人民政府共同举办的 2018 世界人工智能大会，于 9 月 17 日至 19 日在上海举办。大会以"人工智能赋能新时代"为主题，对脑机融合、群体智能、算法应用、智能芯片等发展现状、趋势进行讨论。近 40 个

国家和地区的专家学者、企业家与会，200 多家人工智能领域领军企业参加论坛和展示活动。

点评：

对新闻传播产业而言，人工智能既是新一轮产业变革的核心驱动力，也是引领未来的战略性技术，对丰富人们的生活，推动社会进步和全球经济发展会产生极其重大的影响。我们在期待其良好发展趋势的同时，也要看到其真正普及还有许多工作要做，而且先进的技术也会伴随新问题的出现。2018 世界人工智能大会对当下现实问题和未来趋势进行认真探讨，对推动智能化更好更快发展具有积极的意义。

五、政务媒体抖音账号成长计划在京发布，权威机构进入强势平台强化传播效果

事件回放：

2018 年 8 月 31 日，抖音短视频在京举办政务媒体抖音号大会，联合包括生态环境部、国家卫生健康委、国务院国资委等在内的 11 家政府、媒体机构，正式发布政务媒体抖音账号成长计划。此外，此次大会还由国家网信办移动局和北京市网信办莅临指导。

点评：

抖音聚集众多用户，影响力越来越大。政府重要机构的政务媒体进入与有专业短视频生产能力的机构对接，一方面可开展可视化宣传活动和为民众进行政策解读，使相关政府预期的传播效果得以实现；另一方面，让政务媒体进入用户量大的传播平台，对传播主流价值观，净化网络视频空间，推动网络短视频行业的健康有序发展，也具有积极的作用。

六、"媒体大脑"15 秒生产视频新闻，媒体智能化创新领域愈加宽广

事件回放：

新华社于 2018 年 3 月 2 日发布消息称，新华社"媒体大脑"从 5 亿网页中梳理出两会舆情热词，生产发布了全球首条关于两会内容的 MGC（机器生产内

容）视频新闻——《2018 两会 MGC 舆情热点》。"媒体大脑"是新华社和阿里巴巴公司共同研发的人工智能平台，该条视频新闻生产只用了 15 秒。

点评：

依托人工智能平台生产出的两会 MGC 舆情热点新闻，只用 15 秒就完成了搜集、编辑、播出等一系列步骤，从中可以看到智能化对提高媒体生产效率的重要作用。透过这一案例，我们还可以看到智能化新闻的创新领域越来越宽广。当然，也不能因此就妄下人工智能"取代记者写作"的结论。毕竟，有许多新闻尤其是有观点、有深度的报道是人工智能无法取代的。

七、中国互联网联合辟谣平台上线，治理网络谣言更为专业和常态化

事件回放：

2018 年 8 月 29 日，中国互联网联合辟谣平台在京上线。该平台由中央网信办违法和不良信息举报中心主办，新华网承办。据悉，该辟谣平台设立了《部委发布》《地方回应》《媒体求证》《专家视角》《辟谣课堂》等栏目，具备举报谣言、查证谣言的功能，可以获取相关部门和专家的权威辟谣信息。平台还可以起到大数据精准识谣、联盟权威辟谣、多终端立体传播、指尖即时查证、关口前移防范的作用。

点评：

网络谣言传播的治理是个难点，这几年国家有关部门和各相关机构一直在探索治理办法，并取得一定成效。现在有了权威辟谣平台，并整合接入各地辟谣平台，利用多方数据资源，构建起"联动发现、联动处置、联动辟谣"的工作模式。制度化、常态化、专业化，将使网络谣言的治理更加及时和有效。

八、整治短视频力度加大，净化平台内容质量确保青少年身心健康

事件回放：

据中国网信网 2018 年 8 月 23 日消息，国家网信办会同有关部门，针对网络短视频行业存在的突出问题，开展了一系列专项治理行动。国家网信办有关负责人介绍，继 7 月六部门开展网络短视频集中整治，依法处置了 19 个网络短

视频应用以来，国家网信办指导督促各主要短视频平台履行企业主体责任，加强自查自纠，共封禁违规账号 113 万余个，查删拦截有害短视频 810 万条。

点评：

短视频可视化表达方式，凝聚了大量用户，对促进社会经济发展，活跃人们的精神文化生活起到良好的作用。同时，我们也要看到不少低俗的产品充斥人们的眼球，对人们尤其是青少年的健康带来不良影响。国家管理部门加大巡查力度，扩大巡查范围，将不良内容从网络短视频中清理出去，对净化平台内容质量，确保青少年身心健康有积极的作用。

九、各类媒体合力分析长生疫苗事件，舆论监督助力"疫苗问题"解决

事件回放：

2018 年 7 月 15 日，国家药品监督管理局发布通告指出，长春长生生物科技有限公司冻干人用狂犬病疫苗生产存在记录造假等行为。21 日，一篇署名为"兽爷"，题为"疫苗之王"的自媒体文章刷爆朋友圈，引起了现象级的传播。《人民日报》、新华社等众多权威主流媒体迅速对疫苗事件进行追踪报道。在国家高层关注下，此次事件得以迅速查处。

点评：

伴随着互联网技术的飞速发展，每个人都可以成为传播信息的自媒体。当然，权威主流媒体所具备的权威性、专业性是自媒体所无法替代的，但自媒体也有其不可忽视的作用。在长生疫苗事件中，自媒体介入较早，传统媒体进入后进行权威发布和深度分析，官方舆论场与民间舆论场合力传播，形成强大的舆论监督力量，引导社会大众理性思考，助力这一事件的解决。

十、又一批报纸宣布停刊，舆论平静说明媒体已接受转型的现实

事件回放：

2018 年，天津日报集团旗下 3 家报纸，以及今晚传媒集团旗下的《渤海早报》休刊。8 月 27 日，《北京晨报》宣布纸质版将在 12 月 31 日出完最后一期后停刊。据悉，2019 年 1 月 1 日起，《黑龙江晨报》也将停刊。同时停刊的还

有其他地方的一些报纸。

点评：

2018 年一批报纸停刊，与过去对比舆论似乎平静得多，说明此事已不值得大惊小怪，这既是纸媒自身供求关系变化后的结构性调整，也是万物皆媒时代用户对媒介作出新的选择的必然结果。真正需要思考的，是承载于传统媒体上崇高的新闻精神如何在新媒体发展的浪潮之下传承下去。

十一、腾讯进行第三次大规模的组织架构变革，打造把握未来的更具高成长性的平台

事件回放：

腾讯继 2005 年和 2012 年之后，于 2018 年 9 月底宣布第三次大规模的组织架构调整，新成立云与智慧产业事业群（CSIG）、平台与内容事业群（PCG），并整合社交与效果广告部（SPA）与原网络媒体事业群（OMG）广告线，成立新的广告营销服务线（AMS）。变革中几乎将所有面向企业的业务组合成立云与智慧产业事业群，并将除微信、游戏之外的平台与内容合并，成立一个新的平台与内容事业群。

点评：

腾讯是中国成长早、发展快的互联网公司，但后起者来势迅猛，尤其是在算法推荐等智能化方面，有的公司已遥遥领先。互联网企业不能沉浸于已取得的成就停滞不前，而应思考未来的战略和长远的发展。面对这一局面，腾讯需要突破新的技术，将分散的资源进行整合，以适应与各产业结合的大趋势。调整之后，腾讯平台设置将更加合理，将更好地打造把握未来的更具高成长性的平台。

十二、《我不是药神》引发舆论热议，彰显电影媒介重要的引导教育功能

事件回放：

里程碑式现实主义题材电影《我不是药神》于 2018 年 7 月 5 日在中国首映，短短一个月内票房超过 30 亿。影片受到了《人民日报》、新华社等众多媒体和社会大众的一致好评。国务院总理李克强就电影《我不是药神》引发的舆论

热议作出批示，要求有关部门加快落实抗癌药降价保供等相关措施。

点评：

《我不是药神》在中国现实主义批判题材影片的发展中具有里程碑式的地位，影片成功找到了艺术和商业的平衡点，不仅让社会大众关注到中国深层次的社会问题，更是直接推动了相关领域的政策出台。《我不是药神》将人性矛盾和社会价值的讨论融入影像之中，引导社会大众对社会问题进行理性深入的思考，让我们看到了中国电影的发展潜力，也让我们看到了电影这一媒介发挥教育引导、精神传承等功能的重要作用。

十三、于海明案引发舆论关注，民意与司法公正良性互动温润人心

事件回放：

2018 年 8 月 27 日，昆山市市民刘海龙与于海明发生争执，刘海龙从车中取出一把砍刀连续击打于海明，后被于海明反抢砍刀并捅刺、砍击数刀，刘海龙身受重伤，经抢救无效死亡。这一案件备受社会舆论关注，于海明的行为是否属于正当防卫成为社会大众争议的焦点。9 月 1 日，昆山警方发布通报，于海明属于正当防卫，不负刑事责任，无罪释放。

点评：

于海明案发生之后，舆论沸沸扬扬。司法部门既要关注民意，又要坚持办案原则，舆论民意与司法公正之间应良性互动。最终，司法部门经过充分调查取证，下了"正当防卫"的结论，与民意吻合。通报发布不到一个小时，阅读量突破 10 万，舆论瞬间沸腾，"法律保障每个人的权利""公平正义不会缺席"等赞扬之声刷屏。最具有权威性和高度概括性的是《人民日报》"人民微评"的那句话："每一次司法公正都会温润人心。"

十四、9 800 多个自媒体账号被处置，网络平台需强化解决责任缺失问题

事件回放：

2018 年 11 月 12 日，国家网信办官方公众号"网信中国"发布消息称，国

家网信办会同有关部门针对自媒体账号存在的乱象问题开展整治专项行动，已依法依规全网处置 9 800 多个自媒体账号，同时依法约谈腾讯微信、新浪微博等自媒体平台。腾讯微信、新浪微博相关负责人表示将自查自纠，积极整改。

点评：

众声喧哗的时代，拥有众多粉丝的自媒体在面对热点事件时更要冷静思考、审慎发声，遵守国家法律法规，守住社会道德底线，自觉营造清朗的网络空间。传播平台企业要按照有关法律法规要求，健全规章制度，完善运营规则，加强审核管理，切实履行企业主体责任。广大网民要共同维护网络传播秩序，营造风清气正、积极向上、健康有序的网络空间。

十五、全球首个"AI 合成主播"在新华社上岗，AI 技术在新闻传播领域大有可为

事件回放：

2018 年 11 月 7 日，新华社联合搜狗在第五届世界互联网大会上发布全球首个合成新闻主播——"AI 合成主播"。报道发布后引发全球媒体的关注，数十家海外权威媒体以文字、视频等方式进行了大篇幅报道。首次上岗的"AI 合成主播"的外形和声音来自新华社主播邱浩，并展现出与真人主播无异的信息传达效果。

点评：

"AI 合成主播"的出现降低了电视新闻的制作成本，提高了新闻报道的时效和质量，开创了新闻报道的新形式，为新闻报道的生产和传播带来了新的可能。目前，"AI 合成主播"已经在新华社正式上岗，并被运用到进博会、世界互联网大会等重要新闻事件，以及突发、科技、社会、文化等各领域的新闻报道。在未来的新闻传播领域里，AI 技术将大有作为。

十六、王凤雅父母"诈捐"事件反转，自媒体传播中的伦理道德问题值得反思

事件回放：

2018 年 4 月 9 日，微博平台上有人爆出小凤雅家属不积极治疗女儿，导致

小女孩最终死亡。不少网民指责王凤雅的父母诈捐。4 月 12 日，《扬子晚报》发布《接受捐赠未及时救治，导致重症女童死亡？妈妈：孩子没死，我很冤》一文。警方也证实，不存在"诈捐"。造谣的始作俑者于 27 日发微博向小凤雅家人道歉。

点评：

弱者求助，本是无奈之举。如果对求助有疑问，得认真调查了解，尤其要对求助者调查了解。这些应做的事都没做，某些自媒体仅凭某些表象就任意质疑、夸大，使处在弱者地位、受伤害极深的人再次受到舆论伤害。类似的事件常有发生，自媒体在传播中的伦理道德问题值得反思。

传媒事件透视

透视关键词：智媒时代　智媒应用

透视之一：

　2017—2018 年：众媒时代到智媒时代的大跨越

互联网的快速发展和传播技术的进步，使各类新兴媒体进入我们的视野。新兴媒体的发展先后经历了几个阶段，首先是以门户网站为代表的 Web 1.0 时代，接着是强调用户参与以及 UGC（用户生产内容）的 Web 2.0 时代。Web 3.0 时代还未被定义，但我们已经可以隐约看到它的模样。Web 2.0 的主要特点是用户能够无门槛分享信息；Web 3.0 便是让这些信息主动寻找到人，让计算机理解人们所能理解的内容。于是，在众媒崛起之后，我们迎来了智媒。2017 年，可称为众媒与智媒的交会年，即众媒继续发展，智媒已然来临。2018 年，智媒会作为一个时代出现。

一、众媒时代延续多年后，"众媒化"的呈现依然强烈

"众媒时代"的概念诞生于 2015 年 11 月的腾讯网媒峰会。腾讯传媒研究院提出，众媒时代主要指的是多媒共生。清华大学新闻与传播学院教授彭兰对该概念进行了扩展，认为所谓"众媒"应包括以下特征：表现形态丰富、生产者众、传播结构众、平台众多、终端多样化。我们已经进入了一个个人崛起、组织崩溃的众媒时代。在这里，人人都可以拿起麦克风，成为发声源。

2017 年，"众媒化"的呈现依然强烈。不只是专业媒体，还有各类机构、群体乃至个人，都继续打造自己的传播平台，或利用别人的平台打造自己的产品，并通过各种方式传播，力求达到更好的传播效果。这样的众媒时代，也称作万物皆媒时代。当少量人或机构拥有媒体工具时，即便比较粗放的内容产品、比较简单的传播方式，也能达到较好的传播效果。然而，进入众媒时代后，当用户不再成为信息接收的最底层，而有可能改变信息的流动方向时，就不只是考虑建立传播平台，而是以更胜一筹的方式打造特色平台，实施有效的传播。我们看到，2017 年"众媒"中的各类媒体和传播平台都在积极创新，力求实现更好的传播效果。

（一）传统纸媒：党委机关报继续打造主流媒体形象，并在介入新媒体的过程中，力求打造主流新型媒体形象

传统纸媒的主要表现是以高质量内容，在关键时刻发出权威声音，发挥主流媒体的舆论引导作用。在纸媒态势普遍下滑的背景下，从《人民日报》到各级党委机关报，都依然以强烈的社会责任感在坚守，尤其是在舆论沸腾时，往往以其特殊的地位发出不同凡响的声音。2017 年 3 月 23 日，《南方周末》发表《刺死辱母者》一文，迅速引发社会热议。3 月 26 日，《人民日报》发表评论《辱母杀人案：法律如何回应伦理困局》，称回应好人心的诉求，审视案件中的伦理情境、正视法治中的伦理命题，才能"让人民群众在每一个司法案件中都感受到公平正义"，引发了社会大众的深度反思，起到了良好的舆论引导作用。

除了内容的坚守与创新之外，党报在融合转型中也推出各自的客户端、交互产品等，切实加强与用户的连接，力求在用户体验和内容品质之间寻求平衡。人民日报客户端不断生产"爆款"产品的秘诀在于：吸纳年轻力量的人民日报新媒体中心，注重对用户需求的把握、适度性的把控，再加上深厚的信息解读能力，使得它能够在年轻和传统之间游刃有余，形成自己的特色，打造新时期的新型主流媒体。

（二）移动端媒体：终端的"七十二变"

据第 40 次《中国互联网发展状况统计报告》，截至 2017 年 6 月，我国手机网民规模已达 7.24 亿，网民中使用手机上网的比例提升至 96.3%。2016 年 6 月至 2017 年 6 月的一年内，手机流量总使用量翻了一倍。由于用户大量涌入移动端，单一化的新闻客户端已无法满足多样化的需要，于是各个客户端不断尝试，对不同形式的内容进行"拼接"，衍生出了丰富的媒介形态。以阿里巴巴公司为例，2017 年 6 月，淘宝客户端公布了其旗下内容创业者所得，达 18.1 亿元。手机淘宝着手"电商 + 内容"的形式，将大量自媒体人引入淘宝各个板块，为客户端带来客流。内容生产平台与消费类媒体的结合，在京东、网易考拉等平台也已开始试水，极大释放了消费者的购买力。"资讯 + 直播"的拼接方式，也为一些新闻客户端带来了流量。例如腾讯新闻客户端与央视合作的大熊猫繁育研究基地的直播，直播当日，就收获了相当于成都熊猫基地"十一"假期的游客总和及 10 倍的人气。新浪新闻客户端和一直播达成合作，开设了"天眼直播"。相比于 2016 年铺天盖地的秀场直播，"资讯 + 直播"的形式更符合用户的日常信息获取需要，民生类、娱乐类的资讯直播也为用户提供了更全面的新闻来源。移动端媒体表现形态愈发丰富，试图全方位地占据用户碎片化的时间，同时也旨在利用各类媒介形态的互补，突破自身发展瓶颈。

（三）社交网络：众多生产者的"热带雨林"

移动网络的出现降低了媒体行业的门槛，形成了网络媒体组织；社交媒体的诞生则催生了数以万计的自媒体。在倡导个性、共享的社交网络中，人人都拥有麦克风，都能化为传播的源头。因此，社交媒体是众媒时代的最大推动力之一。2012 年，微信公众号的上线改变了中国媒体行业的样貌。2017 年，社交媒体的车轮仍然在不断向前滚动。网民媒介素养的提高，使自媒体的数量近年来呈现几何级数增长，但存在同质化严重、缺乏管理等问题。社交媒体中的生产者群体犹如一片"热带雨林"，具备高度多样性，但同时也在野蛮生长。

2017 年，社交网络上的自媒体内容生产，趋向进一步的垂直化。在"两微"（微博、微信）平台，许多头部自媒体开始细化所涉及的领域，例如因为微博短视频而一夜爆红的 papi 酱（本名姜逸磊），在 2016 年建立了 papitube 视频平台。截至 2017 年底，papitube 旗下已经具有 4 个成熟的账号，分别触及不同的领域和话题，粉丝已过百万。papi 酱通过分流自身的影响力，打造了一个自媒体矩阵，进行精准化运营，这同样是当下许多网红、"大 V"在粉丝饱和的境况下，为达到"再吸粉"目的而实施的举措。

社群科技联合创始人胡松曾指出，自媒体已经从野蛮生长进入整合的下半场，精细化、垂直化将是下半场的主题。此外，随着资本的流入，社交网络大量的 UGC 或许会因主流力量的介入而转变为 PUGC（专业用户生产内容）。我们可以期待的是，社交网络这片多种多样的热带雨林，未来将会更加繁茂。

二、2017 年：从众媒到智媒的尝试和布局

万物互联、万物皆媒构成了媒体新生态，而 AlphaGo、无人汽车、智能家居等技术，让我们看到了智能媒体的雏形。万物皆媒是智媒的前提，智媒则是万物皆媒发展的必然结果。2017 年众媒的发展趋势之所以未减弱，是因为随着社会结构的变化、人们文化水平的提升，乃至同行、朋友的行为启发，不断有人加入新媒体大军。即便原有的用户，也会根据新技术的进步更迭，打造新的内容产品。然而，为了更有效地传播，我们看到许多用户正走向智能化方向。

所谓智媒，即基于大数据、移动互联、虚拟现实、人机交互等技术的能够自我学习的媒体形态，它是科学技术和媒体相加的产物，如今越来越广泛地被用来生产模式化、标准化的信息，甚至是新闻报道。随着新技术的进步，各类媒体机构、传播平台并不满足于内容产品，而是要构建智能化的场景，使内容产品更具价值，更快实现其价值。2017 年，智能媒体在生产、传播、数据存储、用户沉淀等方面都展开了布局，并有精彩的表现。

（一）智能生产：AI 的进一步突破

AI 即人工智能，并不是近年才出现的概念。随着媒介环境走向成熟和人工智能技术的逐步完善，人工智能逐渐被应用于自动化新闻的生产制作中，如新华社的"快笔小新"、腾讯财经的"Dreamwriter"、今日头条的"张小明"和第一财经的"DT 稿王"。自动化新闻，依赖先进的机器学习算法，提取新闻事实中的数据、资料加以整合，转化为新闻文本。利用机器人写稿，可大大减少新闻写作者的工作量，将其工作重心转移到提高对新闻的深度分析上来。自动化新闻尤其适用于财经金融、体育等方面的报道，根据它"人工模板 + 自动化数据填充"的内在设定，可以极为快速地向受众传递新闻事实。2017 年 1 月，《南方都市报》的写稿机器人"小南"首次在一秒内完成了一篇 300 余字的稿件，效率可观。

（二）传播到达：VR 与 AR 的应用

麦克卢汉的"媒介即讯息"理论在智媒快速发展的今天，成为人们推崇的

观点，尤其是在 VR、AR 形成基本雏形以后。虚拟现实、增强现实技术，影响着新闻作品的呈现和表达，它们为用户带来的沉浸式体验，同样是智媒时代的构成要素。由于 VR 和 AR 能够赋予人们身临其境的体验，一些新闻媒体开始尝试应用该技术为新闻作品服务。2017 年两会期间，大文集团旗下的《大公报》《文汇报》对两会现场进行 720°无死角的拍摄，并一键生成 VR 内容，在最短时间内将文章和图片推送到受众手上。但 VR 技术在中国还停留在初级阶段，一方面，VR 设备还没有得到大范围普及，观众缺少观看"VR + 新闻"的工具；另一方面，VR 技术还未完善，用户体验较差。新闻媒体可深挖 AR 技术的潜力，不仅限于新闻作品的表达，而且可以应用于与用户之间的互动。

（三）信息资源：云存储与大数据技术的结合

智媒时代建立在海量的数据库之上，大数据与智能媒体之间相辅相成。人工智能深度学习的前提，是主体必须具备大型的数据库样本，因此，二者是共生关系。由于数据的海量和复杂性，云端存储是对其存储和处理的有效形式，以公有云为基础的新闻生产架构也是未来的主流。但万众瞩目的大数仍然存在较多缺陷，例如大数据的共享难度较大、安全风险较高等，使其在泡沫破灭之后亟待重整。因此，可对庞大的数据"蛋糕"进行合理切割，分成不同的数据块，再加以处理；或运用人工智能反作用于大数据，对原始数据归纳分类，再分发到不同类型的新闻制作中去。

（四）用户沉淀：个性化内容的识别定制

从众媒时代跨越到智媒时代，不变的是媒体运营必须以用户为核心。彭兰在《智媒化：未来媒体浪潮——新媒体发展趋势报告（2016）》中提出，个性化新闻体现在三个层面，即个性化推送、对话式呈现、定制化生产。智能媒体的云存储平台能够容纳庞大的用户数据，记录用户的媒介使用习惯、阅读偏好等，通过人工智能技术将制作好的新闻内容加以个性化推送。在这个过程中，传者和受者的边界变得模糊，信息在二者之间平等流动。例如，新版本的百度新闻客户端添加了"聊新闻"功能，用户可以与机器人对话。在沟通过程中，机器人记录用户的信息需求，自然地向用户提供新闻内容，并推荐相关的深度话题，内容与用户行为高度契合。个性化新闻是未来智媒的主流走向，但并不是唯一走向。并非所有用户都乐意接受机器量身打造的内容，个性化推荐可能

会影响到用户对外部信息全方位、立体化的接收，因此，该机制仍然存在一定
缺陷。

三、2018 年：以技术驱动的媒体智能时代到来

2016 年被称为智媒元年，但技术仍然稚嫩。经过 2017 年的尝试、布局，
2018 年媒体的智能化有大发展。引人注目的是"媒体大脑"的应用，这是推进
媒体智能化发展的重要举措，意味着媒体已经开始进入智能时代。

2017 年 12 月 26 日，新华社宣布，由新华智云科技有限公司研发的人工智
能平台"媒体大脑"落地。据新华社报道，"媒体大脑"有八大功能：2410
（智能媒体生产平台）、新闻分发、"采蜜"、版权监测、人脸核查、用户画像、
智能会话、语音合成。服务内容覆盖线索、策划、采访、生产、分发、反馈等
全新闻链路，让云计算、物联网、大数据、AI 等多项技术为媒体赋能。新平台
的应用，将智能生成的数据新闻及各类信息材料提供给记者，录音内容将自动
转为文字，媒体的内容生产力和采编人员的工作效率将会大大提高。人脸核查
功能，给媒体核查事实提供方便，更有效避免错漏。用户画像功能，能通过判
别用户对内容的兴趣，为用户提供精准的内容服务。

新华社的这一举措，不仅是为自身媒体的发展打造重要平台，而且该平台
对众媒开放，使得各媒体同行可共享新华社的"媒体大脑"成果。国内各媒体
机构均可在认证后，通过 mp. shuwen. com 的官方网址，使用"媒体大脑"的各
项功能和产品。可以预见，从中央媒体到各地方媒体在共享新华社成果的同时，
也会根据自身实际推进媒体智能化发展。

智媒时代，一个很重要的力量就是技术驱动，不少媒体集团正高度重视跟
上时代潮流的步伐，力求在技术创新方面有新的突破。南方报业传媒集团为了
在 2018 年有新的突破，2017 年岁末进行了一系列的动作。先是，集团党委书记
刘红兵就加快技术创新、实现技术驱动，加快推进深度融合、全面转型，建设
智慧型文化传媒集团进行了总动员。接着，南方报业成立技术委员会，制定集
团技术发展战略和实施路径。委员会将加快建设集团中央数据库、智慧化管理
系统、基础架构云平台、总体网络安全防护体系四大项目，聚合及优化技术资
源配置管理方式，引入多元化激励模式，不断培育新能力、增创新价值、打造
新优势。12 月 15 日，南方报业传媒集团举办技术大会，奖励本集团"2017 年

度十大技术创新项目",并宣布携手 BAT(百度、阿里巴巴、腾讯)等共建五大媒体融合平台。其中,南方报业与中科院深圳先进技术研究院、武汉大学深圳研究院、北京百分点信息科技有限公司等共建,并由国家新闻出版广电总局(现为"国家广播电视总局")授牌成立两个国家级实验室:出版融合发展重点实验室、媒体大数据应用实验室;与 BAT 等技术巨头共建南方数字经济研究院、智能媒体实验室两个应用研究院;围绕数据优先战略打造集团中央数据库(大数据服务中心),重点围绕人才培养及服务能力延伸,开展相关研究工作。

未来的智媒时代,信息分发的终端不再限于报刊、电视,甚至不再局限于电脑、智能手机,它将与物联网相连接,任何物品都有可能成为信息分发的终端。然而,不管怎样变化,内容生产依然非常重要。任何缺乏内容生产能力的智能媒体,都缺乏恒久的生命力。因此,未来的智能产业将以飞速发展的技术为驱动、以内容生产为核心,在信息采集、加工、终端分发等环节实现突破。

透视之二：

智媒时代：如何将人工智能应用于媒体？

在政府部门的规划下，与媒体相关的智能硬件建设将推进。工业和信息化部、国家发展改革委联合印发的《智能硬件产业创新发展专项行动（2016—2018 年）》提出，到 2018 年，我国智能硬件全球市场占有率将超过 30%，产业规模超过 5 000 亿元。这些智能硬件中，有一部分与媒体相匹配。专业媒体机构正密切关注这一态势，并进行布局和积极寻找发展的路径。媒体对接人工智能后，随着媒体边界的不断扩展，能形成智能化思维下的新闻生产模式和泛内容生产赢利模式，开拓出广阔的智能媒体新市场。

一、商业互联网企业的智能应用走在了专业媒体前头

人工智能较早应用于商业化的企业，加上企业有良好的机制和雄厚的资金，所以许多带有媒体属性的互联网企业在智能化方面自然走在了专业媒体机构的前头。使用人工智能的互联网知名企业今日头条，就是一个很典型的例子。

至 2018 年上半年，今日头条的"头条号"进驻用户总数超过 120 万，平均每天发布 50 万条内容，已成为第一智能内容平台。今日头条人工智能实验室荣获 2017 年吴文俊人工智能技术发明奖，该奖被外界誉为"中国智能科学科技最高奖"。今日头条并不满足于已有的成绩，为了布局 2018 年智媒发展，2017 年岁末有一系列的动作：11 月 22 日，在今日头条创作者大会上，今日头条宣布，将从智能推荐走向智能社交，提出通过智能社交的推荐方式帮助更多头条用户获取粉丝，将推出"千人百万粉计划"，即未来一年内，在平台上扶持 1 000 个拥有 100 万粉丝的账号。2017 年 12 月 1 日，今日头条在北京举办"全球思想盛筵——人工智能与人类文明"AI 峰会，探讨人工智能与人类文明。12 月 6 日，今日头条未来媒体峰会在北京开幕，主题为"共智共生"，来自全国多所新闻院校、130 多家新闻媒体、互联网公司的学界和业界领军人物共聚一堂，探讨

智媒体未来发展趋势。今日头条在会上提出将大力推动人工智能技术和优质媒体相结合的"智＋媒"战略，服务好优质内容变现，为传媒融合提供最好的基础设施。

"智＋媒"的战略，一方面使今日头条能从擅长新闻内容生产的专业媒体中获取更多的优质内容；另一方面也使专业媒体能从今日头条智能化的传播中，扩大内容的影响力。事实上，已有不少媒体纷纷与今日头条合作，以发挥各自的优势，实现共赢。

二、专业媒体以时不我待的紧迫感加快智媒布局

虽然智媒的概念不是现在提出来的，但媒体比商业互联网公司介入迟，因此前几年并未有大动作。近年来，智媒的应用已引发媒体机构的高度关注，学界与业界有人将 2018 年视为智媒时代的到来之年。

媒体介入工智能并最终成为智媒产业，既有紧迫感又有其比较成熟的条件。

从紧迫感来看，大量用户从传统媒体转移到新媒体已是势不可当的现实，即便是传统媒体办的新媒体，运营也比较艰难。相反的，我们却可以看到许多商业互联网机构、自媒体人办的平台，靠其智能化的运营，拥有了大量的精准用户。专业媒体决不能从一步落后变成步步落后。在互联网的下半场，务必在智能化方面迈开大步，以创新的勇气和得当的举措打造智能媒体，并最终构建起新型的智慧型文化媒体集团。

从智媒建设的时机和条件来看也日臻成熟。其一，物联网为智媒发展构建了用户的基础。如今已是万物皆媒时代，媒体智能一接入物联网，便有可能让用户接收到新闻内容，并通过智能搜索、筛选让用户接收到有需求的信息。其二，智能与媒体如何结合不只引发专业媒体和学界的关注，各类互联网公司也有强烈的兴趣。早在 2016 年 11 月 30 日，由新华社国家高端智库传播战略研究中心主办的"人工智能与媒体未来"研讨会上，新华社国家高端智库传播战略研究中心与新华网融媒体未来研究院就共同发布了《智能编辑部发展报告》。到会参加研讨的不仅有国家新闻出版管理部门的官员、大学教授，还有媒体机构及微软、百度、奇虎360、新浪、拓尔思公司等非媒体机构的专业人士。话题涉及如何借助人工智能技术加快媒体转型。其三，行政力量也在推动这项工作。2017 年 3 月 5 日，国务院总理李克强作政府工作报告时，提出要加快培育、壮

大包括人工智能在内的新兴产业。"人工智能"首次被写入政府工作报告，体现了国家的战略意图，可以预料人工智能的巨大进步将会极大改变人们的媒介生活，推动传媒行业的变革。

正是技术不断变革创新和媒体转型的大趋势下，媒体正在把人工智能放在媒体创新战略的重要位置上，不少媒体集团都非常关注新华社人工智能平台"媒体大脑"落地等新举措。可以预见，从中央媒体到各地方媒体在共享新华社的成果的同时，也会根据自身的实际推进媒体智能化发展。

三、人工智能在媒体生产各个环节的应用

人工智能技术，与媒体内容生产、管理、传播乃至传播效果的各个环节都有关联。人工智能在编辑部的指挥系统、采编手段、纠错功能、内容分发等方面会扮演重要角色；在市场方面，用户体验、营销方式、赢利模式都会带来新的变革。

（一）提升内容生产效率

毫无疑问，采编人员在新闻内容生产方面依然起主导作用。人工智能不同于那些机器制造业。机器制造业产品已固定化、格式化，人力操作只是不断重复劳动，这完全可以用机器人代替。然而，媒体力求避免同质化，而且有许多台前幕后的材料需要挖掘，单靠网上已有的资料搜集整理是远远不够的。至于有思想、有高度的调查性报道、解释性报道，靠智能设备是完成不了的。但是，我们也要看到智能设备在内容生产方面至少可以在以下几方面发生作用。其一，一些比较简单的新闻内容生产制作可由智能设备完成。自动化新闻尤其适用于财经金融、体育等方面的报道，根据它"人工模板＋自动化数据填充"的内在设定，可以极为快速地向受众传递新闻事实。2017 年 1 月，《南方都市报》的写稿机器人"小南"首次在一秒内完成了长 300 余字的稿件。其二，通过数据搜集、分析，发现新闻线索，使记者能及时赶到现场采访。其三，智能设备的纠错程序，能及时发现内容的差错。不只是文字方面的差错，甚至可以通过语言识别、图像识别，对涉及的人和事进行甄别，防止虚假新闻的出笼。可见，媒体应用智能技术后的人机协作，可代替记者、编辑在新闻内容的生产过程中的一些工作，让采编人员有更多的精力投身到优质的新闻生产中，进一步提升

新闻报道的时效性、广度和深度。

（二）丰富新闻产品形态

人工智能引入媒体之后，媒介产品形态更加丰富多彩了。近年兴起的 AR，在电商的营销手段中已应用上了，比如家庭装修中用户可通过客户端观看家装用品的实景效果。这对媒体应有所启迪。2017 年 3 月 2 日，光明网"钢铁侠"多信道直播云平台首次应用于全国两会报道。该直播云平台可以同时为 16 家平台提供高达 3K 画幅、4M 码流的视频和 VR 信号，观众无须安装任何软件，即可通过手机裸眼观看高清 VR 直播。同时，通过光明网独有的多平台云适配技术，网友使用微信等热门社交平台也可方便快捷地观看、分享、参与 VR 直播互动。当然媒体不可能什么新闻都应用 VR、AR，没有这个可能，也没有这个必要。但有些值得用户场景体验的重大活动、重大事件，运用 VR、AR 进行展示，可以引发用户的广泛关注。而且，运用这些技术不只是将重要新闻进行场景再现，还可以更直观地与用户互动。

（三）强化内容传播效果

传播效果好不好，最能说明问题的就是能否引发用户的兴趣，把用户聚拢到自己的传播平台上来。今日头条、一点资讯、天天快报等 App 都在利用智能算法，对用户接触信息的习惯和喜好进行数据分析和定位跟踪，并直接向用户推荐他们感兴趣的信息。当然用户爱好也会变化，此时关注这一信息，并非过后还会关注此类信息，所以也会出现用户被迫接受信息的情况。有的人认为"一定意义上是对用户信息选择主动权的替代和剥夺"。然而这只能说明这种推荐算法也有其弊端，任何新技术都不可能十全十美，智媒也一样。而且，智媒对用户偏好的变化会不断跟踪，及时修改推送内容，使受众可以有效地获取自己想要得到的内容。同时我们还要看到，那种即时推送内容的服务的出现，更是在一定程度上解决了算法推送的某些弊端。新浪客户端"即时推"，成为国内首款基于用户"即时兴趣"进行内容推荐的综合资讯客户端。"即时推"在保持了大数据信息分析的基础上，加强了对即时兴趣的推荐，引导用户就当前兴趣点进行持续阅读，这是新浪对于现在行业内算法推荐的一种自我创新。人工智能会有弊端，而弊端的解决往往又依赖于智能技术的再进步。我们可以看到，以互联网为基础的智媒，依托不同的智能终端，结合云计算、云存储等新技术，不仅能聚合用户感兴趣的话题，还能参与互动交流，大大提升内容传播的效果。

（四）创新商业模式

媒体传统的商业模式碰到极大的困境，在向新媒体转型中要实现商业模式的新突破，其中的举措就是要构建智媒系统。其一，智媒更能实现精准营销。社交媒体广泛进入人们视野之后，在有共同爱好的朋友圈里，往往可以连接电商、连接某个产业。垂直化、社群化成为新型的赢利模式，而智媒技术的应用开拓了新的社交形式。《中国微博发展报告（2015—2016）》对 VR 技术创新性的社交场景是这样描述的："VR 的应用将不仅仅局限于社交、游戏、视频、购物等目前可见的领域，其在未来的创造性使用更是惊人的并且是不断演进的。另外，VR 的商业前景也极为可观，全球市场研究公司 TrendForce 预测 2016 年虚拟现实市值将达到 67 亿美元，到 2017 年虚拟现实将会成为年产值 700 亿美元的产业，其中硬件将占 200 亿美元，剩下的产业价值都将由软件来创造。同时虚拟现实设备的价格将进一步降低，能让消费者买得起的消费设备也将会越来越多，虚拟现实的内容也越来越丰富。"[①] 其二，智媒能促进有利于变现的泛内容生产。过去新闻内容做出影响力之后，直接的变现效果就是拉动发行量和广告的投放，如今媒体很难像传统媒体时代那样实现内容变现。然而，非新闻内容是可以实现变现的。比如做 VR、AR 新闻，难找到商业模式，但如果运用 VR、AR 去做项目，比如做"动物馆"等，是有商业模式的。媒体既然有做新闻内容的能力，换个思路也能具有做泛内容的能力，要将这个优势发挥好。媒体的智能设备、技术保障等用在媒体的新闻内容打造上只是一部分，如果只用在新闻内容生产上是很大的浪费。因此，媒体可以在进行新闻内容生产之余，兼做泛内容生产。条件成熟的完全可以建立专门的泛内容生产队伍。其三，未来走上智媒产业化，构建起持续的商业模式。媒体对接人工智能后，随着媒体边界的不断扩展，能形成智能化思维下的新闻生产模式和泛内容生产赢利模式，开拓出广阔的智能媒体新市场。因此，未来的媒体领域将实现智媒产业化，从媒体的生存发展困境中走出来，实现传媒业的持续稳定发展。

---

① 首都互联网协会：《中国微博发展报告（2015—2016）》，北京：人民日报出版社，2017 年，第 358 - 359 页。

结　语

回顾转型：新观念新技术并举
布局未来：向广度和深度发展

2014 年，媒体融合上升为国家战略；2015 年，伴随技术创新与媒体生态变化，媒体转型加速推进，前行至深水区；2016 年，媒体转型发展成为新常态；2017 年，报业将深化转型成果，力求在强化传播影响力和构建商业模式方面，找到可行之路。2018 年乃至未来又是怎样的呢？

回顾 2018 年，无论是传统媒体转型整合之路的探索，还是各类媒体加大对智能化技术的投入使用以及互联网治理上的"同心协力"，都体现出"融合思维"。在肯定成绩的同时，我们也要看到发展不平衡等潜在问题。2019 年乃至更长的时间内，国家及媒体机构将推动媒体融合转型向广度和深度发展。

2018 年，根据转型发展的需要，传统媒体加大了结构性调整，并以新的观念积极寻找调整的新路径，新媒体也在构建新的运营体系。为适应智能化时代的到来，媒体在新技术推动下寻找更高的起点，不仅是构建自身平台，还强化了与有影响力的社交平台的合作。预计 2019 年乃至相当一段时间内，媒体的融合转型将会向广度和深度展开。

一、回顾：媒体以新的观念整合构建运营体系

2018 年，不只是传统媒体，也包括新媒体，都以新的观念进行结构性调

整，构建新的运营体系，力求以更合理和更科学的布局推动媒体的发展。在介入新技术方面，力求找到更高的起点，以适应万物皆媒时代新的挑战，强化主流媒体的传播力、引导力、影响力、公信力。

在报刊的结构性调整方面，已从过去的"震荡"到平稳过渡。2018 年末，《法制晚报》《北京晨报》宣布休刊。在这之前，天津日报报业集团旗下 3 家报纸以及今晚传媒集团旗下的《渤海早报》，已于 2017 年末休刊。同时休刊的还有其他地方的一些报纸。过去每逢报纸休刊，总会引发舆论热议；如今，即便原本有较大影响力的报纸休刊或停刊，也不会引起多大的舆论风波。这既是报纸自身供求关系变化后的结构性调整，也是万物皆媒时代用户对媒介作出新选择的必然结果。

报刊休刊也有多种做法，不是简单停办、人员下岗了事，有的实行了报纸与报纸之间的整合并入方式。2018 年 3 月 20 日，《长江日报》启动内部大整合：《武汉晚报》与《武汉晨报》两张报头虽然保留，但《武汉晚报》对应医卫康养事业部，《武汉晨报》对应地铁商圈事业部，二者全部并入《长江日报》，这是将都市报转入权威党报的一次新尝试；有的地方对同质化都市报进行合并，这不由得让人想到此前有学者提出的传统媒体未来发展趋势走向"一城一报"的可能性；有的报刊休刊后整体转入新媒体，继续发挥新闻专业人才的作用。

除了报刊业，广电行业也迎来了新一轮的整合。2018 年 3 月 21 日，《深化党和国家机构改革方案》印发，提出整合中央电视台（中国国际电视台）、中央人民广播电台、中国国际广播电台，组建中央广播电视总台。不管是报业还是广电行业，整合不同的媒体资源，其核心还是走融合发展的道路，着力打造新型主流媒体集团。

经过多年的探索，传统媒体办的新媒体总结经验、寻找短板，正在发力新一轮的变革。引人注目的是北京媒体的融合发展以及《新京报》的大动作。北京的目标是打造"1 + 2 + 17 + N"的传播矩阵，即 1 个融媒体指挥调度系统、2 个市级新媒体平台、17 家区级融媒体中心和若干"京字号"新媒体平台。根据这一规划，新京报 App 成为两个市级新媒体平台之一。新京报社撤销新媒体部，基于移动客户端进行全员转型。从这一大动作来看，《新京报》正从以报纸为中心转移到以 App 为中心。2018 年 10 月 31 日，全新的新京报 App 正式上线，设有 16 个频道、123 个栏目，涵盖时政、社会、财经、文化、娱乐、科技等多个领域，每天提供近千条优质新闻内容，旨在打造有全国影响力的原创新闻资讯类平台。

改革是大势所趋，但如何满足用户需求，如何在 App 市场趋于饱和的环境下进行移动转型，仍然是包括《新京报》在内的所有传统媒体需面对的重大命题。要解决这个问题，除了重视自身平台的打造之外，寻求与有技术支撑、有庞大用户的商业互联网公司合作也是一条重要路径。人民日报全国党媒信息公共平台正是这样做的。2018 年 9 月 10 日，他们与哔哩哔哩视频网站正式签署战略合作框架协议，联合发起媒体融合公益基金，双方在正能量视频产业发展、内容创作激励、党媒优质内容创作及人才培养等多方面开展实质性合作。该基金也将致力于解决媒体融合过程中存在的人才培养、内容激励等方面的短板，助力正能量内容供给侧改革。哔哩哔哩视频网站最大的特点就是拥有数量庞大的年轻活跃用户，年轻人的视频创作活力和热情不断被激发，无形之中培养了大量优秀的视频制作人才。但是其短板也是明显的，缺少对内容创作的把关和引导，时常出现一些负能量的视频。因此，与《人民日报》的合作重在加强对内容的审核和把关。而对于《人民日报》全国党媒信息公共平台而言，培养优秀的内容创作人才，制作出更多形式丰富、内容正能量的视频，不但能够吸引更多的年轻用户，还能够增强主流媒体在年轻群体中的话语权。两者的合作取长补短，有利于创作出更多集思想性与艺术性于一体的作品。

主流媒体根据新技术发展的趋势和社会的需求，重视智能化新闻生产，重构内容生产模式。在过去的 2018 年，两方面特征尤为明显：

其一，在内容生产领域，人工智能已经渗透媒体内容生产的全过程——从一开始的基于大数据的新闻选题、社会热点和受众兴趣的调查，到中间生产环节的数据抓取、排序、组合和分发，再到最后的受众反馈环节。例如，2018 年两会期间，新华社"媒体大脑"从 5 亿网页中梳理出两会舆情热词，15 秒内生成发布了全球首条关于两会的 MGC 视频新闻——《2018 两会 MGC 舆情热点》。媒体大脑自动分析两会舆情，生成可视化图表，连配音、配图和视频剪辑都由"媒体大脑"自动完成。在 6 月的俄罗斯世界杯上，新华社又推出了"媒体大脑 2.0"——MAGIC，是"MGC"和"AI"的结合。11 月 7 日，在第五届世界互联网大会上，搜狗与新华社合作开发的全球第一个全仿真智能虚拟主持人——"AI 合成主播"正式亮相。由此可见，机器生产内容、数据生产内容（DGC）成为新趋势，得到了日益广泛的应用。未来，我们将从"UGC/PUGC"

时代跨步走进"UGC + AIGC（人工智能生产内容）"时代。

其二，内容生产走向优化，内容价值得以提升。2018 年 6 月推出的全国移动新媒体聚合平台"人民号"，搭建了一个兼具主流价值与创新活力的内容生态平台。"人民号"将继续优化产品和运营，并启动"人民号 1000 +"计划，资源向原创和短视频倾斜。除了专业媒体，在用户生产的内容中，专业化的运营也不可或缺。以澎湃新闻的《我的汶川记忆》为例，作为 UGC 产品，为了吸引用户参与创作和保证内容质量，在产品 UI（用户界面）设计、素材导入、内测、推广等方面，专业团队投入了大量人力物力。由此可见，当内容价值重新受到重视，媒体对于内容价值的要求从文本层面向其外延扩展，更加追求新闻产品的优化设计。这一理念具体体现在对于内容的加工上，加工者可以是多元的，加工方式可以是融合的，生产的产品可以是多样的，分发的渠道可以是相互穿插的。实现对于优质内容的创新，才能给内容生产注入源源不断的活力。

网络传播的开放性和互动性推动了社会的进步，但也带来了新情况、新问题。经过多年的探索，形成了一套互联网空间治理办法：从人工管理到新技术手段的介入，从管理部门的约束到引导权威机构、媒体与用户量巨大的平台合作，强化正能量的传播，推动互联网健康有序发展。

权威媒体试水区块链技术。如何加强主流媒体的话语权，新闻从业者一直在不断探索和尝试。在这个过程中，区块链的发展无疑提供了一种新的社会规则和模式。2018 年 10 月 23 日，在北京举办的 2018 人民网区块链技术秋季论坛上，人民网区块链频道宣布成立。新闻制作者采集新闻线索不用担心内容被删除、篡改，而提供信息的人也不用担心自己的隐私会被泄露。这在一定程度上对消息来源起到保护作用。此外，因为所有的信息内容都存在于区块链的网络上，因此当一条新闻出现争议时，可以借助区块链的记忆进行核查。这种新的信息生产模式，赋予了主流媒体更重要的角色。

构建相互制约的平衡机制。在技术和理念的转变之下，现在的互联网治理不完全是一种自上而下的管理制度，而是一种内外互动的水平模式。从 2018 年大量辟谣平台的建立就可以看出这一趋势。8 月 29 日，中国互联网联合辟谣平台正式上线，该平台由中央网信办违法和不良信息举报中心主办，新华网承办，设立《部委发布》《地方回应》《媒体求证》《专家视角》《辟谣课堂》等栏目，具备谣言举报、谣言查证功能。目前，已整合接入全国各地 40 余家辟谣平台辟谣资源 3 万余条。这意味着，互联网的治理在政府、媒体和受众之间形成了一种相互制约的平衡机制。

引导机构和媒体进驻主流平台。各类传播平台走向移动化、社交化、视频化、智能化的进程中出现许多新情况、新问题，管理部门在强化管理中有了更好的思路：顺势而为，引导各类机构和媒体进驻用户巨大的平台，强化主流声音。2018 年 8 月 31 日，抖音短视频在京举办政务媒体抖音号大会，联合包括生态环境部、国家卫生健康委、国务院国资委等 11 家政府、媒体机构，正式发布政务媒体抖音账号成长计划。据悉，截至 2018 年 9 月，全国已有 2 795 家党政机构入驻抖音平台，开通政务抖音号，发布视频近 10 万条，播放总量超500 亿。

二、未来：媒体融合转型将向广度深度发展

回顾 2018 年，无论是传统媒体转型之路的探索，还是各类媒体加大对于智能化技术的投入使用以及互联网治理上的"同心协力"，都体现出了"融合思维"。在肯定成绩的同时，我们也要看到发展不平衡等潜在问题。2019 年乃至更长的时间内，针对互联网发展的新情况、媒体融合的大趋势，国家和媒体机构将推动媒体转型向广度和深度发展。

如果说早些年媒体转型布局重点放在了有影响力的国家重大媒体机构的话，那么现在在巩固原有成果的基础上，已逐步下沉到各区域、各领域。当下，全国各地纷纷布局县级融媒体中心建设就是一大信号。2018 年 11 月 14 日，习近平总书记主持召开中央全面深化改革委员会第五次会议，审议通过了《关于加强县级融媒体中心建设的意见》。这是打通基层宣传思想工作到达群众"最后一公里"的关键一步。县级媒体在政府的扶持推动下，向深度融合转型，有利于整合分散的资源，强化地方形象传播效果，并与中央、省、市媒体联动传播主流声音。

5G 时代正在加速向我们走来，5G 网络将应对移动宽带、大规模物联网和关键任务型物联网三大类场景。其最大的特点就是：网速快、体验佳、成本低。这意味着人工智能、虚拟技术将会得到更加广泛的应用。这两者不但不是冲突的，反而有很大可能从相加走向相融，使得新闻生产进一步往数字化和沉浸式体验的深度发展。用户群的分布、受众接收习惯等也会随着 5G 技术的发展而发

生改变，新闻机构又要再一次从受众的角度出发来调整内容生产制度。另外，新闻从业者与机器的关系也会更加复杂，机器逐渐拟人化发展，将促使新闻从业者不断提升自己的核心竞争力，令机器成为工作的左膀右臂而不是替代品。

未来，在走向万物皆媒的泛媒化时代进程中，"人工智能＋"的理念会越来越深入人心，应用也会越来越广泛，"互联网＋"也许会升级成为"人工智能＋"模式。在第五届互联网大会上，有坐在眼底照相机前拍张眼底图像，不到 5 秒钟就能得到分析结果的眼底病变辅助诊断仪器，也有进入展厅就能看到的正在进行当日新闻播报的"AI 虚拟主播"。以云计算、人工智能、区块链等为代表的新兴数字技术正在一步一步融入各行各业，变得可看、可听、可触、可感。更加灵活的生产流程、更加开放的资源共享，使得内容的生产制度也随之改变，从而反过来影响内容价值。智能技术将被广泛应用于新闻生产领域和泛内容生产领域，用技术来助推内容价值、社会价值与商业价值的重构，最终达到媒体做大做强的目标。

暨南文库·新闻传播学
第一辑书目

触摸传媒脉搏：2008—2018 年传媒事件透视　　　　　范以锦著

传媒现象思考　　　　　范以锦著

泛内容变现：未来传媒商业模式探研　　　　　范以锦、刘芳儒、聂浩著

简约图像的文化张力：对中国漫画的观察与思考　　　　　甘险峰著

媒介文化论　　　　　曾一果著

报刊史的底色：近代中国新闻界与社会　　　　　赵建国著

变革与创新——中国报业转型的市场逻辑　　　　　张晋升著

话语·叙事·伦理：当代广告与网络传播的审思和批判　　　　　杨先顺等著

生态与修辞：符号意义论　　　　　彭佳、汤黎著

形态·生态·业态：中国广播创新发展的多维审视　　　　　申启武著

再访传统：中国文化传播理论与实践　　　　　晏青、杨咸著

道可道：新闻传播理论与实务研究　　　　　谭天著

道可道：新媒体理论与实务研究　　　　　谭天著

流行文化研究：方法与个案　　　　　张潇潇著

媒介平台与传播效果：实证研究取向　　　　　陈致中编著

亲和性假说：区域人格影响健康的大数据分析　　　　　赖凯声、陈浩著

融媒时代的播音主持艺术研究：现状与趋势　　　　　林小榆著